KB211706

파레오로스

파레오로스
PARÊOROS

지식, 권력, 민중은 함께 갈 수 있는가?
파레오로스의 지혜가 답이다

임문영

학고재

AI가 그린 세 마리의 말이 이끄는 전차

미래 전환을 준비하는 생각, 파레오로스

세상은 변한다. 항상 그대로인 것은 없다. 그리스 철학자 헤라클레이토스Heraclitus는 "똑같은 강물에 발을 두 번 담글 수 없다"고 했다. 기원전 500년, 그때의 세상은 매일 아침 눈을 떠도 달라지는 것이 거의 없었을 것이다. 그런데 그는 변화를 볼 줄 알았던 모양이다. 이 만물유전설萬物流轉說은 모든 것이 변화한다는 것이니 그 안에는 물론 우리 자신도 포함된다. 인간 세상도 쉬지 않고 변천하는 것無常遷流이다. 하지만 "모든 것은 변한다"는 그 법칙 자체는 변하지 않는다. 따라서 그 변화를 제대로 알려면 변화하는 세상의 바깥에서 보는 눈이 필요하다.

지금 우리 앞에 있는 변화는 나를 돌아보는 성찰과 전체를 보는 통찰이 있어야 정확하게 알 수 있다. 하지만 역사를 보는 눈史觀은 현재를 끊임없이 반영하는 것이라 그때그때 다르다. 미래 역시 그것이 필연적으로 우리 모두에게 닥칠 것이라는 점만 빼놓고 우리가 알 수 있는 것은 거의 없다. 우리가 모른다고 알고 있는, 그것을 넘어서 모르는 것을 모르는 것Unknown unknown이 어느 정도일지는 짐작조차 하기 어렵다. 그러나 우리는 과거로부터 형성되어 왔고, 유일하게 미래를 생각할 줄 아는 동물이다. 성찰은 과거를 돌아보고 통찰은 미래까지 내다볼 때 얻을 수 있다.

　적은 경험과 얕은 지식에도 불구하고 이런 문제를 다뤄 보고자 한 것은 현재 우리가 진입하고 있는 변화가 이전과는 완전히 다르기 때문이다. 이 거대한 변화는 우리에게 어떤 의미가 있을까. 그리고 우리는 어떤 선택과 대응을 해야 할까. 내가 던지는 생각은 거칠고 성기지만 그것만으로 새로운 모색이 시작될 수 있지 않을까. 서로 다른 생각은 파문을 몰고 오고, 파문이 중첩되며 생각들을 상쇄하고 보완할 수 있지 않을까. 그것이 어떤 것이든 나의 과문에 대한 부끄러움을 넘는 의미가 있을 것이라고 용기를 냈다.

　이 책은 크게 둘로 나누었다. 앞쪽은 과거를 성찰하고자 했고 뒤쪽은 미래를 예측하고자 했다. 역사적 내용이 절반, 미래사회 내용이 절반이다. 과거와 미래가 너무나 다른 세상이다 보니 이 책이 서가에서 어떻게 분류될지 궁금하다. 필요한 부분만 읽어도 상관없다. 하지만 지식, 권력, 민중이 역사의 결정적 분기점에서 어떻게 결합하고 영향을 주었는지를 통찰하고 우리에게 닥친 새로운 미래를 어떻게 대응할지 살피고자 한 의도는 독자에게 전달되기를 바란다.

로마 화폐 중에는 세 마리의 말이 끄는 전차^{triga}를 그려놓은 것[1]이 있다. 세 마리 말은 서로 다른 기질이 있지만 한 방향으로 달리도록 강제된다. 역사도 마찬가지다. 인간의 서로 다른 세 가지 욕망이 미래를 향해 간다. 그 세 가지 욕망으로는, 우선 세상의 변화를 알아내고 이치를 깨달아 합리적인 방향을 찾으려는 지적 노력이 있다. 이것은 진리를 추구하려 한다. 또 다른 하나는 세상을 장악하고 결정하려는 의지다. 이는 권력을 갈망한다. 나머지 하나는 평화와 안녕을 얻으려는 마음이다. 이것이 찾고자 하는 것은 행복이다. 이 욕망들의 각각의 목표는 진리, 승리, 행복이다. 이 목표를 향해 달려가는 세 마리 말이 바로 지식인, 권력자, 민중이다.

이 세 가지 목표는 동시에 추구되지만 어떤 것이 더 우선하기도 한다. 시대가 늘 달라지기 때문이다. 따라서 세 마리 말, 즉 지식인, 권력자, 민중은 서로 협력하거나 갈등을 겪을 수밖에 없다. 그런데 인간의 생명은 유한해서 사람은 늙고 죽으며 세대를 바꾸어간다. 그들이 쫓고 누리던 권력과 행복 역시 영원할 수 없다. 하지만 지식은 다르다. 장구한 세월 속에서 대를 이어 전승되며 불멸한다. 지식은 지식인이 죽더라도 역사 속에서 유일하게 축적되고 살아남는 유전자다. 따라서 역사는 지식의 변화를 기준으로 볼 때 통찰을 얻을 수 있다. 혁명적 변화의 시기일수록 더욱 그렇다.

역사적으로 세상이 크게 바뀌는 때가 여러 번 있었다. 인간의 조상이 나무 위에서 내려와 아프리카 사바나를 걷기 시작한 순간이 그랬고, 씨앗을 심어 결실을 거두는 농업혁명을 시작한 때가 그랬다. 그러나 근대의 변화는 차원이 달랐다. 사람들은 말 대신 자동차를 탔고, 들판이 아닌 공장에서 일했다. 인간은 증기선을 타고 바다로 나갔고 비행기를 만들어 하늘을 누볐다. 석유와 석탄의 개발은 세계 질서를 바꾸었다. 그 문명사적 대전환을 이끈 힘은 바로 지식이었다. 지식은 인간을 자각시키고 국가를 기획했다.

프랑스혁명은 자유, 평등, 우애라는 계몽적 지식이 새로운 민중 부르주아와 손을 잡은 것이다. 일본의 메이지 유신은 서구 산업사회를 목격한 사무라이 지식인들이 새로운 권력 덴노를 세워 이뤄진 것이다. 해방 이후 우리나라는 경제개발이라는 지식이 개발독재 권력에 복속되며 산업화를 먼저 이뤄냈다. 이어서 민주주의라는 지식이 시민으로 성장한 민중과 함께 민주화를 쟁취함으로써 근대화를 완성했다. 이렇게 역사의 변곡점마다 지식은 권력 또는 민중과 결맞음[2]으로 돌파구를 만들었고 새로운 역사를 썼다. 따라서 역사에서 혁명적 변화=지식×(권력+민중)이라고 할 수 있다.

역사에는 결정적 분기점이 되는 변화의 순간이 있다. 이때 지식, 권력, 민중의 선택 기준은 새로운 변화의 방향과 그에 맞는 방식이 되어야 한다. 서양 제국주의의 서세동점이 시작된 뒤, 아시아의 맨 오른쪽 끝 대륙 문명의 낙도落島였던 일본이 그 변화를 먼저 만났다. 신생국 미국의 군함이 찾아와 개항을 요구했기 때문이다. 대륙에서 대양으로 시대의 경로가 바뀐 것이다. 그로부터

13년 뒤 조선에도 미국의 배가 찾아왔다. 그러나 그들은 군함이 아니라 상선이었고 거래를 명분으로 약탈을 일삼았다. 이에 맞선 조선 군민은 그 배를 불 지르고 선원들을 잡아 죽였다.

그 뒤 조선도 새로운 세상을 배우고자 미국에 보빙사를 보내 신문물을 견학했다. 하지만 도쿠가와 막부 시절부터 241년간 쇄국정책을 펴오던 일본[3]은 산업화에 성공해 제국주의 국가가 되었고, 결정적 순간 불과 10년 동안 나라 문을 닫았던 조선은 나라를 잃고 말았다. 일본은 운 좋게도 외세의 간섭이 적은 환경에서 근대 지식을 받아들였고 새로운 덴노 권력을 세워 산업화에 성공할 수 있었다. 그 시기를 외세에 얽매여 놓쳐버린 우리 민족은 식민지배와 분단, 전쟁과 가난의 고통을 겪으며 근대화를 따라잡기까지 100년 넘게 걸렸다. 그런데 그런 결정적 시기가 다시 오고 있다.

세상이 다시 바뀌고 있다. 인류는 그동안 자원을 약탈하고 환경을 파괴한 대가로 환경오염과 팬데믹, 기후위기의 역습을 받고 있다. 이는 최초의 인류 공동 위기다. 수백 년 동안 구축된 화석연료 기반의 설비와 계통을 버리고 햇빛과 바람 등 재생에너지로 바꾸어야 한다. 또한 소외와 불평등이 심화되는 가운데 인간은 처음으로 인간만큼 똑똑한 새로운 지식기계종種과 살게 되었다. 지능화된 로봇은 한계비용 제로로 노동을 소멸시키고 상품 소비를 기반으로 하는 자본주의를 근본적으로 리셋하고 있다. 생명 가공 능력으로 100세 청년, 120세 평균수명이 현실화되면서 결혼과 육아 등 사회제도가 근본적으로 바뀌고 소득격차보다 수명 격차의 갈등이 더 커지고 있다. 우주시대가 되면서 공간과 자원, 시간에 대한 개념도 달라지고 있다.

그러나 이렇게 거대한 전환은 의외로 알아차리기 어렵다. 이 변화는 기존 문제가 커진 것이 아니라 문제 자체가 바뀐 것이기 때문이다. 자본주의가 지향했던 생산 극대화와 풍요는 무한 에너지와 자동화로 오히려 자본주의를 근본적으로 다시 생각하게 만들었다. 역사상 가장 자유로울 거라고 생각한 인터넷 공간에서 인간은 더 고립되고 감시당하고 있다. 지식의 양은 인류역사상 가장 많이 축적됐지만 지식의 권위는 추락했고, 더 많은 정보는 오히려 진실과 거짓을 구분하기 어렵게 하고 있다.

새로운 시대는 지식, 권력, 민중이 모두 달라지고 있다. 새로운 시대의 문제는 기존의 지식을 늘리는 것으로 해결할 수가 없다. 변화의 시기는 문제와 해답이 모두 바뀌는 시대다. 때로는 정답을 찾느라 골몰하던 사이 낡은 문제가 저절로 사라지기도 하고 전혀 다른 새로운 문제가 일어나기도 한다. 따라서 낡은 상투를 자르고 고정관념에서 벗어나 문제를 새로운 관점에서 이해하고 창의적으로 해결하는 사고 전환이 필요하다. 달라진 환경에서도 매번 똑같은 생각에 빠지는 머릿속 붕어빵 틀을 부숴버려야 한다.

현재 우리는 갈림길 앞에 다가서는 세 마리 말이 끄는 전차와 같다. 앞으로 몇 년 동안 우리의 선택은 우리의 미래를 크게 결정할 것이다. 지난 근대화 시기의 잘못을 반복하지 않고, 추격 과정에서 얻은 성공의 함정success trap에 빠지지 않아야 한다. 위기를 기회 삼아 오히려 지속 가능한 성장의 동력으로 바꿔야 한다. 이 결정적 대전환의 시기에 서로 다른 목표를 가진 지식, 권력, 민중 세 가지 힘을 시대정신에 맞춰 정렬시키는 지혜가 필요하다.

우리 민족은 최고의 지식 민족이다. 세계에서 가장 오래된 금속활자를 이용했고 세계에서 유일하게 고유의 글자를 만들어냈다. 세계에서 두 번째로 인터넷을 성공시켜 디지털 시대를 앞장섰다. 활자, 문자, 인터넷을 이렇게 한 민족이 만들어낸 사례가 없다. 한때 기회를 놓쳐 나라를 잃었지만 우리나라는 식민지배와 분단, 전쟁과 가난, 독재를 극복하고 산업화와 민주화를 함께 이뤄내 진정한 근대화를 완성시킨 동북아 유일의 나라다. 지식이 중심이 되는 미래는 우리가 주인공이다.

새로운 미래가 시작되었다.

용산에서 임문영
2025년 2월

| 차례 |

2부 지식과 근대

3부 고난과 추격 그리고 낯선 길

5부 지식이 이끄는 미래

1부
세상을 이끄는 힘

인간과 세상

지능은 권력투쟁과 함께 발전했다. 사회가 커지면서 지식은 사회적으로 축적되었고 권력은 대표자가 아니라 지배자가 되었다. 군주정도 민주정도 믿을 수가 없었던 지식은 민중을 위한 윤리를 제시했고 자비로운 권력을 요구했다. 하지만 착한 사자가 없듯이 착한 권력도 없다.

사회적 지능 가설

인간은 똑똑하다고 자부한다. 그래서 자기 종의 이름을 '슬기로운 사람'Homo Sapiens이라고 지었다. 지구상에 사는 193종의 원숭이 중 유일하게 털이 없지만 두뇌는 가장 크다.[1] 머리가 크다고 똑똑한 것은 아니겠지만 어쨌든 지능이 높아 50개의 문자와 6천여 개의 언어를 사용한다.[2] 성냥불부터 원자력까지 불을 다룰 줄 알며 머리카락 굵기의 10만분의 3 정도(3nm)로 가는 회로를 그려 반도체를 만들 수 있다. 그리고 유일하게 미래를 생각하는 동물이다. 그런데 인간은 환경을 파괴하고 쓰레기를 남길 뿐만 아니라 두 번의 세계전쟁을 벌여 수많은 사람을 다치게 하고 죽였다. 그러고도 아예 지구를 없애 버릴 만큼 많은 대량살상무기를 만들어 쌓아 두고 있다. 기껏 유일하게 미래를 생각하는 능력을 걱정으로 채우고 사는 어리석은 존재다. 지구에서 매우 성공한 듯하지만, 다른 측면에서는 실패를 거듭하는 헛똑똑이들인 것이다. 그런 점에서 인간은 지능이 높은 동물인 것은 확실하지만 정말 지혜로운 존재인지는 의문이다.

어쨌든, 인간은 왜 똑똑할까? 사실 이 질문 자체가 모순이다. 똑똑하다면서 그 이유를 모른다니. 그래서 비교적 머리 좋은 과학자들은 인간에게 묻지 않았다. 대신 인간의 사촌 영장류들을 살펴보았다. 1965년 영장류 과학자들이 케냐의 야생 비비 무리의 행동을 관찰해서 놀라운 것을 한 가지 알아냈다. 어른 수놈이 우두머리가 되려면 개인적으로 힘세고 싸움 잘할 뿐만 아니라 두세 마리의 수놈이 연합을 잘해야 한다는 것이다. (사실 이건 인간에게서 쉽게 관찰되는 것이기도 하다.)

이후 과학자들은 '사회적 지능 가설Social Intelligence Hypothesis'이라는 것을 세웠다. 1982년 『침팬지 폴리틱스』를 쓴 영장류 학자 프란스 드 발Frans de Waal은 이런 연구들을 소개하면서 아프리카까지 안 가고 그냥 동물원에서 이에 대한 증거를 찾았다. 그는 네덜란드 아른헴 동물원에서 불과 스물다섯 마리의 침팬지 무리에서도 힘센 수컷 혼자 지배하지 못하고 다른 수컷 몇 놈들과 힘을 합치거나, 암컷들의 지지를 얻으려 정치를 한다는 것을 알아낸 것이다. 그에 따르면 영장류들은 수많은 사회적 정보를 고려하며 상대방의 의도와 기분에 민감하게 잘 조율되어 있다. 그래서 영장류는 상대방을 이기고, 속임수 전략을 감지하고, 상호 이익이 되는 타협을 이루며, 자신의 삶에 이득이 되는 사회적 연대를 증진시키기 위해 지능이 진화되어 왔다.[3] 즉, 침팬지가 권력을 획득하기 위해서는 복잡한 동맹을 맺고 지지를 이끌어내야 했다. 우리 인간도 그랬을 것이라는 추측이다.

인간이 가진 똑똑한 지능知能. 즉, 새로운 사물이나 현상을 이해하고 합리적으로 처리하는 방법을 알아내는 지적 능력[4]이 사회성을 띠며 권력투쟁과 함께 발전했다는 것은 사회를 통찰하는데 중요한 단서다. 물론 인간의 지능에 사회적 지능만 있는 것은 아니다. 먹이를 찾고 가공하는 능력으로서 생태적 지능, 축적된 지식을 다른 사람에게 가르치고 배우는 문화적 지능도 있다. 그러나 사회적 지능은 권력의 형성에 참여하고 사회적 가치를 지향한다는 점에서 중요한 의미가 있다.

침팬지의 지능은 본능이고 자연에서 살아가는 데는 그걸로도 충분할 것이다. 그러나 인간사회는 바나나와 짝짓기 말고도 수많은 복잡한 문제가 있다. 그래서 개체의 본능적 지능만으로는 부족하다. 군체의 사회적 지능이 필요하다. 더 복잡하고 다양한 문제들을 경험하고 사고하면서 명확하게 알게 되는 것, 즉 지식知識

이 쌓이게 된 이유다. 인간은 문자를 통해 그 지식을 기록하고 전승하여 결국 역사 속에서 영원히 살아 남았다. 그리고 그럴수록 지식은 더 축적되었다.

권력과 지식

권력을 위해 지식이 강화되고 지식을 통해 권력이 쟁취되면서 권력과 지식은 서로 영향을 주고받으며 발전했다. 그 결과 권력과 지식은 인간의 삶을 규정하는 가장 적절한 두 단어가 됐다. 기독교의 성경 창세기에서는 하나님이 말씀logos으로 세상을 창조했다고 한다. 로고스는 진리라는 뜻이므로 신의 권능은 진리를 통해 드러나는 것이다. 또한 지식知識이라는 단어는 원래 산스크리트어梵語로 벗 또는 친구를 뜻하는 'mitra'를 불교에서 한역漢譯한 것이라고 한다.[5] mitra는 브라만교, 조로아스터교 등에서 계약의 신이자 태양신[6], 힌두교에서는 우정과 동맹의 신이며 하늘과 땅의 수호신[7]이다. 즉, 지식은 아는 사람, 계약, 동맹을 뜻하는 것으로서 권력과 뗄 수 없는 것이었다.

아리스토텔레스Aristotle는 저서 『정치학』에서 '인간은 사회적 동물이다'고 했다. 그런데 그는 '인간은 말을 하는 유일한 동물이다'라는 말도 남겼다. 즉, 인간은 폴리스polis와 같은 공동체를 이루며 사는 권력 지향적 존재이며 동시에 언어logos와 같은 지적 행위를 하는 존재라는 의미다. 인간은 태생적으로 지식과 권력의 속성을 함께 갖고 있다. 따라서 인간들이 모인 사회도 권력과 지식의 두 가지 속성이 작동한다고 봐야 할 것이다. 사회에 영향력을 가진 우수한 자질을 가진 소수 정예를 흔히 엘리트elite라고 부른다. 권력과 지식의 속성을 구분하지 않고 하나로 뭉뚱그려 보는 것이다. 이는 권력욕과 지식욕이 한 개인 안에서도 함께 존재하는 욕망일 뿐 아니라 인류가 오랫동안 왕이나 황제 등 한 사람에 의해 다스려져 온 데 익숙하기 때문이다. 따라서 지식을 권력자의 인격에 부속한 기능으로 이해하기 쉽다.

하지만 이 두 가지는 구분해야 한다. 권력과 지식이 어긋나느냐, 결맞느냐에 따라 역사는 완전히 달라지기 때문이다. 이 두 가지는 이를테면 골프 경기와 같다. 골프는 바른 방향으로 멀리 공을 보내야 한다. 권력이 비거리를 낸다면 지식은 방향을 잡는다. 권력 없는 지식은 방향은 맞더라도 멀리 나아가지 못하고 반대로 지식 없는 권력은 멀리 날아가더라도 엉뚱한 방향으로 가기 쉽다. 지식이 정확한 방향을 보고 권력이 강력한 비거리를 만들어낼 때 역사는 성공의 길fairway로 나아간다. 그래서 신화 속 영웅들은 그런 두 가지를 완벽하게 조화시킨 이야기로 묘사된다.

권력자 알렉산더 대왕의 스승이 철학자 아리스토텔레스라는 것은 의미심장하다. 지식이 권력을 가르친 것이기 때문이다. 알렉산더는 끊임없이 질문을 던졌다. 그는 세상의 끝이 어디인지를 궁금해했다. 결국 그의 군대는 마케도니아에서 갠지스강까지 나아갔다. 그는 정복자라기보다는 새로운 세상을 배우는 탐구자에 가까웠다. 정복한 곳에서는 제일 먼저 지혜로운 자들을 찾아갔고 세상에 대해 궁금한 것을 물었기 때문이다. 그는 동서양을 통합하는 대제국을 세우는데 그치지 않고 그리스 문명을 아시아에 이식하는 헬레니즘Helenism 시대를 열 수 있었다.

동양에도 그런 영웅이 있다. 그는 몽골 초원에서 태어나 들쥐를 잡아먹으며 연명했고 그림자 말고는 친구가 없었다.[8] 그는 자기 이름도 쓸 줄 몰랐지만 사람들은 그를 칭기스칸으로 불렀다. 그는 "내 귀가 나를 가르쳤다"는 명언을 남겼다. 그가 실제 그런 말을 했는지 알 수 없지만, 다른 사람의 말을 열심히 들었을 것이라는 점은 분명하다. 몽골인은 당시 노인과 어린이를 포함해 100만 명도 안 되었다. 이들을 데리고 유라시아 대륙 거의 대부분을 정복해 역사상 가장 거대한 제국을 만들 수 있었던 것은 군대의 무력만으로는 절대 불가능하다. 정복한 지역의 현자들이 하는 이야기를 귀담아들어야 했을 것이다.

이렇게 권력과 지식이 결맞을 때는 위대한 시대가 되었다. 그래서 위대한 제국을 세운 영웅들이 모두 용감할 뿐만 아니라 지혜로웠다는 서사는 역사 속에서 수없이 반복된다. 하지만 현실은 항상 그렇지는 않았다. 손에 권력을 쥐면 머리에서 지혜는 빠져 나오기 때문이다. 반대로 지혜로운 자라면 권력의 유혹에 넘어가지 않을 것이다. 전설과 다르게 이 둘은 사실 함께 갖기 어려운 속성이다. 자주 싸우고 어긋났다. 한 뿌리에서 나온 권력과 지식이 어떻게 서로 갈라져 협력하고 투쟁하게 됐는지 초기 공동체 사회로 돌아가보면 좀 더 자세히 알 수 있지 않을까.

빅맨 이후

침팬지 세계에서 알파(우두머리 수컷)는 가장 힘센 지배자가 아니다. 연합세력에 의한 대표자에 가깝다. 그는 권력자로서 무리를 지배하지만 세습할 수 없고, 적이 다가오면 무리를 위해 가장 앞에 나가서 싸워야 한다. (뒤에 앉아 졸개들을 먼저 내보내거나 하는 그런 비겁한 알파란 동물세계에는 없다.) 그는 먹이가 생기면 먼저 먹기는 하지만, 혼자 다 먹어 치우지는 않았다. 그랬다간 분노한 다른 수컷들과 암컷들, 새끼들에 의해 쫓겨날 수 있기 때문이다. 알파는 언제든 까딱 잘못하면 새로운 도전자로 교체되는 운명이었다.

원시 공동체 사회에서 인간의 우두머리도 비슷했다. 모두가 비교적 평등하던 수렵 채집 시절, 밤이면 모닥불 뒤에서 부족의 뒷담화가 벌어졌다. 거기에서 평판이 좋은 사람이 우두머리, 즉 빅맨bigman이 되었다. 빅맨은 자신보다 공동체를 위해 일했다. 때로 잡아 온 사냥감이 부족하면 자기 몫의 고기를 내놓아 공동체 구성원 모두에게 신임을 얻었다. 이타적 기여를 통해 권력의 책임을 맡았다. 평판이 나쁘면 교체됐고 세습되지 않았다.

그러나 농업혁명이 시작되면서 농사를 짓기 위해 수백 명씩 모여 살게 됐다. 혈연관계가 아닌 서로 다른 부족끼리 모여 있는 군장사회君長社會에서는 거래나 신붓감 문제로 싸움이 벌어지면 이를 정리할 권력자가 필요했다. 그렇게 국가가 형성되면서 그 권력자가 왕이 되었다.[9] 왕은 더 이상 평판과 추대를 통해 선출되는 것이 아니라 세습되었다. 즉, 대표자가 아니라 지배자가 되었다. 이렇게 지배자가 된 권력자가 지적知的인 사람일 수도 있고 지식인이 권력을 가질 수도 있다. 그러나 일단 권력자가 되면 지식인이 되기 어렵다. 이들을 구분하기 애매할 때는 이렇게 물어보면 된다. "당신에게 친구가 있는가?" 권력자에게 친구란 없다. 권력자에게 다른 사람이란, 복종하는 자 아니면 적일 뿐이다. 최고의 단 한자리만을 목표로 삼는 권력의 속성상 옆과 위를 절대 허락할 수 없기 때문이다.

물론 사회가 더 커지고 조직이 더 복잡해지면 사대事大를 통해 자신의 지위를 인정받고 그 아래 범위에서 약자를 지배하는 권력도 등장한다. 교통과 통신이 제한적인 시대였던 만큼 물리적 지배의 효능이 가능한 범위 안에서 권력의 분점이 이뤄진 것이다. 그러나 이런 권력도 기회만 있으면 최고의 자리로 올라서려고 하는 본성이 사라진 것은 아니다. 권력의 속성 자체가 타인을 강제로 지배하는 것이기 때문에 이는 당연히 절대적이고 독점적 성격으로 흐른다.

한편 복잡해진 사회는 온갖 지식이 필요했다. 세금을 거두기 위해 인구 숫자를 세고 군사를 운용하기 위해 무기도 만들어야 했다. 농사를 짓기 위해서는 별자리와 날씨도 살펴야 했다. 또 힘만으로는 지배할 수 없으므로 '권력을 신에게서 받았다'는 왕권신수설王權神授說을 내세워 민중의 자발적 복종을 끌어내야 했다. 이런 거짓말을 믿게 하려면 제사를 올리고 기도하는 사제와 주술사도 필요했다. 반대로 이들은 권력의 보호와 후원이 필요했다.

그 결과 국가라는 큰 사회에서 권력과 지식의 역할이 점차 구분되었다. 권력은 배타적이고 독점적이며 세습되는 권한이 됐다. 반면 지식은 다양하게 분화된 전문성으로 기능적인 것이 되었다. 권력과 지식은 세상을 운영하기 위해 함께 필요한 동등한 관계가 아니라 권력이 지식을 수단으로 부리는 수직 관계로 바뀌었다. 권력은 독점되나 지식은 공유되고, 권력은 유일성을 지향하지만 지식은 다양성을 지향하기 때문이다.

권력은 이기는 것이 목적이고 지식은 옳은 것이 목적이다. 권력은 '이기지 않으면 옳을 수 없다'고 주장할 것이고 지식은 '옳지 않으면 이기는 것이 무의미하다'고 주장할 것이다. 만일 권력자가 '옳은 것'과 '이기는 것' 중 하나를 선택해야 한다면 그 결과는 언제나 '이기는 것'이 될 것이다. 물론 지식인에게는 그 반대가 될 것이다. 결국 권력이 대표자에서 지배자로 바뀌면서 권력과 지식은 주종관계가 되었다. 다만, 그것은 갈등과 긴장관계를 가진 관계였다.

민중과 윤리

한편, 침팬지가 권력을 위해 합종연횡할 때 힘 약한 암컷들과 새끼들, 다른 수컷들은 어떤 머리를 굴렸을까? 자신들에게 우호적이거나 유리한 후보에게 힘을 실어줬을 것이다. 즉 사회적 지능은 한편으로는 권력을 획득하는 데 힘을 보태면서 다른 한편으로는 피지배층을 위한 세상, 즉 민중을 지향해야 했다. 그래서 '함께 평화롭게 잘 살자'는 생각이 바탕에 깔려 있었다. 이것이 정치적 윤리의 시작이다. 지식은 권력에게 민중을 위한 정치를 하라고 요구했다. 그리고 민중에게는 하늘의 뜻을 따르라고 가르쳤다. 그 결과 중국의 군주정이나 그리스의 민주정은 서로 완전히 다른 방식의 정체政體이지만 이상적인 국가 기준으로 보면 차이가 없다.

군주정이던 고대 중국에는 이상적인 군주로 요순 두 임금이 전설로 전해진다. 이들은 태어날 때부터 모든 것을 다 아는 생지生知[10]의 성인으로 추앙받았다. 그래서 요堯임금은 인자함이 하늘과 같았고 지혜는 신과 같았으며 순舜임금은 인자하고 성스러우면서 성대하고도 빛났다고 전해진다.[1] 당시 이상적인 군주들의 의미를 만든 지식인이 공자와 맹자였다. 공자는 늦은 나이에 노나라 대사구大司寇(형조판서)의 벼슬을 지냈지만, 정치투쟁에서 밀려났다. 그 뒤 13년 동안 천하를 주유周遊하며 자기 뜻을 알아줄 권력자를 찾아다녔지만 구직에 실패했다. 부국강병에만 관심 있는 권력은 그를 고용하지 않았다. 하지만 그는 인정仁政의 가르침을 폈고 맹자는 이를 이어받아 민생을 해결하고 덕으로 감화시킬 것을 주장했다. 이들은 권력자의 정치가 백성을 함부로 죽이거나 폭력으로 다스리는 패도覇道가 아니라, 인덕을 바탕으로 모두에게 평화롭고 공평무사하게 다스리는 왕도王道가 되기를 바랐다.

민주정이었던 고대 그리스에서는 통치자가 지혜로운 사람, 즉 철인哲人이어야 이상적인 국가가 이루어진다고 생각했다. 철인은 정치와 이데아를 아는 사람, 영혼이 조화된 사람을 뜻했다. 철인은 사유재산이나 결혼, 자녀 양육이 금지되고 사익을 추구해서도 안 되는 높은 공적 태도를 가진 사람이어야 했다. 그런 사람이 있을 리 없었다. 그래서 철인은 애초부터 양육되어야 한다고 했다. 철인정치를 주장한 사람은 플라톤Plato이었다. 그는 스승 소크라테스Socrates가 선동가들에 의해 죽는 것을 목격하면서 민주정에 환멸을 느꼈다. 그는 민중을 귀가 멀고 근시를 가진 선주에 비유했다. 점잖은 선주이기는 하지만 참된 지식을 가진 선원을 알아보지 못한다는 것이다. 또는 감정과 욕구만 가진 큰 짐승에 비유하기도 했다.[12] 그래서 더욱 철인의 지혜에 의존하고자 했다.

공자는 군주를 못 믿었고 플라톤은 민중을 못 믿었다. 공자는 받아주는 군주가 없었고 플라톤은 참주를 비판했다가 국가 반역죄로 몰려 노예로 끌려갈 뻔했다. 지식인들이었기 때문이다. 이들은 모두 최고 권력자가 똑똑하고 인자해야 한다고 주장했다. 왕도정치는 요순임금을, 철인정치는 철인왕을 이상적 지도자로 그렸다. 둘 다 지혜롭고 인자한 권력이었다. 그런데 모두에게 그런 착한 왕, 정의로운 권력이 가능할까? 안타깝게도 아니다. 어떤 개인에게는 착한 왕이 가능할지라도 모두에게 착한 왕이란 불가능하다. 권력은 타인을 강제로 지배하는 것이므로 '모두에게 착한 권력'이라는 말 자체가 형용 모순이다. 근대의 계몽주의자와 혁명가들이 수천 년 동안 간절히 원하던 이상적인 권력을 포기하고 왕을 끌어내린 것도 그런 이유 아니었을까.

착한 사자는 없다

인간사회의 많은 문제는 개인과 집단의 이해관계가 다르다는 모순에서 출발한다. 모두에게 이로운 것이 나에게 이롭지 않을 수 있다. 나에게 이로운 것이 모두에게는 이롭지 않을 수 있다. 개인과 집단의 이해관계가 반드시 일치하지 않는다는 것은 사회적 동물인 우리 인간에게 필연적인 문제다. 따라서 사회적 문제에서 완벽한 정답이란 없다. 사회과학이 오랫동안 같은 문제로 제자리걸음 하는 이유다.

따라서 인간의 문제는 정답이 아닌 그때그때 상황에 따른 해답으로 풀어간다. 그래서 그 해답이란 늘 '부분진리'일 수밖에 없다. 어떤 면에서는 맞지만, 어떤 면에서는 맞지 않다. 모두를 만족시키는 착한 정부를 꿈꾸지만, '각자의 착한 정부'가 모두 다른 것이다. 그래서 신이라면 모를까, 현실에서 모두에게 착한 왕이란 존재할 수 없다. 사회적 폭력을 독점하려는(해야 하는) 권력의 속성상 모두에게 착한 정부가 가능할 수가 없다. 설령 어질고 지혜로운 사람이라 해도 권력자가 되면 그 책임 때문에라도 달라질 수밖에 없다. 권력자는 본질적으로 권력을 쟁취하고 집행하는 권위 또는 폭력이라는 특권을 가진 사람이기 때문이다.[13]

디즈니에서 만든 애니메이션 영화 〈라이언 킹〉이 있다. 아기 사자 심바가 배신자 삼촌에게 복수하며 왕으로 성장하는 과정을 다룬다. 그런데 어린이 영화 스토리 전개상 심바는 자라면서 친구인 혹멧돼지 품바와 미어캣 티몬을 잡아먹지 않고 사이좋게 어울려야 한다. 백수의 왕이자 육식동물인 사자를 착하게 그리기 위해 디즈니는 사자가 벌레만 먹는다는 설정을 할 수밖에 없었다. 모두에게 착한 사자는 동화에서나 가능한 이야기다.

그런데도 오랫동안 많은 사람은 '모두에게 착하거나 지혜로운 권력'의 미련을 버리지 못한다. 인간 문제의 원인을 복잡한 외부 상황보다는 사람 탓으로 생각하기 쉬운 귀인편향歸因偏向이 있기 때문이다. 이런 문제를 깨우친 사람이 마키아벨리Machiavelli였다. 그는 『군주론』을 통해 권력에서 당위적 윤리를 걷어내고 현실 정치의 속성을 그대로 드러냈다. 그런데 그로부터 한참 뒤 세대인 19세기 정치학자 가에타노 모스카Gaetano Mosca조차도 미련을 떨치지 못하고 정치가를 도덕 순으로 구분한다.

그에 따르면 경세가statesman는 존경을 받는 인격자이며 훌륭한 정치이념과 정책을 갖고 학식과 견문이 넓고 분별력이 있는 등 이상적인 인물이다. 반면 정치인politician은 정치의 세계에서 높은 지위에 오르는 데 필요한 능력을 갖추고 있는 사람, 특히 다음 선거에 관심이 있고 당선 가능성이 있는 사람이며, 정치꾼peanut politician은 정치는 하지만 올바른 정치는 하지 않는 정상배다.[14] 이는 여전히 도덕을 기준으로 철인왕, 요순 임금에 걸었던 기대를 버리지 못하는 것과 같다. '모두가 인정하는 착한 사자'는 없다.

권력에 미련을 버려야 하는 이유는 또 있다. 신은 항상 가장 강한 것에 가장 어리석은 것을 숨겨 놓기 때문이다. 즉, 권력은 자만과 독선에 빠지기 쉽다. 지혜를 사랑하던 알렉산더도 마찬가지였다. 그는 고르디온의 사람들이 '당신이 우리의 왕이 되려면 복잡한 매듭이 달린 밧줄을 푸는 지혜가 있어야 한다'라고 하자 단칼로 잘라버렸다(고르디온의 매듭). 자신은 지혜 따위보다 더 강한 힘이 있음을 보여준 것이다. 신탁의 예언대로였을까. 알렉산더 대왕은 대제국을 건설했지만, 그가 죽은 후 제국은 후계자들의 다툼으로 여러 개로 분열되고 말았다.

이렇게 권력이 스스로 자신의 자만을 제어하지 못하고 결국에는 몰락한다는 것을 역사에서 반복해서 경험하게 되자 권력을 통제하는 다양한 방안이 고안되었다. 고대 동방의 현자들은 왕이 자신의 치적을 자랑하기 위해 반지를 만들라고 하자 "이 또한 지나가리라Et hoc transibit"는 문구를 새겨 주었다. 또한 전쟁에서 이기고 돌아오는 개선장군 뒤에 서서 "죽음을 기억하라Memento mori"라는 격언을 끊임없이 들려주었다. 그러나 이 역시 거의 소용이 없었다.

변화와 지식

민중은 정작 필요할 때 응답하지 않는다. 권력은 통제가 어렵다. 그러
나 지식이 권력, 민중과 조화를 이룰 때 역사적이고 위대한 진보가 이
뤄졌다. 하지만 세상은 변화한다. 변하는 세상 속에서 권력, 지식, 민
중은 각각 우선 필요한 때가 있다. 그때 속도와 방향의 중심을 잡아
주는 것은 지식이다.

민중의 침묵과 변덕

그래서 국민을 주권자로 두는 정치제도가 등장했다. 민주주의는
모든 인간의 존엄성과 가치를 가장 잘 반영한 진화된 정체政體라
고 한다. 그래서 왕이 있는 나라도 입헌제를 통해 간접으로라도
민주주의를 도입한다. 하지만 영국의 수상 처칠이 "민주주의는
최악의 통치 행태다. 다만, 지금까지 시도됐던 다른 통치행태를
모두 제외한다면"이라고 말했듯이 민주주의는 여전히 한계와 문
제가 많은 불완전한 제도이기도 하다.

지구 최대의 민주주의 국가는 인도다. 14억 인구 중 유권자만

9억 명이고 100만 개가 넘는 투표소에서 버튼을 눌러 투표를 한다. 그런데 이 나라는 모디 총리가 3연임에 성공해 15년 동안 집권할 예정이다. 직접 자필로 후보자의 이름을 쓰는 투표방식을 도입한 일본은 1955년 자민당이 창당된 이후 1993년 잠시 정권을 내준 적은 있으나 70년 가까이 일당 지배가 계속되고 있다. 지구상에는 형식상 '민주주의'를 표방하지만 개인과 족벌, 특정 집단이 여전히 수십 년씩 독재하는 나라가 많다. 적도기니의 오비앙 대통령은 1979년부터 집권 중이며 카메룬의 폴 비야 대통령은 현재 92세가 넘도록 집권하고 있다.[15]

민주주의 국가의 모범처럼 여겨지는 미국은 2000년 대선 당시 플로리다주에서 재검표 사태가 벌어졌다. 플로리다 선거에서는 투표를 하면 투표지에 펀치 구멍이 나도록 되어 있었는데 구멍을 뚫고 남은 종이 부스러기가 제대로 떨어지지 않아 득표수 계산에 대혼란이 빚어졌다. 결국 대법원의 결정으로 재검표가 중단되면서 조지 부시가 앨 고어를 이기고 대통령이 되었다. 국민의 뜻보다 종이 부스러기가 사실상 대통령을 결정한 셈이다.

민주주의가 불완전한 것은 제도 때문만이 아니다. 민주주의 국가는 대부분 헌법에서 모든 권력이 국민으로부터 나온다고 선언하고 있다. 그런데 현실적으로 국민國民이란 하나의 관념이자 추상명사에 불과하다. 국민 개개인을 들여다보면 너무나 이질적이기 때문이다. 어떤 집단의 5%는 매우 뛰어난 천재들인 반면 세계 인구 중 '포레스트 검프'처럼 경계선 지능Boderline Intellectual Functioning을 가진 사람은 13.6%나 된다.[16] 국민투표를 통해 만들어지는 집단지성도 최선의 답안을 내는 것이 아니라 평균의 함정에 빠질 수가 있다. 지능이 1에서 100까지 있는 사람들이 모여 평균 50인 사람을 뽑아 모두가 함께 탄 비행기의 조종을 맡기는 셈이다. (그렇게라도 된다면 그나마 다행이다.)

지능을 명확히 정의하고 평가하기 어렵다는 것 또한 문제이다. 지능은 높지만 잔혹한 범죄를 저질렀거나 어떤 사정으로 뛰어난 지능을 갖고도 문맹이 될 수도 있다. 경제적 파산이나 질병, 장애와 극빈한 환경 등으로 자신의 능력을 행사할 수 없는 등 개인이 처한 조건은 너무나 다양하다. 그러나 민주주의는 이 모든 차이를 무시하고 모든 개인을 '인격'이라는 추상적 개념으로 균질하게 만들어 1인 1표를 부여하고 다수결로 결정한다. 따라서 "모든 국민은 그 수준에 맞는 정부를 가진다"는 철학자 조제프 메스트르Joseph de Maistre 말은 무책임하다. '모든 국민의 뜻'이란 마치 '신의 뜻'처럼 아무도 책임지지 않겠다는 뜻이나 다름없기 때문이다.

게다가 인간에게는 똑똑한 개인일지라도 집단이 되면 바보가 되는 이상한 특성이 있다. 그래서 민주주의는 중우정치衆愚政治가 될 위험이 있다. 소크라테스를 고발해 법정에 세운 사람들은 아테네 민주정의 시민들이었고 예수를 폰티우스 필라투스Pontius Pilatus 총독에게 끌고 가 사형시켜달라고 한 사람들도 그의 민족 아니었던가. 히틀러가 나치당의 전권을 장악한 특별당원총회에서 독재 권력을 부여받을 때도 반대한 사람은 554명의 당원 중 단 한 명뿐이었다.

그럼에도 불구하고 민중은 정치의 지향이자 궁극의 선善이다. 동양에서 백성은 배를 띄우기도 하고 뒤집어엎을 수도 있는 물과 같다水可載舟 亦可覆舟고 보았다. 이처럼 민중은 경외스러운 힘을 가진 신과 같은 존재다. 하지만 그 힘이 간절히 필요할 때 그 존재는 거의 응답하지 않는다. 또한 그 힘이 드러난다 해도 모두가 바라는 방향으로 옳게 드러나지도 않는다. 오히려 또 다른 권력자의 탐욕이나 우연한 사건으로 뒤틀리고 먼 길을 돌아가기도 한다. 헤겔은 이를 '이성의 간계List der Vernunft'로 설명했다. 세계사적 개인들의 정념을 통해 역사가 자유의식을 진보시킨다는 것이다. 위대한 철학자가 거대한 역사를 통찰한 의미일 테지만, 정작 우리 범인凡人들 입장에선 어쩐지 변명처럼 느껴진다.

권력의 딜레마

권력은 모두에게 착하기 어렵다. 지식으로 덧칠된 권력은 더욱 그렇다. 조지 오웰George Orwell의 『동물농장』에서는 동물을 착취하는 인간을 몰아내고 지배자가 된 돼지 나폴레옹이 7계명을 만든다. 그리고 그가 어느 날 인간처럼 걷기 시작할 무렵 그 계명은

"모든 동물은 평등하다. 그러나 어떤 동물은 더 평등하다"로 바뀌고 만다. 이는 공산주의라는 잘 포장된 이념 아래서 권력이 어떻게 그 속성을 드러내는지를 날카롭게 풍자하는 것이다. 이렇게 강력한 권력 앞에 지식인은 무기력하다. 동물농장의 지혜로운 당나귀 벤저민은 돼지들의 흉계를 알면서도 냉소적일 뿐 적극적으로 나서거나 행동하지 않는다.

자유선거로 대표를 뽑는 곳에서도 문제는 마찬가지다. 선거를 잘 치렀다 하더라도 주인을 위하여 일하기로 약속하고 뽑힌 대리인이 자신의 이익과 편의를 먼저 챙긴다. 이른바 대리인 문제 agency problem가 발생한다. 권력자가 평등을 지향하고 민주적 절차로 권한을 위임받았다 해도 결국 권력은 소수가 독점하게 된다. 사회학자 로베르트 미헬스Robert Michels는 이를 과두제의 철칙iron law of oligarchy이라고 했다. 이런 절망 때문이었을까? 그는 결국 파시스트가 되었다. 그렇다면 어찌해야 하는가.

사회학자 조형근은 『나는 글을 쓸 때만 정의롭다』에서 엘리트에 의해 인민을 대변하는 정치체제에 대해 이렇게 말한다. "나는 '실하고 상처 없는 것들'을 가려내는 초월적인 손을 용납하지 않는 체제야말로 민주주의라고 이해하고 싶다. 신의 뜻이든, 프롤레타리아의 의지든, 경제적 인간의 합리적 선택이든 어떤 힘, 명분, 법칙으로도 인간 집단의 자격을 따지지 않는 체제, 셈해지지 않던 것들이 셈해지고 몫 없는 자들이 자기 몫을 기입하는 체제,

가려졌던 불화가 드러나고 새로운 갈등이 생성되는 체제가 민주주의가 아닐까?"[17] 그의 말은 민주주의가 포기할 수도 없지만 구현하기도 쉽지 않음을 보여준다.

그렇다면 모든 권력을 부정하고 상호 자율적인 상부상조의 세상을 만들 수는 없을까? 존 레논이 노래한 것처럼 '국가도 종교도 없는 평화로운 세상' 말이다. 이른바 아나키즘Anarchism의 꿈이다. 하지만 그의 노래 제목 '상상하라imagine'가 보여주듯이 현실에서 그런 것은 없다. 때로 소규모 공동체를 일구려는 소박한 사람들의 노력조차도 아웅다웅 싸움이 벌어져 힘겨울 수 있다. 현실 세계에서 "사람은 사람에게 늑대"Homo homini lupus나 다름없기 때문이다. 따라서 강력한 권력이 통제하지 않으면 약자는 강자에게 모두 잡아먹히고 만다.

대런 아세모글루Daron Acemoglu 교수의 말처럼 "'만인의 만인에 대한 투쟁'을 피하기 위해 사람들의 권한을 위임받은 절대권력Leviathan이 필요하지만, 그 권력에게 족쇄를 채워야 한다". 여기에서 권력의 딜레마가 발생한다. 현실 세상의 모든 정의와 합리성을 지키려면 권력은 우리가 믿고 의지할 수 있는 절대적 힘이어야 한다. 하지만 영국의 존 달버그 액튼John Dalberg-Acton이 갈파했듯이 "절대 권력은 절대 부패한다". 그래서 통제되어야 한다. 우리를 지배하지만 우리가 통제해야 하는 권력. 마치 세상에서 가장 빠른 스포츠카는 가장 강력한 엔진과 동시에 가장 강력한 브레이크도 함께 있어야 완성되는 딜레마와 같다.

　그래서 권력을 입법, 행정, 사법으로 나누어 견제하고자 한 몽테스키외Baron Montesquieu의 아이디어는 최선책이 아니라 국민의 자유와 권리를 보장하기 위한 고육책이었다. 그런데 법을 만들고, 법에 따라 집행하고, 법에 따라 판결하는, 이 삼권분립이 현대에도 좋은 생각이라고 하기는 어렵다. 현대처럼 사회가 초고속으로 변화하거나 완전히 다른 세상으로 전환할 때 법이란 사후 약방문死後 藥方文이 되기 쉬워 오히려 걸림돌이 되기 때문이다. 또한 법을 기준으로 권력을 나누어 놓았지만, 법을 매개로 기득권 카르텔이 형성되기 쉽다. 이들은 '세상을 위한 법이 아니라 법을 위한 세상'을 만들려고 할 것이다.

지식, 권력, 민중의 조화

옛 사람들은 선과 악, 천국과 지옥, 음과 양 등 대립되는 두 가지로 세상을 설명하기 좋아했던 것 같다. 그리스에서도 진眞과 위僞, 선善과 악惡, 미美와 추醜는 대립된 것이었다. 그러나 대립이 아니라 조화를 이야기할 때는 두 가지가 아니라 세 가지 요소가 등장한다. 고대 그리스인들은 인간의 세 가지 정신을 잘 통합하는 것을 중요하게 생각했다. 즉 인간을 지성의 진眞, 의지의 선善, 감성의 미美를 추구하는 복합적인 존재로 이해했다. 그래서 진리를 알아내고, 자신의 의지와 용기로 승리를 쟁취하며, 아름다움을 만들고 즐기는 것을 이상적 인간의 모습이라고 보았다.

플라톤은 이런 생각을 인간의 육체와 영혼에 대비시켰다. 머리는 지성을, 심장은 의지와 도덕을, 그리고 위장은 욕망을 각각 나타낸다고 보았다. 이를 국가로 확장시켜 국가에는 지성을 담당하는 통치자, 의지를 담당하는 수호자, 욕망을 담당하는 생산자가 있다고 했다. 현대에는 이를 다시 진리를 추구하는 지식인, 승리를 통해 정의를 인정받으려는 권력자, 편하고 행복한 삶이 중요한 민중이 국가를 구성하는 것으로 바꿔 볼 수 있다. 그래서 이상적 인간처럼 이상적 국가는 지식인의 진리, 권력자의 권력, 민중의 행복을 하나로 아울러 결집시킨 것이 될 것이다. 낭만적으로 표현하자면 '백성을 위해 일하는 똑똑하고 강력한 지도자'를 뽑는 것이다. 그것이 인류의 오랜 꿈이었다.

이런 생각은 동양에서도 비슷해서 중국의 손무孫武는 『손자병법』에서 장수를 용장勇將, 지장智將, 덕장德將으로 구분했다. 용장은 용기라는 권력의 속성을, 지장은 지혜라는 지식의 속성을, 덕장은 윤리라는 민중의 속성을 보여준다. 따라서 가장 훌륭한 장수는 이들 모두의 속성을 갖춘 영장靈將이 될 것이다. 하지만 그런 장수는 현실에서 만나기 쉽지 않으니 운에 따른다 하여 운장運將이라 하기도 하고 복장福將이라 하기도 한다. 결국 권력, 지식, 민중은 서로가 서로에게 의지하는 관계다. 지식은 권력의 지배를 받지만 동시에 권력을 통제한다. 민중은 권력의 원천이지만 권력의 지배를 받는다.

이런 개념은 개인의 처세에도 쓰였다. 일본의 작가 나쓰메 소세키夏目漱石의 소설 『풀베개草枕』는 첫 문장이 유명하다. "지智에 치우치면 모가 난다. 정情에 편승하면 뒤처지게 된다. 고집意地을 피우면 옹색해진다. 아무튼 인간세상은 살기 힘들다".[18] 인간관계라는 것이 논리만을 따지면 다투게 되고, 정에 휘둘리면 내 중심을 놓치고, 욕심을 내면 서로 불편해지기 십상이라는 뜻이다. 작가는 소설을 인정人情과 비인정非人情, 동양과 서양, 밤과 낮 등으로 대립적 내용으로 그리지만 결국 상호 조화를 이루며 최적의 어울림이 있는 중용中庸을 지향한다.[19] 따라서 이를 모두 균형 있게 갖춘 전인적全人的 능력이 필요하다. 개인의 처세에도 이런 균형과 통합의 능력이 요구되는 것이다.

서로 각자의 특성을 유지한 채 어울리는 것을 조화調和라고 한다. 그런데 조화는 모두가 균등하거나 균질해지는 것이 아니다. 변화와 통일을 포함하고 전체적인 균형감을 잃지 않는 결합 상태다. 어떻게 서로 다른 목표를 가진 세 가지 지식, 권력, 민중이 조화를 이룰 수 있을까? 사실 다르기 때문에 조화가 가능한 것이다. 자기를 잃고 동일시만 한다면 그것은 부하뇌동附和雷同에 불과한 것이다. 그래서 논어에는 "군자는 조화를 이루되 같지 않고, 소인은 같음을 추구하고 조화를 이루지 않는다君子和而不同 小人同而不

和”고 했다. 음식은 양념이 조화를 이뤄야 맛이 나고 음악은 다양한 소리가 어우러져야 아름다운 법이다.

서로 다른 길

그런데 세상은 끊임없이 변하기 마련이다. 그 변화의 때에 따라 우선되는 것이 있다. 예를 들어 사람도 하나의 인격 안에 용기, 지혜, 인정 등이 있는데 때에 맞춰 이를 잘 선택해야 한다. 미인을 보면 용기가 샘솟고, 강한 적 앞에서는 숨는 지혜가 필요하며, 약한 자들에게는 포용하는 인정이 필요하다. 그러나 순서가 바뀌면 안 된다. 미인 앞에서 숨는 지혜가 나오고, 약한 자들 앞에서 용기가 샘솟고, 강한 적 앞에서 포용하는 인정을 보이면 결과는 전혀 달라진다.

진리, 승리, 행복 이들 가치는 동시에 이루기 어렵고 시대에 따라 서로 충돌될 수도 있다. 진리와 승리가 상충하면 지식인은 진리를 선택할 것이지만 그 길은 패배와 고통을 각오해야 한다. 권력자는 승리를 선택하겠지만 그 자신의 파멸을 가져오기 쉽다. 만일 진리와 행복이 상충한다면 민중은 옳지 않더라도 더 편하게 사는 쪽으로 기울 것이다. 그래서 권력, 지식, 민중 가운데 무엇이 우선 되느냐에 따라 역사가 바뀌지만 역사가 그들의 운명을 바꾸기도 한다.

예를 들어 권력을 잡기 전에 사냥개로 대우 받던 지식인은 권력을 잡은 뒤에는 고기가 될 수 있다. 토끼 사냥이 끝난 개는 삶아 먹는다兎死狗烹는 고사가 이를 보여준다. 권력을 얻기 위해 말 위에서 싸울 때와 용상에 앉아 다스릴 때는 처지가 다른 법馬上得之 馬上治之이다. 따라서 모든 지적 주장과 논리를 판단할 때는 그 주장과 논리가 권력이 있을 때인지 없을 때인지 함께 살필 필요가 있다. 권력이 생기면 논리는 달라지기 때문이다. 그때는 맞고 지금은 틀리거나 그때는 틀렸지만, 지금은 맞는 게 된다.

(이상하게 들릴 수 있지만) 중세는 지식 중심의 시대였다. 아직 보편적 이성이 깨어나기 전으로 주술과 전설, 용기와 신의 같은 지식이 세상의 우위를 차지했다. 황제 권력은 교황의 인정을 받아야 했고 기사와 용병의 수호를 받아야 했다. 지식 집단인 교황과 기사단은 200년 동안 십자군전쟁을 주도했다. 하지만 신은 승리를 안겨 주지 않았다. 흑사병이란 대역병이 퍼졌지만 신은 생명을 구해주지도 않았다. 결국 지식이 몰락하고 중세가 끝났다. 르네상스로 인간과 예술에 관심이 옮겨간 사이, 15세기부터는 권력이 지배적 위치가 되었다. 이른바 절대왕정 시대였다. 이어 프랑스 대혁명 시기는 근대 시민이 우선순위로 떠올랐다. 이번에는 권력이 뒤로 밀려나 루이 16세는 기요틴의 이슬이 되어야 했다.

결국 권력, 지식, 민중 어느 것도 서로를 일방적으로 지배하지 못하고 시대에 따라 맞물려 있다. 지식은 권력의 지배를 받지만 동시에 권력을 통제한다. 민중은 권력의 원천이지만 권력의 지배를 받는다. 이것은 마치 머리가 자기 꼬리를 물고 있는 뱀 우로보로스Uroboros를 떠올리게 한다. 머리는 시작이고 꼬리는 끝을 의미한다. 머리가 끝을 삼키면서 끝없이 생성하고 소멸하는 순환이 이어진다. 결국 이런 모순이 변화와 운동을 만들어낸다.

독일의 철학자 헤겔Friedrich Hegel은 '주인과 노예의 변증법'을 보여준 바 있다. 타자에게 인정받고자 하는 인간은 인정 투쟁에 매달리게 된다. 그 결과 승리한 자는 주인이 된다. 하지만 노예에게 모든 것을 의존하는 주인은 결국 '노예의 노예'가 되고 주인을 주인이게 하는 노예는 '주인의 주인'이 된다. 주인은 점차 무능력해지고 어두워지고 노예는 더 이상 노예가 되기를 중단한다. 그래서 시간이 지나면 주인이 노예가 되고 노예가 주인이 된다. 권력, 지식, 민중 역시 서로에게 의존하여 인정받는 존재다. 상대가 없이 홀로 존재할 수 없으며 시간이 흐를수록 그렇게 서로 주인과 노예처럼 역할을 바꾸게 된다.

삼두전차의 파레오로스

고대 로마의 은화 데나리온denarius은 여러 가지인데 그중에는 세 마리 말이 끄는 전차chariot가 그려진 것이 있다.[20] 고대 그리스에서 전투에 사용했기에 전차라는 이름을 얻었지만 로마에서는 주로 경주나 행진 등 의전에 사용되었다고 한다. 그중에서도 세 마리 말이 이끄는 전차를 트리가triga라고 했는데 이것은 두 마리biga나 네 마리quadriga가 끄는 전차에 비해서 비교적 희소한 편이다. 이 전차를 끄는 주인공이 승리의 여신 빅토리아Victoria였으니 아마 이 세 마리 말의 전차 트리가는 승리를 축하하는 의전용으로도 사용되었던 것 같다.

그런데 삼두전차의 세 마리 말 중에서 한 마리는 멍에를 매지 않고 옆에 추가로 연결되어 있었다. 파레오로스parêoros 또는 'outrunner'라고 불리는 이 말의 역할은 전차의 속도를 높이거나 방향을 전환하고, 회전할 때 안정성을 주는 역할을 하는 것이었다.[21] 이처럼 역사에서 가속도를 내거나 방향을 바꾸고, 급변하는 길목에서 중심을 잡아주는 것은 이기적인 권력이나 우직스러운 민중이 아니라 지식이다. 직접적인 책임을 지는 권력이나 의무를 부담하는 민중은 멍에yoke에 매어 있지만 지식은 그로부터 자유로워야 한다. 그래야 객관적 시야를 갖고 합리적 대안을 제시할 수 있다. 그리고 맨 앞에서 미래를 내다보고 선도할 수 있는 것이다.

서양에서는 앎과 힘, 아름다움을 나타내는 진선미眞善美의 가치 중에서 지식에 해당하는 진眞을 최고의 가치로 삼았다. 이를 보면 고대 그리스가 힘보다 지식에 의해 지배되는 시민들의 공동체였다는 것을 알 수 있다. 그런데 진眞을 으뜸으로 치는 이유는 그

때문만은 아니다. 진선미 가운데에서 의지善와 아름다움美은 사람의 몫이지만 진리真는 시공을 초월한 보편적 가치다. 진리를 따르는 지식은 권력에 정의를 부여하고, 민중에게 진실한 행복을 제공하여 사회를 보편적 가치로 이끈다.

지식인은 권력이 따라야 할 도리를 요구하며 비판하는 역할을 했다. 하지만 때로는 권력의 일정 역할을 나눠 받아 국가건설에 참여하고 지배 집단의 일부가 되기도 한다. 민중에 대해서는 계몽하고 교육하는가 하면 때로는 민중을 대변하고 그들과 함께 싸웠다. 따라서 지식은 권력과 민중 사이에서 진자振子처럼 움직이며 역사를 만들어 왔다. 동양에서도 유학은 백성을 대하는 입장으로 '신민'과 '친민' 두 가지가 있다. 성리학은 신민新民으로 백성을 계몽해야 한다는 입장이고 양명학은 친민親民으로서 백성을 사랑하고 백성 편에서 이해한다는 입장이다.[22] 비판하고 때로는 참여하면서 권력자와 민중의 관계를 구성하는 것이 지식인의 역할이었다.

크리스토퍼 놀런 감독의 영화 〈오펜하이머〉에는 권력자와 지식인, 그리고 대중이라는 세 집단을 잘 비교하는 장면이 있다. 핵폭탄을 만든 오펜하이머Julius Oppenheimer가 트루먼 대통령을 만났을 때 대통령은 "결정은 내가 한 것"이라고 말하고, 그를 '징징대는 사람' 취급한다. 유명세를 충분히 겪었던 과학자 아인슈타인은 오펜하이머에게 "사람들은 당신에게 메달을 주고 등을 두드리며 칭찬하지만 결국 주인공은 그들이다"라며 대중의 변덕스런 심리를 말해준다. 지식인은 독단적 의사결정권자인 권력자와 무책임하고 휩쓸리기 쉬운 대중 그 사이에서 역할을 찾을 수밖에 없는 현실을 상징적으로 보여주는 장면이다.

그런데 지식인은 지식을 많이 가진 사람이 아니다. 그 시대와 상황에 따라 지식이 발전하고 변화하기에 지식인도 달라진다. 정주定住해야 하는 농업사회에서는 연장자가 지식인이고 끊임없이 이동하는 유목사회에서는 가장 빠른 자가 지식인이 된다. 변화의 시대에는 낡은 지식이 아닌 새로운 지식을 습득하거나 창안한 자가 지식인이다. 따라서 지식인은 많이 아는 자가 아니라 사회의 생장점生長點에서 자기 역할을 하는 자라고 할 수 있다.

즉, 지식은 나무처럼 자신의 몸을 더해가며 자라고 지식인은 그 가지 끝에 매달려 있는 이파리 모습이다. 계절에 따라 새잎이 나고 낙엽이 되어 떨어지더라도 나무는 점점 자라듯이 지식은 살아 있는 모든 것들에 의해 생겨나 그들이 사라진 이후에도 기둥이 되고 가지가 되어 영원히 후대에 이어진다. 또한 지식은 배타적으로 소유할 수 없고 공유한다고 해서 닳거나 사라지지도 않는다. 지식인은 그 지식을 역사의 목적에 맞게 운용하는 사람이다. 헤겔은 역사철학을 통해 역사의 주인은 인간의 자유를 성취해 나가는 '정신Geist'이라고 주장했다. 이때의 정신은 지적 존재로서 인간의 이성적 자각과 의식의 총체를 의미할 것이다.

그런데 지식은 인간 이성이나 자각, 역사의 목적과 상관없이 그 자체로 진화하는 유전자라고 볼 수도 있을 것이다. 진화학자인 리처드 도킨스Richard Dawkins는 그의 저서 『이기적 유전자』에서 사회적 문화와 사회 진화의 메커니즘에 관여하는 사회적 유전자를 밈meme으로 부르자고 제안했다. 따라서 만일 역사에 밈이 있다면 그것은 수많은 사람과 왕조, 국가가 생성, 교체, 소멸되더라도 자기 축적과 복제를 통해 끊임없이 대를 이어가는 것, (심지어 발전한다) 바로 지식 유전자일 것이다. 즉, 인간이 목적을 갖고 개입하든 개입하지 않든 결국 역사는 지식이 발전해온 흔적이다.

2부
지식과 근대

권력, 지식을 죽이다

새로운 권력을 만드는 데 창업할 것인가. 수성할 것인가. 권력과 지식의 관계가 역사를 만들었다. 임진왜란은 지식이 권력, 민중과 결맞아 승리했지만 병자호란은 지식이 권력, 민중과 어긋나 패배했다. 서양의 과학혁명은 지식을 축적하고 합리성을 기준으로 내세워 권력을 넘어섰다. 과학은 지식의 새로운 모습이었다.

정몽주와 정도전의 죽음

고려말 정몽주와 정도전은 신학문인 성리학을 동문수학한 지식인들이었다. 이들은 함께 힘을 모아 창왕을 폐위시키고 공양왕을 옹립하여 국가개혁에 나섰다. 하지만 이후 정몽주는 구권력인 고려 왕조를 지키려다 선죽교에서 살해당했고 반면 정도전은 신권력인 조선 건국의 주역이 되었다. 유교적 이상사회를 함께 꿈꾸던 이들의 운명은 왜 이렇게 달라졌을까? 이들의 신분이 달랐던 것이 하나의 이유가 될 수 있다. 이들은 함께 권문세족의 모함으로 유배를 갔으나 관료양반 가문 출신이었던 정몽주는 다시 조정에 복귀해 중앙정치에 있었다. 그러나 정도전은 외가가 노비 출신이라는 제약이 있었고 유배를 간 이후 복귀하지 못한 채 떠돌이 생활을 해야 했다.

그러나 그보다 이들을 더 갈라 세운 것은 권력과의 관계에 대한 그들의 입장이었다. 정몽주는 동방이학東方理學의 비조鼻祖로 불리던 대학자로 왕조를 중심에 놓고 국가를 개혁하고자 했다. 반면 정도전은 떠돌이 시절 만나고 목격한 백성의 삶을 중심에 놓고 국가를 바꾸고자 했다. 그래서 그들 모두 처음에는 이성계에게 필요한 협력자들이었으나 왕조를 바꾸려 할 때 정몽주는 적이 됐고 정도전은 공신이 됐다. 이렇게 새로운 지식이 권력과 결합할 때는 수성파와 창업파로 분열하기 쉽다. 이런 현상은 조선의 건국 때뿐만 아니라 개화 시기, 산업화 시기 등 중요한 역사적 분기점마다 나타난다.

수성파는 점진적 변화를, 창업파는 혁명적 변화를 원한다. 어떤 것이 옳은가 따지는 것은 큰 의미가 없다. 승패는 결국 그들 지식과 결합하는 권력에 따라 결정되기 때문이다. 권력투쟁에서 이긴 쪽이 정치적 주도권을 쥐면 그와 결합한 지식도 옳은 것이 된다. 이렇게 보면 진리는 승리에 딸린 것에 불과해 보인다. 하지만 권력의 정치적 승리는 단기적이고 지엽적인 반면, 지식의 시대적 채택은 장기적이고 본질적이다. 역사에 남는 것은 지적 축적물과 지향성이다.

정도전은 1392년 이성계를 내세워 새 왕조를 건국하고 그해 10월 명나라에 사은사謝恩使로 갔다. 그는 말 60필 등을 조공으로 바치고 조선朝鮮이라는 국호를 받아 산해관을 거쳐 돌아왔다. 산해관山海關은 허베이성의 만리장성 제일 동쪽 끝에 있는 관문으로 산과 바다 사이에 있어 붙은 이름이다. 천하제일관으로도 불릴 정도로 북방 이민족의 침입을 방어하는 군사적 요충지다. 후금(청)이 명나라를 공격할 때도, 일본이 만주국을 통해 중국을 침략할 때도 이곳을 뚫어야 북경으로 갈 수 있었다.

그런데 산해관을 지날 때 정도전이 무심코 "잘 풀리면 좋지만 안 풀리면 와서 한바탕 공격하겠다"라고 말한다. 이 말은 명나라 황제 홍무제(주원장)의 귀에 들어갔다. 떠돌이로 얻어먹으며 살던 천한 신분 출신으로 황제까지 오른 그는 의심이 많았다. 명나라는 동북아시아의 신흥강국으로 떠오르는 조선을 경계했다. 중국과 대등한 자주 국가를 꿈꾸며 요동정벌을 계획하는 정도전은 위험한 인물이었다. 그런 명나라의 의중을 꿰뚫어 본 사람이 이복동생들에게 밀려난 이방원이었다. 그는 한밤에 정도전을 기습해 죽이고 권력을 잡았다. 이후 명나라에서 왕위를 승인해주며 책봉冊封 관계가 성립되었다.

정도전의 꿈은 지식 국가였다. 그는 서적포書籍鋪를 설치하고 동활자鑄字를 만들어서 유학의 경서는 물론 사서, 제자백가서, 의학서, 병법서, 법률 서적까지 인쇄해 학문에 뜻이 있는 사람은 마음

껏 읽을 수 있는 문文의 나라를 만들고 싶어 했다. 아이러니하게
도 이것을 구현한 사람은 그를 죽이고 왕위에 오른 이방원, 즉 태
종이었다. 조선은 태종 때 주자소鑄字所를 설치해 활자를 만들고
세종이 훈민정음을 만들며 문치文治의 절정을 이루었다. 성종에
이르러 경국대전까지 완성해 법치국가로서 면모를 갖추었다. 수
성파인 정몽주, 창업파인 정도전은 결국 모두 살해당했다. 그러
나 문文의 나라를 세우려는 그들의 생각, 지식은 역사에 전승되
었다. 개체인 지식인은 사라지지만 유전자인 지식은 후대에 이어
졌다.

당쟁과 임진왜란

이처럼 조선 초기에는 권력이 지식을 압도했다. 건국과 반정反正으
로 권력을 잡은 훈구勳舊 세력이 지식인 집단인 사림士林과 대립했
다. 그 결과 수많은 선비가 사화士禍로 죽었다. 권력의 승리였다. 그
러나 문文의 나라로 세워진 조선의 선비는 세월이 흐를수록 많아
졌다. 그런데 성리학적 지식인은 특성상 일할 수 있는 자리가 관
직 외에는 거의 없었다. 벼슬을 하면 재조在曹이지만, 못하면 재야
在野였다. 그래서 과거에 급제하고 벼슬 명단史籍에 이름은 올렸으
나 부서 배치分館를 받지 못한 자가 점점 많아졌다.[1] 나중에 실학
자 이익이 밝혀냈듯이 관직의 수는 적은데, 관직을 차지할 사람

은 많은 것官職小 而應調多이 문제였다.

갈등의 접점은 인사를 담당하는 자리였다. 이 업무를 이조吏曹에서 맡았고 '알맞은 사람을 저울질해 사람을 추천'하는 벼슬이었으므로 이조전랑吏曹銓郎이라고 불렀다. 이들은 언론 역할을 하던 사헌부, 사간원, 홍문관 등 삼사三司의 관리를 추천할 수 있고 자신의 후임자도 천거할 수 있었다. 이 자리를 차지하기 위해 지식인들은 서인西人과 동인東人으로 갈라졌다. 붕당은 유교적 이상을 논의하는 방법일 수 있었지만 권력의 쟁취가 더 중요해졌다. 그 결과 당쟁은 현실문제 해결이나 미래 발전을 위한 정책이 아니라 문묘종사, 서원書院, 사우祠宇를 통해 선현과 연결되는 문도門徒를 놓고 벌어졌다.

이는 성리학이라는 학문의 특성이기도 했지만 중국의 속국으로 인정받아 건국 이후 비교적 태평성대를 누리면서 큰 지적 변화를 겪거나 외적 자극을 받지 않았기 때문이기도 했다. (진위 논란이 있지만) 1582년 율곡 이이는 임금과 국정을 협의하는 경연經筵에서 십만양병설을 주장하면서 "10년이 지나지 않아 마땅히 땅이 붕괴하는 화가 있을 것"이라고 했다. 하지만 류성룡은 "군사를 양성하는 것은 화단禍端을 키우는 것"이라고 반대했다.[2] 외적의 침입에 대비해야 한다는 생각과 군역으로 백성의 고통을 더하지 않아야 한다는 생각은 훗날 서인과 남인의 당쟁 대립으로 그려졌다. 하지만 당시로서는 모두 나름대로 타당한 주장이었다. 조선은 건국 후 오랫동안 평화를 누리고 있었기 때문이었다.

1592년, 조선 건국 후 꼭 200년 되던 해, 부산포 앞바다에 16만 명의 왜군이 나타났다. 세상이 뒤집히는 블랙스완[3]은 이렇게 예고 없이 나타난다. 외침이라 해봤자 수만 명 수준만 경험했던 조선은 엄청난 충격에 휩싸였다. 평화에 안존하던 조선 정규군의 숫자는 8천 명에 불과했다.[4] 중국에 사대事大하는 조건으로 얻은 권력이었기에 외침보다 내란의 위험을 더 걱정한 것이 왜적에 취약한 화근이 됐다. 왜군은 파죽지세로 올라와 불과 20일 만에 한양에 입성했다. 선조는 벌써 의주로 파천播遷한 뒤였다. 하지만 개전 초기와 다르게 전쟁은 일방적으로 왜군에 유리하게 흐르지 않았다.

당시 왜군은 개인용 신식 화기인 조총으로 무장하고 삼개조로 편성한 전술을 사용했지만 조선은 최고의 화포 기술로 만든 공용무기인 천·지·인·승자 총통으로 대응했다. 판옥선, 거북선 등 군함의 활약도 뛰어났다. 예상을 넘어선 대규모 왜군의 침략은 불리한 조건이었지만 과학기술이라는 지적 수준에서는 뒤지지 않았던 것이다. 또한 전국에서 의병장들이 궐기하고 그때까지 당쟁에 빠져 있던 지식인들이 나섰다. 인재풀이 풍부해 이황, 이이 등 대유학자들과 이원익, 류성용 등 뛰어난 재상들이 있었다. 이들은 권율, 이순신 같은 병법에 뛰어난 지식인들을 추천해 등용시켰다.

임진왜란은 조선의 전기와 후기를 나눌 만큼 엄청난 충격이었고 국가적 위기였다. 일본이 두 번에 걸쳐 10만이 넘는 대군으로 침략해 왔으나 조선은 국난을 이겨냈다. 우선 경세經世 능력을 가진 지식인이 많았고 무기에서 과학기술 지식이 일방적으로 열등하지 않았다. 선조는 도망가면서 백성들에게 돌팔매를 맞을 정도로 위신이 추락했지만. 신하들이 반란을 일으킬 수 없을 만큼 성리학적 충성의 중심으로서 권력을 유지했다. 또한 진주성, 행주산성 등 전국에서 관민이 하나로 뭉쳐 싸웠다. 지식, 권력, 민중이 흩어지지 않았던 것이다.

병자호란과 소현세자의 죽음

그러나 조선은 이 전쟁에서 아무런 교훈을 얻지 못했다. 임진왜란이 끝나자 선조는 자신 곁에서 수발 든 내시와 마부까지 호성공신扈聖功臣이라며 치하했다. 반면 이순신 장군은 칠천량 해전에서 대패한 원균까지 포함한 18명의 장수와 함께 선무공신宣武功臣에 처했을 뿐이었다.[5] 의병장들도 제대로 대우받지 못했다. 전란으로 불탄 경복궁도 그대로였다.[6] 이어 왕위에 오른 광해군은 망해가는 명나라와 새로 일어나는 청나라 사이에서 실용 외교를 펼쳤다. 그러나 서자 출신으로 권력이 불안했던 그는 동생 영창대군을 죽이고 대비 김 씨의 존호를 폐하는 폐모살제廢母殺弟를 벌였다. 이를 빌미로 서인 세력은 반정을 일으켜 광해군을 제주도로 유배 보내고 능양군을 옹립했다.

1636년 병자호란이 터졌을 때 기병을 중심으로 편제된 청군은 빠른 속도로 진격해왔다. 임진왜란후 신상필벌信賞必罰이 제대로 이뤄지지 않은 것을 경험한 조선에서는 더 이상 근왕병을 모으기 어려웠고 의병도 궐기하지 않았다. 왕은 서인에게 의지해 쿠데타로 권좌에 올랐기에 집권 세력의 균형이 무너져 권력은 힘이 없었다. 임진왜란 때 경험으로 조선도 조총을 개발해 대응했으나 청군에게는 조총보다 사정거리가 일곱 배나 길고 강력한 홍이포紅夷砲가 있었다. 결국 남한산성으로 도망간 인조는 추위와 굶주림에 떨다가 45일 만에 삼배구고두례三拜九叩頭禮를 하며 청나라에 항복해야 했다.

민중은 협력하지 않았고, 권력은 불안했으며, 신무기에 대한 지식마저 뒤처졌던 것이다. 그 결과 병자호란은 두 달 정도에 불과했으나 수십만 명의 백성들이 포로로 끌려갔다. 그들과 함께 인조의 큰아들 소현세자도 볼모로 끌려갔다. 그런데 그는 8년 동안 심양에서 지내면서 새로운 국제정치의 현실을 보았다. 조선이 명분과 의리로 중시했던 명나라가 쇠퇴하고 청나라가 새로 부상하고 있었다. 그는 천문학자이자 예수회 선교사인 아담 샬Adam Schall 사제를 통해 천주교와 서양과학 등 신문물을 배웠다. 그는 최초의 해외유학파 지식인이었다.

소현세자는 귀국하여 부왕에게 자신이 보고 깨달은 세상의 변화를 설득하고자 했다. 하지만 낡은 권력은 새로운 지식을 거부했다. 삼전도의 굴욕을 겪고도 인조와 서인들은 새로운 지식을 받아들이지 못했다. 세간에는 아들 소현세자가 청나라에서 얻어와 바친 벼루를 인조가 집어 던졌다는 소문이 퍼졌다. 소현세자는 귀국한 지 두 달 만에 학질에 걸렸고 사흘 만에 죽었다 (1645년 4월 26일). 실록에는 사인을 밝히지 않은 채 그의 온몸이 검은빛이었고 모든 이목구비 구멍에서 선혈이 흘러나왔다고 기록됐다. 백성들은 인조와 서인들이 소현세자가 청나라와 결탁해 자신들을 권좌에서 쫓아낼지도 모른다고 두려워해 독살했을 것이라고 믿었다.

소현세자의 죽음은 조선 역사의 결정적 분기점이었다. 그는 신지식과 구권력 투쟁의 희생자였다. 그의 죽음은 서양 문물이라는 신지식의 유전자를 남기지 못했다. 이후 조선의 지배층은 서양과학과 새로운 세상을 배우려는 북학北學 대신 그들과 대립하는 북벌北伐의 길을 선택했다. 명분에 집착한 권력투쟁으로만 세상을 보았을 뿐, 새로운 지식이 가져오는 세상의 미래를 보진 못한 것이다. 소현세자가 죽은 뒤 8년 뒤인 1653년 네덜란드 선원 하멜 등 36명의 서양인이 제주도로 표류해 왔다. 그들이 강제 수용된 곳은 쫓겨난 광해군이 유배되어 죽은 제주도 적거謫居 터였다.

그들은 세상에는 많은 나라가 있다는 것을 알려주려고 했다. 하지만 조선 지식인들은 "태양이 하루에 그렇게 많은 나라를 다 비출 수 없다"며 믿지 않았다. 소현세자가 왕이 되었더라면 하멜 일행은 조선에 어떤 기회가 되었을까? 13년 동안 억류된 하멜 일행 중 8명은 일본으로 탈출했다. 조선과 바깥 세계의 만남은 그렇게 엇갈리고 말았다. 게다가 병자호란 때 남한산성에서 현실주의자 최명길이 열어준 문으로 빠져나와 살아남은 명분주의자 김상헌의 후손에 김조순이 있었다. 그의 자손들은 이후 왕의 척족戚族이 되어 권력을 장악했고 세도정치를 일삼았다. 결국 조선의 권력 중심에는 더 이상 새로운 지식이 공급되지 못했다.

지식의 축적과 과학혁명

조선은 지식의 나라로 세워졌다. 하지만 조선 중기 이후 새로운 지식이 공급되지 못했다면 그 새로운 지식이란 무엇을 의미하는 것일까? 그 당시 일본은 도쿠가와 이에야스德川家康가 에도 막부를 열었고 만주 대륙은 홍타이지崇德帝가 나라 이름을 후금에서 다이칭 구룬大淸(청나라)으로 바꾸고 제국을 만든 시기다. 그런 국제 정세 지식에 둔감했다는 것일 수 있다. 그러나 그보다 더 중요한 지식은 바로 서양의 과학이었다. 조선이 임진왜란과 병자호란을 겪던 그 시기 전후로 서양에서는 지식의 놀라운 발전이 진행되고 있었다.

임진왜란이 일어나기 49년 전 서양에서는 가톨릭 사제였던 코페르니쿠스Nicolaus Copernicus가 『천구의 회전에 관하여』를 내놓아 하늘과 땅을 뒤집어 놓았다. 태양이 지구를 도는 것이 아니라 지구가 태양의 주위를 돈다고 한 것이다. 이 충격은 수많은 논란 속에서도 꾸준한 지적 성장을 이루어 병자호란이 일어난 뒤 50년쯤 지난 1687년에는 뉴턴Isaac Newton이 『자연철학의 수학적 원리』를 내놓았다. 이로써 인간은 천체의 모든 움직임을 다 계산할 수 있게 되었다.

코페르니쿠스에서 뉴턴까지 이 144년은 과학적 연구 방법론이 제시된 기간이기도 했다. 영국의 베이컨Francis Bacon은 관찰이나 실험으로 데이터를 수집해 귀납적으로 일반화된 법칙을 찾는 경험론을 주장했다. 프랑스의 데카르트René Descartes는 인간의 불확실한 감각을 넘어 이성적 회의를 통해 진리를 찾고자 하는 합리론을 내세웠다. 이들이 제시한 실험과 수학이라는 수단으로 지식은 더욱 발전했다. 그 결과 서양의 자연철학은 '과학'이라는 새로운 이름을 갖게 됐다. 이것은 지금까지와는 질적으로 다른 지식이었다. 일부에서는 이를 과학혁명이라고 부른다.

왜 이런 발전이 서양에서만 일어났을까? 흔히 동서양의 사고방식의 차이를 꼽는다. 서양에서는 '신이 세상을 만들었다'고 한다. 신처럼 인간도 자연을 만들고 바꾸며 지배할 수 있다고 본다는 것이다. 반면 동양은 '신이 하늘에서 내려왔다'고 한다. 자연의 조화 속에 신이 있는 것이다. 그러니 인간도 자연의 일부인 것이다. 자연에 대한 이런 기본적 사고의 차이가 자연을 연구하는 태도와 방법을 다르게 만들었고 그 결과 서양의 자연과학이 앞서게 되었다는 것이다.

역사학자 토인비Arnold Tynbee가 문명서천설文明西遷說7을 주장했듯이 지식의 중심은 아주 오랫동안 동양에 있었다. 인류의 4대 발명품이라는 종이, 나침반, 화약, 인쇄술이 모두 동양에서 만들어졌다. 동양은 서양에게 동경과 두려움의 대상이었고 동양의 비단과 향신료는 부의 상징이었다. 동양의 훈족은 게르만족의 대이동을 일으켰고 '지옥에서 온 군대' 몽골족은 유럽을 공포에 떨게 했다. 우리나라도 이미 고려시대 때 세계에서 가장 오래된 금속활자를 사용했고 세종 때에는 소리글자인 훈민정음을 창제했으며 화약 무기도 뛰어났다. 그뿐만 아니라 당시 동아시아의 주류 학문인 성리학도 사물의 이치를 완전히 알아내고자 하는 격물치지格物致知를 지향했다. 하지만 "성리학은 사실 판단을 위한 존재 원리와 가치 판단을 위한 당위 법칙을 하나로 보았다."8 사물의 자연법칙 탐구보다는 인간사회의 당위적 규범에 더 관심이 많았다는 것이다. 하지만 이런 것만으로 동양인에게 능력이나 의지가 부족했다고 평가하는 것은 잘못이다. 역사에는 우연성이 있기 마련이다.

제레드 다이아몬드Jared Diamond 교수는 『총균쇠』에서 유럽이 아시아와 아프리카를 지배하고 식민지로 삼을 수 있었던 것은 지리적, 생물학적 우연 때문이라고 한다. 즉, 인간 능력이나 의지의 차이보다 환경과 우연한 사건의 산물로 생긴 차이가 더 중요하다는 이야기다. 그런 관점에서 중세 유럽에는 지식을 과학으로 폭발시키는 우연이 축적되는 시간이 있었다. 200여 년 동안 아홉 차례나 벌인 십자군전쟁과 유럽 인구의 30~60%가 목숨을 잃은 흑사병의 영향으로 르네상스가 일어났다. 1450년 구텐베르크의 인쇄술이 등장해 다양한 책을 찍기 시작하면서 지식을 소통시키고 통합시켰다.

기묘한 물고기와 지식 우위

그런데 과학혁명이 서양에서 일어난 더 중요한 이유는 따로 있었다. 그것은 지식과 권력의 관계가 달랐다는 것이다. 동양은 몽골제국, 대청제국, 오스만제국 등 거대한 집단권력 편제 속에 있었다. 반면 서양은 로마제국 이후 집단적 구조에 들어가지 않았다. 여러 왕후王侯와 교회가 분쟁하면서 다름을 인정하는 관용과 차이를 통한 비교가 일어났고 이것이 학문적으로 발전할 토대가 되었다. 즉 서양의 과학혁명은 지식이 사회적 집단논리에 융해되거나 지배권력에 종속적이지 않았기 때문에 가능한 것이었다.

유럽에 마지막까지 남아 있던 제국은 동로마제국이었다. 이 제국은 1451년 난공불락이던 테오도시우스 성벽이 오스만제국의 오르반 대포에 의해 무너지면서 멸망했다. 그 결과 유럽의 도시국가들을 중심으로 중동지역과 중개무역이 활발해졌다. 그리고 그 중심지에 있었던 베니스는 1474년 최초로 10년 동안 특허를 보호하는 법을 만들었다.[9] 역사상 처음으로 지식(유리와 모직물 제조법이었다고 한다.)을 재산으로 인정한 것이다. 지식의 사적 소유 보장은 경제적 부를 키웠다. 제국이라는 권력이 무너진 자리에 지식의 경제적 발전이라는 꽃이 피기 시작한 것이다.

한편 동아시아에서 유학자는 관료가 되거나 예비 관료로 남아 소양과 자질을 닦는 일만 했을 뿐 생산에 참여하지 않았다. 따라서 지식인은 모두 권력과 밀접한 신분적 직업이었다. 지식은 권력에 복속되어 있었고 특권층만 사용할 수 있었다. 2021년 종로에서 갑인자를 비롯한 세종시대 한글 금속활자가 쏟아져 나온 적이 있다. 세종은 국민을 계몽하기 위해 소리글자와 금속활자를 만들었지만 조선의 권력은 활자의 이용을 특권층에게만 허용했다. 활자는 글자만 바꿔 끼워서 인쇄하고 배포할 수 있어서 양반의 족보를 바꿔 이름을 올리거나 천주교 서적을 베끼는 등 권력의 의도를 벗어나 이용될 수 있었기 때문이다.[10]

이에 반해 1660년 11월 영국 과학학회를 출범시킨 사람들은 당시 커피하우스 모임에 참여하던 민간 과학자들이었다. 권력의 요구가 아니라 지식인 스스로 자신들의 조직을 만든 것이다. 이들이 만든 학회는 1662년 7월 찰스 2세Charles II의 칙허를 받아 '자연과학 진흥을 위한 런던 왕립학회Royal Society of London for the Improvement of Natural Knowledge'가 되었다. 이에 자극을 받아 프랑스, 독일, 스웨덴 등에도 학회가 생겨났다.

하지만 '왕립'이라는 명칭은 명예만 높아진 것일 뿐 학자들이 자비를 내서 운영했다. 대부분의 연구는 개인적인 지인의 후원이나 귀족들의 지원으로 이뤄졌다. 권력이나 귀족으로부터 급여를 받는 것과 후원을 받는 것은 다른 것이다. 따라서 연구자들의 관심사는 오로지 진리를 추구하거나 이를 이용해 돈을 벌고자 하는 본연의 욕망에 충실할 수 있었다. 이런 배경은 지식이 권력으로부터 독립적이고 사회적으로 대등한 위상에 설 수 있게 해주었다. 국왕의 권위가 절대적이던 당시 지식이 어떻게 권력과 대등해질 수 있었을까?

왕립학회 설립 과정에는 영국 국왕 찰스 2세가 내놓았던 붕어 이야기가 에피소드로 전해진다. 찰스 2세는 "듣자하니 어항 속에 살아 있는 붕어를 넣으면 무게가 변하지 않지만, 죽은 붕어를 넣으면 무게가 변한다는데, 그건 왜 그런가?"라는 질문을 던졌다. 국왕의 질문 자체가 이상했지만, 학회 과학자들은 이를 실험했고 그 결과 산 붕어나 죽은 붕어를 넣어도 어항의 무게는 똑같았다. 찰스 2세는 "기묘한 물고기로군"Odd Fish!이라고 말했다고 한다.[11]

왕립학회였지만 왕명으로 만든 것이 아니라 과학자들이 만들었고 이후 국왕의 인증을 받았다. 또한 국왕의 위엄이 서린 질문을 과학이라는 방법으로 검증해 '부정'할 수 있었다. 왕립학회의 문장紋章·arms에는 라틴어로 'nullius in verba'Take nobody's word for it!라고 적혀 있다. 무엇이든 검증하기 전까지는 믿지 말고 그대로 취하지 말라는 것이다. 세습권력보다 더 강한 힘, 왕의 생각을 부정할 수 있는 보편적 합리성. 그것은 과학이라는 이름의 지식이 가진 새로운 힘이었다.

사실로 증명되면 그 누구의 말이라 할지라도 그 앞에서는 고개를 숙여야 했다. 모든 것을 의심하고 증거가 나오면 입장을 바꾸는 과학의 열린 태도는 지식을 발전시키는 원동력이었다. 거기에는 보편성, 평등성, 개방성이 있었다. 따라서 과학 앞에서 신분과 출신도 사라졌다. 정규 교육을 거의 받지 못했던 패러데이Michael Faraday는 왕립학회의 실험실 물품 관리자 겸 조수로 고용되었다가 나중에는 회장으로 추천되기까지 했다. 또한 증기기관을 만든 제임스 와트James Watt와 매튜 볼턴Matthew Boulton은 과학교육을 받은 적이 한번도 없었지만, 이들이 학회 회원이 되는 데 이의를 제기하는 사람은 아무도 없었다.[12]

이것이 과학혁명이 가진 놀라운 힘이었다. 과학이 세상을 바꾼 것은 그 지식이 뛰어나서가 아니었다. 과학이 아무리 뛰어난 지식이라 해도 권력이 이를 마음대로 바꾸거나 금지한다면 아무

의미가 없기 때문이다. 유럽의 과학이 세상을 바꾼 것은 과학적 합리성으로 왕권신수설王權神授說로 보호되던 절대 권력을 넘어섰기 때문이다. 신도, 권력도 아닌 지적 합리성이 사회적 질서의 기준이 된 것이다.

지식의 팽창과 확신

안으로는 이성을 가진 인간의 주체적 자각이 일어났고 바깥으로는
새로운 세상에 대한 발견이 충격을 가했다. 제국주의는 동양을 침탈
하기 시작했다. 일본과 조선에 미국이 13년의 시간차를 두고 찾아왔
다. 새로운 지식과 만나는 이 중대한 시기에 한일 양국 지식인들의
운명은 엇갈렸다.

두 가지 방향의 지식

그리스 신화 속 나르키소스Narcissus는 미소년이었지만 그리 똑똑
하진 않았던 모양이다. 물에 비친 얼굴이 자신이라는 것을 깨닫
지 못하고 그만 사랑에 빠져 죽고 말았으니까. 그래서였을까? 그
리스의 델포이에 세워진 신전 기둥에는 '너 자신을 알라'라는 글
이 쓰여 있었다고 한다. 지능이 높은 동물일수록 자아에 대한 인
식 능력은 높아진다. 인간은 기원전 6천 년 전부터 흑요석으로
거울을 만들었다. 이런 자아에 대한 관심은 중세 유럽에서 기독
교의 영향으로 개인으로 옮겨갔다. 하나님은 집단이 아니라 개인

을 기준으로 심판하고 구원했기 때문이었다.

개인을 뜻하는 단어 '인디비듀얼individual'은 더 이상 나눠지지 않는다는 뜻을 담고 있다. 그야말로 바탕素이 되는 개념이다. 이에 반해 동양의 개인個人은 집단에서 떨어져 낱개로 셀 수 있는 개념이다. 따라서 서양의 나(I)는 인칭대명사 중 언제나 대문자로 쓰일 만큼 독립적이지만, 동양에서 자신을 뜻하는 한자 '오吾'는 우리를 뜻하기도 한다. '관계 속의 나'인 것이다. 대별하자면 서양은 기본요소로서의 개인, 동양은 집단 속 관계로서의 개인이다.

개인은 자유민으로서 1215년 영국의 마그나카르타Magna Carta를 통해 나라의 구성원으로서 공인되었고 1517년 종교개혁을 통해 신앙의 주체로 성장했다. 이어서 프로이센의 철학자 칸트Immanuel Kant를 통해 이성적 인간이 되었다. 지식을 담는 수단이 나뭇잎貝葉經에서 독피지犢皮紙, 대자보로, 이어서 출판 서적물로 발전[13]하는 사이 개인은 수동적인 구원과 심판의 대상에서 국왕에 맞서 생명과 재산을 보호받고 침해당하지 않을 인권의 대상이 되었고 교회 권위에 맞서 교리를 토론할 수 있게 되었으며 이어 '이성'을 가진 존재로서 근대적 주체가 된 것이다.

이렇게 지식이 안쪽으로 이성적 자각을 가져오는 동안 바깥쪽으로는 세계에 대한 발견을 계속했다. 1405년부터 1433년 사이에 명나라 환관 정화는 영락제의 명령에 따라 원정을 떠났다. 보물을 가득 실은 기함 보선寶船과 함께 2만 7천 명의 승조원과 수군을 거느린 약 300척의 함대였다. 이들은 7차에 걸쳐 인도와 아라비아반도, 아프리카 동부 일대를 탐험했다. 그들은 해적을 소탕하고 저항하는 자들을 사로잡았으며 기린과 얼룩말, 코뿔소 등 진귀한 동물을 실어 왔다. 하지만 정화의 원정은 명나라 내부 사정으로 중단되고 말았다.

그로부터 얼마 후 1492년 콜럼버스Christopher Columbus는 이사벨 여왕의 후원을 받아 4척의 배를 이끌고 아메리카 대륙에 도착했다. 새로운 항로를 통해 미지의 대륙에서 엄청난 수익을 낼 수 있다는 것이 확인된 후 포르투갈과 스페인의 정복자들은 아메리카 대륙의 문명을 파괴하고 약탈하기 시작했다. 1543년 2명의 포르투갈 상인이 일본에 전해준 '남쪽 야만인들의 철포'南蠻鐵砲는 조총이 되어 도요토미 히데요시豊臣秀吉가 조선을 침략하는 데 사용되었다.

동양에서 '대항해시대' 또는 '신항로 개척'이라고 부르는 이 시기를 유럽은 발견의 시대Age of Discovery라고 부른다. 바깥 세상의 발견은 지식을 크게 확장했다. 동쪽에서 서쪽으로 간 정화의 원정은 황제의 명령을 받은 장군이 수행했다. 보물을 싣고 떠난 '권력의 과시' 원정이었다. 반면 콜럼버스의 원정은 탐험가가 여왕을 설득해 이뤄졌다. 그리고 보물을 찾아 떠난 '지식의 욕망' 원정이었다. 그래서 보물을 찾으러 가는 그들의 배에는 항상 미지의 세계를 연구하는 과학자가 함께 있었다.[14]

근대 지식은 이렇게 두 가지 방향으로 뻗어 나갔다. 안쪽으로는 이성을 가진 주체적 개인으로서 자각이었고 바깥쪽으로는 넓은 세상에 대한 탐구였다. 칸트의 묘비명에는 이렇게 쓰여 있다. "생각하면 생각할수록 점점 더 커지는 놀라움과 두려움에 휩싸이게 하는 두 가지가 있다. 밤하늘에 빛나는 별과 내 마음속의 도덕률이 그것이다." '밤하늘에 빛나는 별'은 물리적 외부 세계였고 '내 마음속의 도덕률'은 관념적 내면의 세계였다.

혁명과 폭주

지식의 중요한 특징은 축적되는 것이다. 따라서 지식은 커질수록 가속도가 붙는다. 지식의 변화가 점점 빨라지자 그 변화율을 계산하는 미적분법이 고안되었다. 그런데 그조차도 뉴턴과 라이프니츠Gottfried Leibniz 중 누가 먼저 발견했는지 다툴 정도였다. 이렇게 운동, 힘, 에너지에 대한 지적 욕구가 폭발하고 경쟁이 치열해지자 1710년 영국은 최초로 저작권법Copyrights Act을 제정했다. 출판물에 의한 지식의 보급은 산업적으로 보장되기 시작했다. 이렇게 속도가 빨라진 지식은 내면의 자각과 외부 세계에 대한 발견을 넘어 다음 대상을 찾았다. 국가 권력이었다.

지식인들은 과학으로 민중을 계몽하고 사상으로 권력을 기획하고자 했다. 그런 지식의 변화를 보여주는 세 가지 사건이 1776

년 한 해에 모두 일어났다. 1776년 3월, 애덤 스미스Adam Smith의 『국부론』이 출판되었다. 지식이 국가의 부富를 기획하며 경제학이 탄생했다. 같은 달 제임스 와트James Watt의 첫 번째 증기기관이 완성되었다. 지식은 생명체가 아닌 기계의 힘을 이용하며 산업화 시대를 만들어냈다. 그리고 그해 7월 4일 북아메리카의 13개 식민지가 모여 독립을 선언했다. 인류사에서 처음으로 지적 기획으로 '만든' 나라, 미국이 건국된 것이다. 미국의 건국자들은 "모든 사람은 평등하게 창조되었고, 창조주는 몇 개의 양도할 수 없는 권리를 부여했으며, 그 권리 중에는 생명과 자유와 행복의 추구가 있다"라고 선언했다.

인간을 역사의 주체로 세우려는 정신은 세계를 휩쓸었다. 절대왕권이 지배하고 있던 프랑스에서는 그 충격이 더 컸다. 1789년 7월 14일 파리 시민들이 국민의회를 보호하기 위해 무기를 탈취하고자 바스티유 감옥을 습격했다. 그들은 왕과 왕비를 끌어내려 목을 잘랐다. 나폴레옹의 군대는 교황을 잡아와 감옥에 가두었다. 혁명세력은 "인간은 권리에 있어서 자유롭고 평등하게 태어나 생존한다. 사회적 차별은 공동 이익을 근거로 해서만 있을 수 있다."라고 제1조에 명시한 프랑스 인권선언을 발표했다. 지식이 민중을 이끌어 권력을 무너뜨린 것이다. 칸트가 말한 '하늘의 빛나는 별'은 산업혁명이 되었고 '내 안의 도덕률'은 시민혁명으로 나타났다. 바깥쪽 자연과학의 발전과 안쪽 시민 의식의 획득이 근대의 모습이었다.

　그러나 그 과정은 동시에 거칠고 광기에 가득 차 있었다. 루이 16세의 참수를 주도했던 생쥐스트Louis Saint-Just, 로베스피에르 Augustin Robespierre 등 혁명가들도 그 단두대의 이슬이 되었다. 근대 화학의 아버지 라부아지에Antoine-Laurent Lavoisier 같은 과학자도 기요틴의 제물이 되었다. 수학자 라그랑주J. L. Lagrange는 "이 머리를 자르는 것은 순식간이지만 만들려면 100년도 넘게 걸릴 것"이라고 그의 처형을 슬퍼했다. 지식이 대중의 탐욕과 분노와 결합하면서 만드는 광기는 예상하지 못했던 것이었다. 세기의 천재였던 뉴턴조차 노예무역을 독점한 남해회사South sea의 주식에 투자했다가 전 재산의 90%를 잃었다. 그는 "천체의 움직임은 계산할 수 있어도 인간의 광기는 계산할 수 없다"라고 고백했다.

　지식은 폭주하면서 도덕 대신 효용만을 따지게 됐다. 효율을 중시한 공리주의자 벤담Jeremy Bentham은 1791년 파놉티콘Panopticon 이라는 감옥을 제안했다. 원형 건물 한가운데에 감시탑을 두고 그 안에서 보이지 않는 간수가 죄수를 감시하는 방법이었다. 소수의 간수가 많은 죄수를 감시하는 데 효과적이었다. 이 아이디어는 이후 감옥 대신 수많은 공장을 만들었다. 공장이 감옥으로부터 탄생했다는 점은 의미심장하다. 누군가 처벌하기도 전에 인간은 머릿속에서 죄수처럼 스스로 억압하게 되었다. (간수가 보이지 않기 때문에 간수가 없어도 인간은 이를 알 수 없다.) 훗날 프랑스 철학자 푸코Michel Foucault는 이를 '훈련'이라고 부르며 사회가 정상과 비정상을 구분하고 비정상으로 규정한 광기를 처벌하기 시작한 상징물로 이 감옥을 예로 들었다.

작가 디킨스Charles Dickens는 이 시기를 "최고이자 최악, 지혜의 시대이자 어리석음의 시대였다"라고 썼다. 낡은 체제Ancien Régime의 권력이 무너지고 민중은 아직 계몽 대상으로 남아 있는데 지식이 홀로 폭주한 시기였다. 나중에 그람시Antonio Gramsci가 "낡은 것은 죽어가는데도 새로운 것은 아직 탄생하지 않았다는 사실 속에 위기가 존재한다"라고 했던, 그런 병적 징후가 출현하는 시대였다. 그러나 그렇다고 해도 그것이 제1차, 제2차 세계대전과 대공황 그리고 열강의 세계 침탈로 이어지는 파멸의 서막에 불과할 것이라고는 아무도 생각하지 못했다.

오리엔탈리즘과 아편전쟁

대륙과 대양을 '찾아낸' 뒤 지식이 축적되면서 우위가 생기자 서양은 오랫동안 동경하던 동양을 다르게 보기 시작했다. 미개하고 불결하며 비도덕적인 지역이라는 편견과 함께 인종적 차별 의식까지 동반되었다. 인도와 아프리카는 물론 중국과 아시아는 계몽하고 개방시켜 교역할 대상이었고, 하나님의 구원을 받도록 포교할 대상이 되었다. 에드워드 사이드Edward Said는 이를 '오리엔탈리즘Orientalism'으로 설명한다. 그렇게 제국주의가 시작되었다.

영국을 비롯한 프랑스, 네덜란드 등 유럽 제국주의 국가들은 인도양을 건너 믈라카해협을 지나 중국 대륙을 향해 북상했다. 이들의 가장 큰 관심은 청나라였다. 영국은 청나라에서 차를 수입하느라 막대한 은을 지출했고 면화를 팔아 보전하고 싶었지만 잘 안되자 아편을 가져다 팔았다. 아편중독으로 사회가 엉망이 되자 청나라 조정에서는 특명전권대사 린쩌쉬林則徐를 보냈다. 마약과의 전쟁은 그 어느 때나 치열하다. 그의 강력한 규제로 아편 장사가 불가능해지자 1840년 광저우 앞바다에 영국 해군의 동방 원정군이 출동했다. 1차 아편전쟁(1840~1842)이 시작되었다.

하지만 린쩌쉬가 미리 해안포와 화공선을 준비해 철저히 대응한 탓에 영국군은 광저우 공략을 포기하고 북으로 거슬러 올라가 샤먼廈門市을 포격하고 더 올라가 저장성浙江省을 점령했으며 톈진天津市 앞바다까지 접근했다. 위기의 순간에는 현장의 신지식이 구권력보다 앞서야 할 때가 많다. 그러나 이 결정적 변화 앞에서 권력은 지식 위에 군림하는 습성을 버리지 못했다. 청나라 도광제는 흠차대신欽差大臣으로 막강한 권한을 주었던 린쩌쉬를 대응을 잘못했다는 이유로 파면하고 좌천시켜 버렸다.

이후 영국 군대는 파죽지세로 청의 동남부를 휘젓고 다니며 약탈과 방화를 자행했다. 마침내 영국군이 청나라의 제2도시인 난징의 관문이자 수도 베이징과 연결되는 경항대운하의 길목인 전장鎭江을 공격했다. 난징 함락이 불을 보듯 환해지자, 청은 전의를 상실하고 영국과 난징조약을 맺었다. 그 결과 홍콩을 영국에 할양하게 되었다. 할양割讓이란 국토 일부를 떼어 내주는 것이다. 하지만 기득권에 젖은 권력자들은 오랑캐를 달랜 것이라 위안을 삼았다.

호미로 막을 것을 가래로 막는다는 말은 이럴 때 나온다. 린쩌쉬의 첫 대응을 질책하고 파면한 뒤 청나라 조정은 더 깊은 수렁에 빠지고 말았다. 영국은 청 수군이 해적 행위를 하는 애로호 Arrow를 단속한 사건을 핑계로 프랑스와 함께 연합군을 만들어 2차 아편전쟁(1856~1860)을 일으켰다. 이들이 수도 베이징 근처까지 점령하자 함풍제는 청더까지 도망갔고 청은 결국 톈진조약, 베이징조약을 차례로 맺었다. 청나라는 영국, 프랑스, 미국, 러시아에 더 많은 개항과 함께 통상과 선교를 허락하고 배상금을 내줘야 했다. 연해주와 주룽반도까지 할양해야 했다. 수천 년 아시아의 절대 맹주였던 청나라가 서구 열강에 산 채로 물어뜯기고 있었다.

하지만 이것은 서세동점의 시작에 불과했다. 1869년 162.5km의 수에즈운하가 완공되었다. 런던에서 아프리카 희망봉을 돌아 인도로 오는 범선은 석 달이 걸렸지만, 새로 열린 수에즈운하를 이용한 증기선은 단 3주 만에 올 수 있었다.[15] 육지에서는 증기기관차가 나타났다. 나폴레옹을 막아내고 열강이 된 러시아제국이

1896년 시베리아횡단철도를 부분 개통하고 서쪽에서 동쪽으로 넘어왔다. 서양 제국들이 동아시아에 오는 길은 더욱 빨라진 것이다. 이렇게 밀려오는 열강 앞에 동북아시아의 세 나라는 바람 앞의 등불과 같았다. 그중에서도 청나라와 일본 사이에 있는 조선은 마치 숨어 있는 아시아의 속살처럼 가장 깊숙한 곳에 있었다. 고요한 아침의 나라였다.

한편, 신생국 미국의 선원들은 풍랑으로 먼바다에 나갔다가 향유香油고래를 잡게 됐다. 이 고래 기름으로 양초를 만들어 도시의 불빛을 밝혔고 공장 기계의 윤활유로 썼다.[16] 더 먼바다로 나가기 위해 포경선은 원양어선으로 건조되었고 넓은 태평양을 돌아다니려면 물과 식품, 석탄을 공급받을 보급 기항지가 필요했다. 인도와 동남아에 거점이 없었던 미국은 외교관의 보고에 따라 조선 및 북부 중국과 통상하려면 먼저 일본과 조약을 맺어야 했다. 그때까지 일본에게 세계란 서쪽에 있는 나라들이었다. 일본의 동쪽은 세계 모든 대륙을 합친 것보다 넓은 1억 6,525만 km²의 큰 바다만 있었기 때문이었다. 그런데 그 바다 건너 지구 반대편에 새로 만들어진 나라가 찾아왔다. 미국이었다.

흑선 내항과 제너럴셔먼호

1차 아편전쟁이 끝나고 9년 뒤인 1853년 미국의 페리Matthew Perry

제독이 네 척의 군함을 이끌고 일본 에도만 우라가浦賀에 접안했다. 31개의 별이 그려진 성조기가 깃대 끝에서 나부끼고 있었다. 페리 원정, 즉 흑선 내항黑船来航 사건이었다. 석탄을 연료로 쓰는 증기선은 검은 연기를 하늘 높이 뿜어댔다. 200톤 규모의 일본 배에 비해 2,489톤, 3,272톤이나 나가는 엄청난 크기의 배를 본 일본의 충격은 어마어마했다. 지금으로 치면 거대한 우주선이 하늘을 덮고 찾아온 느낌이었을 것이다.

이때 지적 충격을 받은 젊은이가 있었다. 이듬해 페리가 아홉 척의 배를 이끌고 다시 일본에 왔을 때, 그는 까맣게 타르를 칠한 흑선에 몰래 올라탔다. 미국으로 밀항을 시도한 것이다. 그러나 막부와 관계가 틀어질 것을 우려한 미군은 이를 거절했다. 더 넓은 세상을 직접 보려던 그는 이후 밀항을 시도한 죄로 복역하다가 고향으로 돌아갔다. 그가 미국에 유학했더라면 근대적 자유민주주의자가 되었을지도 모른다. 그러나 그는 결국 일본 내에 남아 정한론征韓論과 일군만민一君萬民 사상을 펴 군국주의의 씨앗을 심었다. 그가 바로 요시다 쇼인吉田松陰이다.

다시 청나라에서 2차 아편전쟁이 벌어졌고 3년 뒤인 1866년 조선의 대동강 앞바다에 미국의 제너럴셔먼호가 찾아왔다. 군함이 아니라 무장한 상선이었다. 이 낯선 이양선을 맞아 평안감사 박규수는 가급적 평화적으로 그들을 돌려보내고자 했다. 그러나 이들은 식량까지 나눠준 조선의 호의마저 무시하고 통상을 요구하며 강을 거슬러 올라와 약탈을 저질렀고 중군을 인질로 붙잡아 갔다.

이에 분노한 조선군이 구식 화승총을 쏘며 싸웠다. 그러나 배의 높이가 3장丈(약 9m)이나 되고 견고하여 성을 공격하는 것과 다름없었다無異攻城. 반면 적들의 포격은 사정거리가 길어서 수 명의 조선 군졸과 백성이 죽고 다쳤다. 그런데 때마침 대동강 수위가 낮아져 배가 오도 가도 못하게 되자 박규수는 화공 작전을 펼쳐 배에 불을 질렀다. 격분한 평양 군민들은 서양인 선장과 승무원, 동양인 선원 등 20명을 끌어내 모두 죽였다.[17]

일본에는 미국의 대통령이 보낸 군함이 개국을 요구하며 찾아왔던 것이고 그 결과는 수교로 이어졌다. 그러나 일본보다 13년 뒤 조선에는 미국의 민간 무장상선이 찾아와 약탈을 벌이다 살상으로 끝났다. 근대화의 성패가 외국의 내방 순서에만 달린 것은 물론 아니다. 그러나 일본은 조선보다 먼저 공식 외교를 원하는 미국을 만나는 지리적 행운이 따랐다. 조선은 일개 상인과 목사가 통상을 요구한다는 명분으로 찾아와 약탈, 살상을 저지른 것이다. 문제는 그 다음이었다. 외부의 변화를 감지한 지식과 권력이 어떻게 대응했느냐가 두 나라의 운명을 바꿨다.

조선은 지식의 나라로 소중화小中華를 자부하던 문명국이었고 일본은 단일국가의 개념조차 희박한 분열 국가였다. 그러나 처음에는 불과 13년 차이밖에 나지 않았던 미국과의 조우는 이후 우리가 일본에 100년 이상 뒤처지는 결과로 이어졌다. 일본은 태평양전쟁을 일으켜 미국과 전쟁을 치른 제국주의 국가가 되었고, 우리나라는 분단된 나라가 되었다. 근대화의 실패로 인해 받은 그 고통은 이루 말할 수 없었다.

흑선이 일본에 왔을 때 등장한 요시다 쇼인이 일본의 대표적인 근대적 선각자인 것처럼 제너럴셔먼호가 대동강을 거슬러 올라왔을 때 평안감사 박규수도 조선의 대표적인 근대적 선각자였다. 두 지식인이 미국 군함과 상선을 시차를 두고 맞닥뜨렸지만, 일본과 조선은 다른 운명의 길을 걸었다. 놀라운 것은 요시다 쇼인은 신문물을 동경하면서도 척양斥洋을 주장한 데 반해 박규수는 적극적인 교류를 주장한 개화사상가였다. 그럼에도 불구하고 두 나라의 운명은 정반대가 되었다. 그 차이는 결정적 시기에 지식과 권력이 어떻게 결맞음을 이뤘는가에 있었다.

박규수와 요시다 쇼인의 제자들

요시다 쇼인은 중앙의 막부幕府와 지방의 번藩으로 나뉜 일본의 권력 사이에서 가장 필요한 군사학을 공부한 병학자兵學者였다. 그는 고향에 쇼카손주쿠松下村塾를 세우고 제자들을 가르쳤다. 이들은 대부분 하층민과 사무라이 계급 출신으로 왕을 높이고 오랑캐를 배척한다는 존왕양이尊王攘夷를 내세우며 권력투쟁에 나섰다. 그리고 기득권이던 통치 권력 막부를 무너뜨리고 상징에 불과했던 덴노天皇에게 통치권을 반환하는 대정봉환大政奉還을 성공시켜 권력을 장악했다.

한편, 박규수는 청나라에 사신으로 가서 서양 기술의 중요성을 깨닫고 개국의 필요성을 절감한 북학파 학자였다. 그는 평안감사로서 도발을 일으킨 제너럴셔먼호를 격퇴해 대원군의 신임을 얻었다. 그러나 완강한 대원군의 척화론을 설득하지 못했고 중앙 권력을 장악한 민 씨 척족의 견제로 뜻을 펴지 못하자 권력에서 물러나고 말았다. 그는 재동 자택에서 김옥균, 서광범, 박영효, 홍영식, 서재필, 김홍집, 유길준 등 개화파 젊은이들을 길러냈다.

일본의 개화파들은 중앙집권적 국가 행정개혁인 폐번치현廃藩置県[18]을 이룬 뒤 1871년 이와쿠라 도모미岩倉具視를 대표로 근대문물을 시찰하러 미국과 유럽을 방문했다. 이들은 미국, 영국, 스코틀랜드, 프랑스, 벨기에, 네덜란드, 독일, 러시아, 덴마크, 스웨덴, 이탈리아, 오스트리아, 스위스 등 12개국을 방문하고, 지중해와 홍해, 인도양과 남중국해를 거쳐 지구를 돌아왔다. 그 결과를 낱낱이 적어 100권(5편 5권)이라는 방대한 분량의 『특명전권대사 미구회람실기特命全權大使 美歐回覽實記』를 편찬했고 이를 일반에 공개했다.[19]

12년 뒤 조선도 보빙사報聘使[20]를 미국에 보냈다. 민영익(23세)을 전권대신으로 홍영식(28세), 서광범(25세), 유길준(27세) 등은 뱃길로 22일 동안 태평양을 건너 샌프란시스코에 도착했다. 이들은 팔레스 호텔에서 자고 다시 16일 동안 대륙횡단철도를 타고 워싱턴 D.C.로 가서 아서Chester Arthur 미국 대통령을 만나 큰절을 올리고 고종의 신임장을 전달했다. 고국을 떠난 지 두 달여 만이었다. 한복에 갓을 쓴 차림의 이들이 현대식 고층빌딩과 고가철도, 열차를 보고 받은 충격은 '구름을 뚫고 달리는 것 같았다'라는 묘사에 담겨 있다.

미국은 이들이 도착하기 한 해 전(1882년)에 전기를 상용화했는데, 홍영식은 '문명의 빛이 너무 밝아 눈이 부실 정도'라고 했다. 이들은 뉴욕의 브로드웨이 거리와 메이시 백화점을 보고 우체국, 소방서, 에디슨 전기회사, 생명보험회사, 육군사관학교, 농무시험장 등을 견학했으며 미국의 산업화를 이끈 로웰 방직 산업단지도 돌아봤다.[21] 당시 미국 언론은 이들이 매일 모여 기록한 것을 서로 토론하고 모르거나 잘못된 것을 고쳐주며 한 가지라도 더 보고 배우려 했다고 보도했다.[22] 그러나 너무나 소중했던 이들의 견문 기록은 갑신정변으로 역적으로 몰리면서 모두 사라져 버렸다.[23]

일본에서는 후쿠자와 유키치福澤諭吉가 서양문명과 구미 5개국을 소개한 『서양사정西洋事情』이 위판僞版을 포함 25만 부가 팔려 나갔다. 그는 또한 실용적인 학문을 배워 주체적인 삶을 살아야 한다는 『학문의 권장學問のすゝめ』을 펴냈는데 이 책은 300만 부 넘게

팔렸다. 저술과 출판은 일본 지식을 각성시켰다. 한편, 보빙사 일행 중 수행원으로 간 유길준은 미국에 남아 조선인 최초로 상투를 자르고 서양 복식으로 바꾼 뒤 1호 유학생이 되었다. 그는 자신이 경험한 유학생활과 유럽 각국의 문물을 정리해 스스로 출판비 450원을 들여 『서유견문』 1천 부를 인쇄했다.[24] 그러나 그가 갑신정변 후 망명자 신세가 되면서 이마저 자유롭게 유포되지 못하고 말았다.[25]

일본은 선진 문물을 공부한 신지식인들이 덴노라는 신권력과 결맞음을 이룸으로써 산업화에 성공할 수 있었다. 결정적 역사의 분기점에서 지식과 권력의 이해관계가 일치한 것이다. 그러나 근대화란 시민의 주체적 각성과 개인의 자유가 있어야 한다. 그런데 일본의 근대화는 각성된 민중이 빠진 지식과 권력만의 결합으로 이뤄진 정신적으로 결핍된 근대화였다. 그래서 진정한 근대화가 아니라 산업화에 불과하다고 할 수 있다. 그 결과 이후 일본은 비정상적인 군국주의 국가로 치달았다. 반면 조선은 여전히 낡은 봉건 군주제하에 있었다. 오랜 세도정치로 척족들이 권력을 장악해 지식-권력의 선순환 과정이 차단되었고 국가로서의 복원력과 유연성이 급격히 저하되었다.[26] 즉 조선은 구권력이 그대로인 상태에서 신지식마저 제대로 공급되지 못해 권력과 지식이 크게 어긋나 있었던 것이다.

지식이냐 권력이냐

서양 제국주의의 침탈에 맞서 일본에서 지식은 덴노 권력을 세워 산업화를 추진했다. 조선의 지식은 외세의 간섭 속에 권력과 힘을 모으는 데 실패했다. 나라를 잃고 모든 것이 무너졌을 때 민중이 다시 권력과 지식의 희망을 새로 쏘아 올렸다. 하지만 독립운동을 위한 투쟁 과정에서도 지식과 권력의 길은 엇갈렸다.

갑신정변과 회천의 거병

새로운 생각을 가진 사람들이 뜻을 펼치려면 권력과 결맞아야 한다. 그러나 그것이 어려워질 때 지식인은 권력을 새로 만들려는 혁명가가 된다. 지식보다 세상을 바꾸려는 의지가 더 중요해지는 순간이 찾아오는 것이다. 개화사상가 박규수의 사랑방에서 둥근 지구의를 돌려가며 새로운 세상을 배우던 개화 청년들, 왕비의 조카로 젊은 세도가였던 민영익의 집에 모여 나랏일을 의논하던 죽동8학사들, 김옥균은 그들처럼 개화를 꿈꾸던 젊은 인재 중 하나였다.

1884년 최초의 근대적 우편서비스를 담당하는 우정총국의 낙성식이 열렸다. 김옥균, 홍영식 등 급진 개화파는 행사장 근처에 불을 지르고 폭약을 터뜨려 변란을 유도하고 창덕궁에 찾아가 대조전에 막 잠든 고종과 왕비를 설득해 경우궁으로 데리고 갔다. 밖에는 이들을 지원하는 일본군들이 무장 경비를 섰다. 이들은 왕을 알현하러 들어온 온건 개화파와 민씨 척족 대신들을 무참히 살해하고 정강 14조와 새 내각 인사를 발표하며 권력을 장악했다.

그러나 고종이 이들의 과격함에 놀라고 입헌군주제를 추진하는 것으로 의심하여 창덕궁으로 돌아간 데다 청·프전쟁에 참전하러 떠났던 청나라의 위안스카이袁世凱 군대가 급히 되돌아왔다. 청군이 되돌아오자 일본군마저 이들을 배신하고 퇴각해버려 거사는 삼일천하로 끝났다. 홍영식은 고종이 보는 앞에서 청나라 군대에 의해 도륙됐고 김옥균, 서재필, 박영효, 서광범은 망명했다. 정변 주도자들은 죽거나 흩어지고 말았다.

이 당시만 해도 조선왕조는 미국의 에디슨 전기회사와 계약을 맺고 궁궐에 전등을 설치할 정도로 신문물에 관심이 많았다. 이는 일본보다 빨랐다. 1903년 고종은 에디슨 전기회사에서 막 독립한 헨리 포드로부터 포드 자동차를 구입하기도 했다.[27] 그러나 고종과 민씨 일가의 수구세력은 권력을 잃을까 두려워했다. 급진 개화파는 일본이라는 외세에 의존했을 뿐 왕을 설득해 협력을 얻지도 못했고, 왕을 제거하고 직접 권력을 창출하지도 못했다. 권력은 낡았고 신지식은 미약했다. 무엇보다 민중의 에너지를 끌어내 조직화하지 못했다.

구권력과 싸우는 것은 일본에서도 마찬가지였다. 요시다 쇼인의 수제자 다카스기 신사쿠高杉晋作는 조슈번(현재의 야마구치현) 소속 사무라이로 기회 있을 때마다 막부 전복을 시도하였다. 이를 더 이상 두고 볼 수 없었던 막부는 1864년 35개 번에서 15만 명으로 구성된 토벌군을 보내 제1차 조슈정벌長州征討에 나섰다. 조슈번이 싸우자는 중신들의 목을 바치고 항복해 버리자 그는 야밤에 홀로 탈출해 존왕양이파 공경公卿 5명이 남아 있던 고잔지功山寺[28]를 찾아갔다. 홀로 거병擧兵하려는 그가 도저히 승산이 없어 보이자 공경의 좌장 산조 사네토미三条実美는 가능하겠냐고 물었다. 그러나 그는 "지금 성패를 논하는 것은 부질없다"며 말을 타고 채찍을 휘둘러 진격했다. 이른바 "채찍을 한번 휘둘러 세상을 바꾸고 메이지 유신을 이뤘다一鞭回天 明治維新"는 것이다.[29]

신사쿠는 혼자 시모노세키 기병대를 찾아가 일일이 설득한 끝에 80명을 모았다. 이어 조슈번 봉행소를 습격, 식량과 군자금을 확보하고 야밤에 군함 3척을 강탈해 전세를 순식간에 바꿔 놓았다. 이어 망설이던 야마가타 아리토모山縣有朋가 합류하고 기병대 200명 전력이 진압에 나선 1천 명의 정규군을 격멸해 권력을 잡고 막부와 다시 대립하게 되었다. 평민과 농민 등으로 구성한 기병대奇兵隊(기이한 부대)는 신사쿠가 만든 것으로 그는 이미 신분을 떠나 국민개병제 시대를 준비하고 있었다. 당시 신식 미니에총(후장총)은 미국의 남북전쟁이 끝난 뒤 남은 무기들을 중국 상하이를 통해 반입해 만든 것으로 조작이 간편해 사격속도가 빠르고 명중률이 높았다. 칼이나 활 대신 총을 사용하게 되자 사무라이의 역할은 무너졌고 평민들도 전사가 되었다.

이후 막부의 쇼군 이에모치德川家茂가 중병에 걸린 상태로 15만 명의 군대를 독전督戰하며 2차 조슈정벌전쟁이 벌어졌다. 그런데 역사의 운명이었는지 결국 그는 스물한 살의 나이로 사망하고 말았다. 게다가 유일한 승계자였지만 직할 영지를 통치해본 경험이 없던 귀공자 요시노부가 쇼군 승계를 거절했다. 지휘관을 잃은 막부군은 고쿠라성에 불을 지르고 퇴각했다. 이듬해(1867) 신사쿠가 스물여덟의 나이에 폐결핵으로 병사하고 6개월 뒤 쇼군이 메이지 덴노에게 통치권을 반납하며 막부시대가 끝났다. 구권력 막부가 끝나고 신권력 덴노의 시대가 시작된 것이다. 미니에총과 평민으로 이뤄진 기병대, 그리고 신사쿠의 결단은 각각 지식과 민중과 권력의 결맞음을 의미한다.

격랑 속 지식인들의 운명

급진 개화파 김옥균은 갑신정변 10년 뒤인 1894년 상해에서 암

살당했다. 시신은 서해를 건너 양화진까지 옮겨와 능지처참되었고 머리는 효수되었다. 그를 죽인 홍종우는 우리나라 최초의 프랑스 유학생이었다. 그는 스스로 자금을 모은 뒤 홀로 프랑스로 건너가 프랑스 외무장관을 비롯한 거물들과 교류했고 '심청전'을 번역해 발레 공연 대본을 만들기도 했다. 누구보다 서구 문물을 직접 체험하고 보았지만, 그는 권력에 복속된 지식인으로서 근왕적 사고에 머물러 있었다.[30]

지식인이 몰락하고 그해 동학농민운동이 일어났다. 하지만, 지식인 없는 민중은 저항할 수 있을지언정 역사를 바꿀 수 없었다. 전봉준은 '일어서면 백산白山, 앉으면 죽산竹山'이라는 10만이 넘는 동학도와 함께 세상을 바꿔보려고 싸웠다. 하지만 죽창을 들고 궁을ㄹ乙이란 부적을 불살라 먹은 동학군은 분당 수백 발을 쏘는 일본군의 개틀링 기관총을 이길 수 없었다. 이듬해인 1895년 전봉준은 모진 고문 끝에 교수형에 처해졌다.[31]

동학농민군을 막으려고 청나라에 지원을 요구하는 바람에 결과적으로 일본군도 국내에 들어왔다. 전봉준이 사형 당한 그해, 궁궐에 들이닥친 일본 낭인들은 '여우사냥' 작전이라는 이름으로 왕후 민비를 살해했다. 시신은 기름을 끼얹어 불태워졌다. 이듬해인 1896년 고종이 러시아 대사관으로 도피俄館播遷해 버리자 일본의 지원 아래 개화를 추진했던 온건 개화파 김홍집은 광화문 대로에서 고종의 사주를 받은 순검巡檢들에게 살해되었고 성난 보부상들이 그의 시신을 훼손했다. 최고의 재무 전문가였던 어윤중은 고향으로 피신하다 조세개혁에 불만을 품은 향반[32] 무리에게 맞아 죽었다. 낡은 권력이 민중과 결탁해 지식인을 살해한 것이다. 이렇게 조선의 개화파 지식인들은 급진파, 온건파 모두 소멸되어 갔다.

한편, 요시다 쇼인吉田松陰 조카의 동네친구 중에 하야시 리스케林利助가 있었다. 그는 미천한 신분이었지만 친구 덕분에 쇼카손주쿠松下村塾의 학생이 되었다. 그는 선배들이 막부 타도의 과정에서 하나둘 쓰러지자 메이지유신의 주역으로 발돋움했고 대일본제국의 헌법 초안을 작성했으며 초대 내각 총리대신, 초대 추밀원 의장, 초대 조선 통감, 귀족원 의장 등을 지낸 거물이 되었다. 그는 이름을 이토 히로부미伊藤博文로 바꿨다.

1909년 10월 26일 대한의군 참모중장 안중근은 러시아 장교를 사열하고 나오는 그를 향해 3발을 쏘았다. 모두 명중했다. 안중근은 '코레아 우라(대한국 만세)'를 외치고 체포되었다. 그는 감옥 안에서도 의연하게 동양평화론을 주장하다 서른한 살의 나이로 세상을 떠났다. 쑨원孫文은 "공은 삼한을 덮고 이름은 만국에 떨치니 살아 백세는 못 가도 죽어서 천년을 가리"功蓋三韓名萬國生無百歲死千秋라고 조시를 지었다. 중국에는 "혁명가가 되려거든 손문처럼 되고, 대장부가 되려거든 안중근처럼 되라"는 속담이 생겨날 정도였다.

이토 히로부미와 안중근이 맞선 운명은 대동아공영론과 동양 평화론의 대결이었고 제국주의와 민족 독립운동의 대결이었으며 근대화를 맞은 한일 양국 지식인의 대결이었다. 이토 히로부미가 미천한 신분으로 중앙 공권력을 획득하고 근대적 지식으로 우월감이 가득 찬 제국주의 지식인이었다면 지방 진사의 아들인 안중근은 유학과 천주교의 평화 사상을 바탕으로 불의한 침략 권력에 맞서 세계를 구하고자 한 지식인이었다. 안중근 연구가인 신운용 박사는 안중근은 단순한 독립운동가가 아니라 '이토에 대해 분개하는' 일본군 포로를 풀어줄 만큼 일본의 침략 세력과 평화 세력을 구분한 사상가로 보았다. 그는 안중근의 의거가 "중국인들의 반제국주의 투쟁에 에너지를 제공하였고, 일본 평화 세력의 성장에 기여했으며 우파 김구와 좌파 김산의 독립운동에도 영향을 주어 좌우 독립운동 세력의 간극을 메우는 것"이었다고 평가했다.[33]

구한말 권력, 지식, 민중은 이렇게 모두 어긋나 있었다. 권력이 없는 지식인은 나라를 개화시켜야 한다는 열망만 있을 뿐 무력했다. 세상의 변화를 제대로 알지 못한 권력은 기득권을 잃을까 두려워하다 결국 모든 것을 잃었다. 도탄에 빠진 민중은 시대의 격랑에 내동댕이쳐져 허우적댔다. 1910년 한일합방이 공식화 되자 매천 황현은 스스로 목숨을 끊으며 절명시를 남겼다. 그는 "세상에서 지식인 노릇하기 힘들구나"難作人間識字人라고 슬퍼했다.

좋은 것을 가져온 나쁜 세력

서세동점西勢東漸이 시작된 이후 좋은 것이 나쁜 방식으로 들어왔다. 신문물을 갖고 온 나쁜 외적을 받아들이는 것은 큰 문제였다. 한국, 중국, 일본은 각각 동도서기東道西器, 중체서용中體西用, 화혼양재和魂洋材34 등을 내걸고 선진 문물은 받아들이되 자기 주체성은 잃지 않으려 애썼다. 그 밑바닥 심리에는 선진 문물에 대한 열등감과 침략자에 대한 적대감이 있었다. 나라를 개화시켜야 하지만 동시에 외세의 간섭을 막아야 하는 딜레마를 해결해야 했다. 이를 위해 신지식과 신권력의 획득은 필수적이었다.

앞서 말한 것처럼 일본의 신지식인들은 구권력인 막부를 무너뜨리고 신권력인 덴노와 결합함으로써 근대로 진입할 기회를 얻었다. 중국은 쑨원孫文 등 신지식인들이 구권력인 청조를 무너뜨렸으나 단일한 신권력을 형성하지 못하고 북양군벌과 국민당, 공산당 등으로 분열되면서 혼란을 겪었다. 조선의 신지식인들은 구권력을 극복하지 못하고 순차적으로 무너졌고 그 결과 나라를 잃고 말았다. 이렇게 세 나라의 권력과 지식이 다른 방식으로 근대화 과정을 겪게 된 데는 외세의 영향이 컸다.

1897년 19세기가 거의 끝나가는 무렵, 조선은 대한제국을 선포하고 외세로부터 독립한 주체적 국가가 되고자 했다. 그러나 이는 무너져 가는 봉건왕조의 마지막 불빛에 불과했다. 조선의 한

양 도성에는 청나라 군사 3천 명이 주둔하며 내정을 간섭하고 있었다. 일본은 자국 국민을 보호하겠다며 군대를 보냈다. 러시아는 연해주를 얻은 뒤 조선 국경을 함부로 넘나들며 남하 기회를 엿보고 있었다. 그 러시아를 막겠다며 영국은 거문도를 점령했다. 미국은 통상을 요구하며 약탈과 불법 침략을 자행했다. 한반도는 도처에 외세 승냥이들이 날뛰는 전쟁터였다. 근대화 시기의 한반도는 흔히 말하는 지정학적 위험이 그대로 드러난 곳이었다.

반면 일본은 막부를 무너뜨려 새로운 권력을 창출하는 과정에서 외세의 영향을 받지 않았다. 제국주의 세력들이 멀리 있었기 때문이었다. 미국은 태평양을 건너 중국에 가려면 일본과 우호적 관계가 되어야 했고 유럽 쪽에 더 가까운 러시아는 시베리아 횡단철도가 미완성이었고 청나라는 자기 코가 석자였다. 아시아 맨 끝에 낙오됐던 것이 일본에게 오히려 유리한 상황이 된 것이다. 특히 19세기 세계 최강국인 영국은 인도와 중국에 관심 쓰느라 바빴다. 또한 영국은 '화려한 고립'Splendid isolation 정책을 펴다가 러시아를 견제하기 위해 이를 폐기하고 1902년 외국과 최초로 동맹을 맺었는데 그 나라가 일본이었다. 일본은 러시아와 전쟁 비용 가운데 83%를 채권으로 조달했는데, 이때 보증을 서준 것도 영국이었다. 러시아에 반대하는 영국과 미국의 유대 자본가들은 1억 3천만 파운드의 일본 전쟁 국채를 사주었다.

1905년 일본은 그런 국제적 협력에 힘입어, 유럽과 아프리카를 돌아 인도양을 지나 쓰시마 앞바다까지 오느라 기진맥진해 있던 러시아 발틱 함대를 침몰시키며 일약 아시아의 강국으로 등장했다. 이어 일본은 미국과 몰래 가쓰라-태프트 밀약을 맺어 조선을 고립시킨 뒤 마침내 강제로 을사늑약을 체결하고 외교권을 빼앗았다. 미국과 조미수호통상조약을 맺고 있던 조선은 미국을 철석같이 믿었지만 미국은 이를 배신하고 말았다. 문명국이었던 조선이 야만국이라 얕잡아 보던 일본에 지배당하면서 받은 정신적 충격은 엄청났다. 이런 생각은 외국인의 눈에도 그렇게 보였던 것 같다.

미국의 언론인 님 웨일스Nym Wales는 『아리랑』에서 "이렇게 아름답고 총명하며 우수해 보이는 민족이 외형상 확실히 두드러진 점이 없는 조그마한 일본인에게 복종하고 있다는 것이 생물학적으로는 걸맞지 않은 듯한 느낌이 든다. 안짱다리의 작달막한 일본인 간부가 긴 칼을 차고 거들먹거리며 여러 명의 조선인에게 거만하게 명령하는 것을 지켜보면서, 나는 동행한 선교사에게 어떻게 저럴 수 있냐고 물어보았다."라고 썼다.[35] 그러나 상처받은 민족의 자존심은 패배로 끝나지 않았다.

민중이 싹티운 희망

19세기가 끝나가던 1900년 12월 독일의 물리학자 막스 플랑크

Max Planck는 흑체복사 실험을 설명하기 위해 에너지를 연속된 것이 아닌 쪼개진 단위로 생각했다. 그 자신조차 받아들이지 못했지만 이는 결국 양자역학의 실마리가 되었다. 1905년 을사늑약으로 조선이 외교권을 빼앗기던 그해, 스위스 특허국에서 근무하던 한 청년은 '기적의 해annus mīrābilis'를 만들었다. 아인쉬타인 Albert Einstein은 이 한 해에만 '광전효과'와 '브라운 운동'을 설명하고 특수상대성이론을 도입해 질량·에너지 등가성을 입증했다. 성리학의 나라 조선은 그렇게 양자역학의 태동과 함께 운명을 다했다. (그리고 1945년 양자역학으로 원자폭탄이 완성되면서 해방을 맞았다.) 20세기 국가 운명은 과학 지식이 결정했다.

1910년 경술국치로 강제병합을 한 뒤 일본이 제일 먼저 한 일은 조선의 '대동서관大同書館' 폐쇄였다. 평양의 지역 유지들이 8천 원의 기금을 모아 최초로 건립한 이 사립 공공도서관은 1만 권의 장서를 갖추고 모든 사람에게 무료로 개방되었다. 매주 1천 권이 대출되고 있었다고 한다. 또한 조선총독부는 최초의 공공도서관으로 서울에서 준비 중이던 '대한도서관大韓圖書館'의 도서 10만 권 전부도 몰수해 버렸다. 그들이 나라를 빼앗은 뒤 가장 먼저 한 일은 이렇게 새로운 지식의 싹을 자르는 것이었다.

나라를 빼앗기기 바로 전날인 8월 28일 대한매일신보는 조선의 낡은 지식을 이렇게 개탄했다. "우리나라의 학술 사상은 옛 것만 지키고 변할 줄 알지 못하여… (중략) … 종신토록 웅얼거린들 그 학술의 효력이 어디서 성하리오". 이후 소설가 이광수는 연재소설 『무정』에서 "저들에게 힘을 주어야 하겠다. 지식을 주어야 하겠다. 그리하여 생활의 근거를 안전하게 하여 주어야 하겠다. 과학! 과학! 하고 형식은 여관에 돌아와 앉아서 혼자 부르짖었다."[36]라고 썼다.

조선의 권력이 무너졌고 지식은 황폐화되어 사라졌다. 남은 것은 고통 받는 민중뿐이었다. 그러나 모든 희망이 무너졌을 때 놀랍게도 민중은 마치 땅속 깊은 뿌리처럼 새로운 희망의 새순을 밀어 올렸다. 1919년 전국 곳곳에서 민족 독립을 염원하는 3.1운동이 들불처럼 번졌다. 이에 힘입어 대한민국 임시정부가 세워졌다. 또한 교육과 과학 지식에 대한 운동도 일어났다. 민중은 3.1운동을 통해 임시정부라는 권력을, 과학교육이라는 지식의 싹을 다시 틔운 것이다.

우선 3.1운동에 놀란 일본이 회유책으로 '문화통치'를 내세우면서 일본과 조선의 학제가 통일되어 조선인에게도 고등교육의 기회가 열렸다. 일본은 친일파 양성이라는 정치적인 목적으로 일본 유학은 허가해준 반면 다른 해외유학은 막고 있었다. 따라서 이전에는 미국으로 유학가려면 재한선교사가 설립한 기독교학교 출신들이 해외 망명을 해야 했다.[37] 그런데 3.1운동 이후에는 과학 분야에서 앞서가던 오하이오주립대, 미시간대 등으로 미국 유학도 증가했다. 1924년에는 요업 엔지니어인 김용관과 건축가

박길룡이 '발명학회'를 조직했고 대중잡지 '과학조선'도 창간했다. 찰스 다윈의 기일을 기념해 1934년 4월 19일 '과학데이'도 만들었다.[38]

일제강점기 35년 동안 이공계 대학을 마친 조선인은 여성 2명을 포함 약 400명으로 추정된다. 하지만 김근배 교수에 따르면 당시 최고 수준이었던 도쿄 제국대학 이공계는 문턱이 높아 이곳을 졸업한 조선인은 겨우 24명에 불과했다.[39] 대신 국내 이공계 전문학교를 졸업한 인력은 약 1,900명이었다. 이들은 신지식을 받아들여 해방 이후 우리나라 과학계의 주류를 형성했다. 한국과학기술한림원의 '대한민국과학기술유공자' 사이트에는 이들 가운데 91명이 소개되어 있다.[40]

노동국 총판과 프레지던트

3.1운동으로 상해, 한성, 노령 등 3개의 임시정부가 수립되었다. 도산 안창호는 이를 모두 통합해 상해 임시정부를 대한민국 단일 임시정부로 만들었다. 이 과정에서 그는 한성 임시정부안을 모두 수용하고 '집정관 총재'의 명칭만 '대통령'으로 바꾸도록 제안했다. 신용하 교수에 따르면, 한성 임시정부의 집정관 총재를 'president'로 번역한 명함을 갖고 다니며 대통령을 자처한 이승만이 반발해 또 분열이 일어날 것을 염려한 것이다.[41] 그 대신 안

창호는 자신을 '노동국 총판(국장급)'의 지위로 낮추었다. 권력과 지식이 충돌할 때 각자의 추구하는 바는 이렇게 다르다. 이승만은 독립운동의 주도권을 요구했고, 안창호는 독립운동을 통일하려는 신념을 선택한 것이다.

안창호와 이승만은 만민공동회를 통해 이름이 알려진 인물들이었다. 1898년 '만민공동회'는 조선 최초로 민중이 참여한 민중 토론장이었다. 17만 서울 시민 중에서 1만 명이 참여했다. 개막 연설자로 나온 박성춘은 칠천반七賤班이라 불리는 천민 중에서도 가장 하층인 백정 출신이었다. 그는 "리국편민利國便民의 길인 즉 관민官民이 합심한 연후에야 가可하다고 생각합니다."라고 연설하였다. 이렇게 이 토론은 누구나 참여해 발언하면서 근대 시민의식을 고양시키는 민주주의 훈련장이 되었다.

이승만은 만민공동회 총대위원으로서 고종의 만민공동회 해산령에 반발하다가 체포돼 고문을 당한 뒤 종신형을 선고 받았다. 한편, 평안남도지회 소속 소년 연사로 이름을 알린 안창호는 이후 미국으로 건너가 공립협회를 조직하고 대한인국민회를 결성하는 등 해외 교민들을 조직해 독립운동의 큰 기반을 마련했다. 당시 대부분의 독립운동가들은 무력투쟁과 외교적 수단으로 독립의 '권력' 획득에 치중했다. 하지만 안창호는 근대화는 교육을 통한 '민중'의 각성과 '지식'의 고양이 반드시 필요하다는 것을 정확히 갈파하고 있었다.

그는 민중의 근대 시민의식과 교육 없이 자주독립과 근대화는 어렵다는 것을 깨달은 선각자였다. 안창호는 개인의 정신 개조를 위한 교육 개혁 및 애국 계몽 운동을 강조했다. 그는 정직과 통합으로 근대 시민의식을 구축해 유교 국가인 조선과 완전히 다른 새로운 근대 국가를 세우고자 했다. 그러나 그는 윤봉길 의거의 배후로 피체되어 감옥에서 얻은 병으로 해방 전, 1938년에 세상을 떠났다. 가장 광범위한 독립운동 조직을 구축하고 근대 시민정신의 중요성을 깨달았던 그가 임시정부의 주도권을 양보하지 않고 장악했더라면, 또는 그가 해방 후까지 살아남아 건국 권력에 참여했더라면, 역사는 많이 달라졌을 것이다.

그의 호 도산島山은 대동강 하류 도롱섬에서 따왔다. 이곳 평안도와 함경도 일대는 원래 중국과 가까워 서쪽으로부터 새로운 문물을 가장 먼저 받아들이는 관문이었다.[42] 따라서 실학의 북학파가 영향을 많이 받던 곳이다. 근대화 시기에는 그 방향이 바뀌어 동쪽으로부터 북미의 기독교가 들어와 선교활동의 근거지로 삼았다. 이들로부터 영향을 받은 서북파 지식인들은 서구식 자유주의와 민주주의를 받아들여 해방과 국가 재건 과정에서 중요한 역할을 많이 했다.

그중 관서지역은 미국 북장로교의 선교로 나중에 예수교 장로회(예장)의 출발점이 되었다. 이곳 출신 지식인으로 노동환경개선 운동을 일으킨 김교신, 민주화운동에 투신한 함석헌, 농촌지도자 양성, 부엌과 변소 등 생활환경 개선 운동을 벌여 새마을운동의 전신을 만든 류달영, 지역에 기반을 둔 풀무 공동체를 세운 이찬갑, 현재의 국민의료보험[43]의 뿌리가 되는 청십자의료보험조합을 만든 장기려 등이 있다. 그리고 그들의 후예로 장준하가 있었다. 관북지역은 캐나다 장로회의 선교를 받은 곳으로 나중에 기독교장로회(기장)를 형성했다. 이들 중 한국신학대학을 설립한 김재준 목사는 외국인의 토지 소유 불허, 교통 통신의 국영화 등 중도적 정책을 개발했다. 문익환 목사는 외세를 배제한 자주적 통일운동에 일생을 바쳐 1989년 분단의 터부를 깨고 북한을 방문해 민간 주도 통일운동의 불씨를 살려냈다. 강원용 목사는 세계교회협의회WCC와 크리스챤 아카데미를 통해 민주화운동과 여성운동의 지도자들을 키워냈다.[44]

3부

고난과 추격
그리고 낯선 길

지식의 부활

해방 후 분단과 전쟁의 폐허 위에서 새로운 나라를 건설하려는 지식
은 참여와 비판으로 엇갈렸다. 하루 빨리 경제개발을 이루고 다시는
나라를 잃지 않아야 한다는 생각과 자유와 민주주의를 통해 진정한
근대화를 이뤄야 한다는 생각의 차이가 대립했다. 참여 지식이 산업
화의 토대를 닦고 비판 지식이 공동체의 가치를 지켜냈다

전쟁과 이념

근대는 지식이 만든 시대였다. 바깥쪽 자연과학의 발전은 산업혁
명으로 자본주의를 형성하고, 안쪽 인간 이성의 자각은 시민혁
명으로 개인의 인권과 자유를 높였다. 그러나 바깥쪽 자연과학
은 전쟁 무기를 만드는 쪽으로 일탈했고 안쪽 인간 이성의 자각
은 이념의 도그마로 빠지고 말았다. 프랑스혁명에서 인간과 시민
의 권리를 선언한 지 125년 만에 인간은 서로를 대규모로 죽이기
시작했다. 1차 세계대전(1914~1918)의 명분은 '모든 전쟁을 끝내
기 위한 전쟁'The war to end all wars이었다. 인류사상 최초의 '과학 전면

전'이었다.

모든 과학 지식은 대량 살상을 효과적으로 하는 방향으로 집중됐다. 반동을 흡수하게 된 신형 대포는 연사連射가 가능해졌고 한꺼번에 많은 사람을 죽일 수 있는 화염방사기, 수류탄, 독가스, 기관총이 개발됐다. 암모니아 제조법은 비료가 되어 군량미 생산을 늘리고 폭발물 재료가 되어 폭탄의 대량생산으로 이어졌다. 막 등장한 잠수함과 항공기는 전쟁의 공간을 하늘과 바다로 크게 넓혔다. 1, 2차 세계대전을 거치며 죽고 다친 사람은 1억 명이 넘었다. 그리고 엄청난 대량 살상 무기가 남았다. 전쟁은 인간을 위한다며 시작됐지만, 결국 인간을 죽이고 무기를 남겼다.

인간의 어리석음은 잘못을 반복하는 데 있다. 2차 세계대전 (1939~1945)은 전차를 중심으로 기갑부대를 만든 독일군이 압도적 힘을 과시하며 시작됐다. 전략폭격기의 등장은 전후방의 구분을 없앴고 항공모함을 등장시켜 해상에서의 전쟁 양상을 바꾸었다. 제트엔진의 발전으로 항공기의 속도는 시속 1,000km을 넘어섰고 로켓무기와 이에 대항하는 레이더의 발명이 이어졌다. 무반동총, 대전차 바주카포, 수중탐사기, 헬기 등 새로운 무기들이 위력을 발휘했다. 그러나 무엇보다 강력한 것은 바로 핵무기의 등장이었다.

1945년 8월 히로시마에 농축우라늄을 사용한 리틀보이Little Boy가 투하됐다. 플랭클린 루스벨트 대통령의 별명이다. 사흘 뒤

나가사키에 플루토늄을 사용한 팻맨Fat Man이 떨어졌다. 이건 윈스턴 처칠의 별명이다. 도시는 순식간에 잿더미가 되고 15만~25만 명이 죽었다. 일본은 세계에서 유일하게 핵폭탄을 맞은 나라다. 그것도 두 번이나 맞았다. 일본은 항복 조인식을 하러 도쿄만에 진입한 미군 전함 미주리호를 찾아갔다. 미주리호 꼭대기에는 31개의 별이 그려진 성조기가 걸려 있었다.[1] 미군은 페리 제독이 흑선을 이끌고 개항을 요구하며 찾아갈 때 매달았던 바로 그 성조기를 걸고 기다리고 있었다.

쇼와 덴노는 전쟁에 패망하고 나서야 1946년 자신이 사실은 신이 아니라 인간이라고 고백했다人間宣言. 이렇게 지식이 궤도를 벗어나 생긴 광기는 또 다른 지식 원자폭탄으로 끝났다. 그 후 세상이 정상적인 이성으로 돌아왔을까? 아니다. 인간의 어리석은 짓은 계속되었다. 미국은 천황제를 유지시키고 1948년 크리스마스 선물로 17명의 전범들을 모두 풀어주었다. 전후 처리 과정에서 미소 대립의 냉전 구도에 일본이 재빨리 미국 편에 올라탔기 때문이었다. 이념의 시대가 시작된 것이다.

근대 이전에 이념이랄 것은 없었다. 근대 자연과학 발전으로 지식의 효용성이 높아지자 귀족, 자본가, 철학자, 과학자, 혁명가, 군인 등 모든 사람이 세상을 기획했고 바꾸고자 했다. 당연히 세상을 나쁘게 바꾸겠다는 '지식'이란 없었다. 그러나 지식이 '권력'과 결합하면 적과 아군이 생긴다. 이념이 되는 것이다. 근대 시민들은 인간이 가진 고유한 권리로서 개인의 자유를 추구했다. 이들의 자유주의는 왕과 귀족, 교회의 권위에 대항했다. 그러나 모두가 자유를 주장하고 나서면 사회는 존립이 어려워진다. 그래서 전통과 권위로 사회의 안녕과 질서를 지키자는 보수주의가 등장했다. 보수주의는 왕과 귀족의 편에 섰다. 그런데 무질서한 자유와 연대의 가치를 파편화하는 자유주의도 위험했지만 그렇다고 낡은 권위의 과거로 되돌아갈 수도 없었다. 새로운 대안이 필요했다. 경제적으로 평등한 이상사회를 지향하는 사회주의였다.[2] 그리고 이보다 더 급진적인, 자칭 과학적 사회주의도 나타났다. 공산주의였다.

1905년 러시아의 마지막 황제 니콜라이 2세는 공정한 임금과 노동조건 개선을 요구하는 노동자의 평화적 시위대에 발포하고 기병대를 돌진시켰다. 이 '피의 일요일' 사건에 분노한 민중의 궐기에 군대까지 합류했다. 그들이 2월 혁명을 일으켰고 이어 볼셰비키가 10월 혁명을 성공하면서 최초의 소비에트 공화국이 성립됐다. 황제는 가족과 함께 지하에서 총살되었다. 러시아 혁명은 새로운 공산주의 이상사회에 대한 지식인들의 열망과 민중의 지지가 결합해 이뤄진 것이었다.

하지만 레닌 이후 트로츠키Leon Trotsky를 내쫓고 권좌에 오른 스탈린Joseph Stalin에게 필요한 것은 더 이상 공산주의가 아니라 권력의 독점과 유지였다. 그는 마르크스-레닌주의를 내세워 개인숭

배를 강요하고 전체주의 독재자가 되었다. 공산주의 태동기 무정부주의자 미하일 바쿠닌Mikhail Bakunin은 "예전의 노동자였던 사람들이 새로운 지배자가 될 것"이라고 경고했다. 이에 마르크스는 '권력에 대한 쓸데없는 걱정과 악몽'이라고 비판했다. 그러나 그 걱정과 악몽은 현실이 되었다.[3] 지식인들은 탄압받고 민중은 나락에 떨어졌다. 소련은 근대 지식이 기획하고 민중이 지지해 만들어낸 최초의 노동자 국가였지만 실패했다. 이상국가를 향한 지적 이론은 그럴듯했지만 이를 집행할 권력의 본성을 간과한 것이다.

6.25전쟁과 폐허

전후 국제질서 논의 결과, 독일과 한국은 분단되었다. 독일은 전범국이라 동서로 갈라졌다지만 한반도는 침략당한 피해국인데도 38도선으로 분단되었다. 일본이 그었던 선이 해방 이후 분단이 되어 다시 돌아온 것이다.[4] 1950년 6월 25일 북한군은 일제히 38선을 넘어 남침했다. 전쟁이 발발한 지 이틀 만에 UN안전보장이사회는 UN군의 파병을 승인했다. 이사국이었던 소련은 거부권을 행사하지 않았다. 중국의 참전을 유도해 미국과 대립하게 하고 자신들은 슬쩍 빠져 이득을 볼 속셈이었다.[5] 한국전쟁은 남북 간 내전 형식을 띠었지만 실제로는 제한된 제3차 세계대전이었다.

그러나 전쟁은 38선이 거의 같은 자리에서 휴전선으로 바뀌어 그대로 정전이 됐다. 핵을 가진 소련이 참전해 세계대전으로 확전될 것을 우려했기 때문이었다. 결국 한반도는 세계 최고의 무력이 개입해 만들어낸 이념의 균형점이 됐다. 남북의 이념 대립은 그 모든 세력이 대치한 극한점이었다. 그런데 정작 이 전쟁의 조용한 승자는 일본이었다. 일본은 아무런 피해도 입지 않았고 한국전쟁 특수로 오히려 패전 후 경제적으로 부활했다. 일본은 연 8억 달러에 달하는 거액의 외화를 벌어들여 군수산업을 부활시켰고 동남아시아 경제 진출의 토대를 얻었다. 또한 한국은 다른 형태로 일본 경제에 종속되었다.[6]

6.25전쟁은 성경에 나오는 '돌 하나도 돌 위에 남지 않고 다 무너뜨려지리라'(마태복음 24:1~14)의 표현만큼이나 국토를 완전히 파괴했다. 520만 명이 죽고 1천만 명의 이산가족이 발생했다. 전쟁고아가 10만 명이 넘었다.[7] 1953년 한국의 명목GDP는 13억 달러에 불과했다. 그런데 역설적으로 그렇게 철저하게 '바닥으로 평등'해진 탓에 기득권의 저항이 없었고 빠르게 새로운 시작을 하게 됐다. 달리기를 할 때 모든 사람들이 전속력으로 뛰쳐나가는 것은 출발점에 있을 때다. 모두에게 같은 기회가 주어지고 같은 가능성이 있을 때 모두는 최선을 다하는 법이다.

하지만 식민지배에서 벗어나자마자 분단이 되었고, 바로 전쟁을 겪은 나라는 말 그대로 만신창이였고 폐허나 다름없었다. 나라를 재건할 유일한 희망은 학병 세대였다. 김건우 교수는 이 당시 일제 말 '학병學兵'으로 일본군에 끌려갔다가 해방 후 막 사회에 나선 젊은 지식인들을 주목한다. 이들은 제국주의 시대 최고의 고등교육을 이수했지만 아직 젊어서 친일 전력이 없었고 민족을 반역하지 않은 준비된 인재들이었다.[8] 1944년 약 7,200명 정도로 추산되는 당시 고등교육을 받은 조선인 학생은 당대 최고의 재원들이었다. 그들은 새로운 나라에서 민주주의 구현 방안을 만들고 경제발전계획을 세우며 교육의 기반을 닦을 수 있는 사람들이었다.

장준하, 김준엽 등은 미국의 아시아 지역전문가 육성 전략[9]에 따라 미군의 OSSOffice of Strategic Service(미국 CIA의 전신) 훈련까지 받았다. 해방을 맞았을 때 그들은 근대적 자유주의와 미국의 민주주의로 교육된 20대 청년 지식인들이었다. 그들은 학병으로 끌려갔다가 일본군을 탈출해 무려 6,000리(약 2,356km)길을 걸어 충칭의 임시정부를 찾아갔다. 그러나 이승만정부는 건국을 위해 시급한 나라 일을 학병 세대가 아닌 일제강점기 행정 경험을 가진 친일파와 손을 잡았다. 학병 세대는 대부분 권력의 경쟁자였기 때문이었다. 결국 그들은 국가 건설에 참여할 기회를 얻지 못했다. 이렇게 권력과 지식은 다시 어긋나고 말았다.

다만 다행인 것은 우리나라는 다른 나라들에 비해 해방 후 신

속하게 농지개혁을 이뤄냈다. 진보적 사상가로 초대 농림부장관
을 맡았던 조봉암이 이를 주도했기 때문이었다.[10] 또한 북한의 토
지개혁에 맞서기 위해 미국의 농지개혁 요구가 있었고, 지주 세
력과 대립하던 이승만정부의 이해관계가 맞아 떨어진 것도 있었
다. 그리고 6.25전쟁으로 지주들이 몰락해 전통적 농업국가에서
산업사회로 전환은 더욱 가속화되었다. 농민들은 영세했지만 자
작농이었고, 신분을 탈피하기 위해 자식들을 학교에 보냈다. 덕
분에 우리나라는 새로운 시대를 준비할 수 있었다.[11]

4.19와 5.16

권력과 지식이 어긋나 제 역할을 못할 때 역사를 바로잡은 것은
다시 민중이었다. 1960년 봄, 민중은 4.19혁명을 일으켜 이승만
정부를 몰락시켰다. 이는 조선왕조와 일제강점기, 해방 후를 통
틀어 민중이 권력을 무너뜨리고 역사를 바꾼 최초의 사건이었
다. 망국의 회한과 근대화에 대한 열망이 민중을 역사의 주인으
로 세운 것이다. 그러나 4.19는 한계가 있었다. 지식이 아직 미성
숙한 상황이었다. 4.19를 주도한 세력이 주로 고교생을 비롯한 학
생이었음이 이를 보여준다. 이는 결국 군부의 정치 개입을 가져오
는 빌미가 됐다.

한편, 제국주의에서 해방된 아시아 국가들은 1950년대부터

본격적인 경제개발을 시작했다.[12] 이어 1955년 아시아·아프리카 회의(반둥회의)부터는 제3세계 탈식민 민족주의 운동이 본격화되었다. 장준하는 1955년 자유와 민주 사회를 건설하는 데 매진할 주체로 '청년, 학생, 새로운 세대'를 선언했다. 그리고 지식인들은 『사상계』를 중심으로 '국가와 민족의 근대화'를 표방하고 이를 위해 반공과 민주화를 지향했다.[13] 4.19후 집권한 장면정부는 '경제 제일주의'를 내걸었다. 당시 남한의 1인당 국민소득은 북한의 60%에 불과해 북과 대결하는 남한체제로서는 경제 재건이 최우선 과제였다. 장준하는 국토건설단 사업의 책임을 맡았다. 그는 1945년 8·15를 광복光復이 아니라 신생新生이라고 부를 정도로 새로운 나라 건설에 목말라 있었다. 그는 국토건설 요원 양성을 위해 2,066명을 공무원으로 채용해 전국 읍면에 파견했다. 이것이 우리나라 공무원 공채의 효시였다.

그러나 민중이 만들어준 기회로 집권하게 된 장면정부는 4.19를 주도한 주체가 아니었다. 장면정부는 잦은 당내 분열로 정국을 수습하지 못했다. 당시 장준하가 이끌던 잡지 『사상계』의 지식인들은 경제개발계획을 연구해 실행 방안까지 만들었다. 이에 따라 1961년 5월 15일 경제기획원은 제1차 경제개발5개년계획을 확정했다. 하지만 바로 다음 날 5.16 군사 쿠데타가 발생했다. 6.25전쟁을 거치며 조직되고 훈련된 군부는 단숨에 정치권력의 중심으로 떠올랐다. 이 무렵 미국의 케네디정부는 제3세계의 공산화와 민족주의 부상을 막기 위해 이른바 위대한 구상Grand Design이라는 세계 전략을 세웠다. 그리고 미 국무성 정책고문을 지낸 로스토Walt Rostow 교수는 반공 근대화 경제발전 방안으로 군부와 지식인 엘리트가 결합하는 '로스토식 경제 도약 모델'을 제안했다.[14]

이와 같은 관점은 시카고대 에드워드 실즈Edward Shils 교수의 근대화론에도 나타났다. 언론인 출신으로 나중에 청와대 대변인이 된 임방현은 이를 근거로 4.19와 5.16을 거치며 정치 지도 세력과 지식인이 '근대화'라는 공동 목표를 나눠 갖게 되었다고 주장했다.[15] "많은 신생국의 경우 구질서를 전복하고 근대화를 꾀할 세력은 조직화된 젊은 장교들"이라는 것이었다. 하지만 이것은 민주주의와 자유정신으로 각성된 민중을 도외시하는 것으로 진정한 근대화라고 할 수 없다. 권력과 지식이 결합해 효율 중심의 산업화를 추진하자는 것이었다. 그리고 그 최종 목표는 미국 중심의 국제질서에 부응하라는 것이었다.

미국은 군부 엘리트를 활용한 제3세계의 경제개발을 유도했다. 정작 자신들이 자랑하는 건국 가치인 자유와 민주주의보다는 공산주의와 대립하는 국가 패권을 더 중시했기 때문이었다. 하지만 식민지를 벗어난 한국의 지식인들은 민주주의와 경제개발을 통한 진정한 근대화를 기대했다. 그 결과 신권력 군부와 해방 후 성장한 신지식인은 중요한 고비를 맞았다. "서로 결맞음을 이룰 것인가, 어긋날 것인가". 지식과 권력은 또다시 기로에 섰다.

때마침 쿠테타 직후 박정희를 비롯한 군정 세력은 장면정부의 경제 제일주의 정책을 이어받아 경제개발5개년계획을 발표했고 국토건설 요원들의 신분도 보장했다. 따라서 상당수 지식인들은 5.16이 4.19의 연장선이 되기를 기대했고 군사정부가 장면정부의 경제개발계획을 이어가는 것을 지켜보았다. 그런 분위기 속에 군정에는 군인들과 대학교수들이 참여했다. 대학교수가 행정부와 입법부에 들어가 정치에 참여한 시기가 이때부터라고 한다. 신권력과 신지식의 결합이었다.

지식의 분열

이즈음 중국의 부상을 염려한 미국은 한국과 일본의 안보 협력을 통한 동북아 국제질서 재편을 구상했다. 미국은 한일 관계 개선을 요구했는데 때마침 박정희정부도 경제개발을 위해 한일협정을 추진했다. 그런데 한일회담이 '침략 전쟁에 대한 배상'이 아니라 '원조 내지 차관'으로 이뤄지자 지식인과 민중은 크게 동요했다. 비판적 지식인들은 민주주의와 경제 발전을 바탕으로 통일을 지향했다. 그러나 군정 세력과 박정희정부는 경제개발로 민족 중흥을 일으킨다고 주장했다. 이는 경제발전을 위해 서구식 민주주의를 희생해야 하는 것이었다. 전쟁을 일으켜 민족을 분열시킨 북한은 '반민족주의' 세력으로 적대적시한 반면 한일협정은 굴욕적이라도 필요하다는 것이었다.

이 무렵부터 지식인 사회는 크게 분열되었다. 서울대 법대 양호민 교수는 한일협정 비준에 반대했다가 정치교수로 낙인찍혀 해직되었다. 대학은 권력의 기능조직으로 바뀌었다. '공부하는 대학생, 연구하는 교수'로 규정돼 비판적 기능이 상실됐다. 때마침 분과 학문 체계가 만들어지고 교원 문제가 해결되면서 교수들도 직업 지식인으로 변해갔다. 1964년 조선일보 기자 리영희는 UN남북공동가입 관련 기사를 보도했다가 구속되었다. 첫 번째 언론인 필화 사건이었다. 이듬해인 1965년 삼성의 지원을 받는 중앙일보가 창간되면서 언론의 지형도 바뀌기 시작했다. 언론사들은 상업적 경쟁에 나서면서 수익 기업으로 바뀌어 갔다. 이 일련의 사건으로 '대학'과 '언론'이라는 지식인이 활동할 수 있는 양대 플랫폼은 권력과 자본의 통제 아래 들어갔다. 1965년은 지식인이 이른바 참여 지식인과 비판 지식인으로 분열하는 결정적인 분기점이었다.

정치적 민주화, 경제적 산업화, 문화적 창조를 포괄하는 전면적 근대화를 꿈꾸었던 장준하와 함석헌 등은 박정희정부의 가장 강력한 비판자가 되었다. 장준하는 1966년 대통령 명예훼손 혐의로 복역한 이래 연이은 민주화운동으로 10여 차례 투옥되었다. 그는 민주헌법을 만들라고 유신정권과 싸우던 중 1975년

8월 경기도 포천군에 있는 약사봉에서 등산하다가 의문의 사고로 사망했다. 2012년 8월 묘지 이장 때 그의 두개골에서 둔기에 맞아 함몰된 것으로 보이는 생생한 흔적이 발견되어 큰 충격을 주었다.

한편, 권력에 참여한 지식인들은 권력의 논리를 생산해냈다. 『사상계』 편집위원이었던 한태연 서울대 교수는 10월유신의 이론적 토대를 만들고 유신정우회 국회의원이 되었다. 한일협정을 반대하다 해직된 서울대 황산덕 교수는 이후 박정희정부에서 법무부장관이 되어 사법 살인이라고 비난받는[16] 인혁당 사건의 주역이 되었다. 또한 풍류도의 대가였던 동양철학자 김범부는 부모에게는 효를, 더 큰 가족인 나라에는 충을 따라야 한다는 국민윤리를 주장했고 한국 철학계 대부로 한국 사상사 연구에 선구적 업적을 낸 박종홍은 국민교육헌장을 기초하고 민족중흥이라는 정신적 가치를 체계화해 국가 건설의 논리를 제공했다. 박정희정부는 이를 '총화단결'을 정당화하는 논리로 삼았다.

국민대와 서강대에서 교수를 지낸 남덕우는 국민투자기금을 만들고 1970년대 중화학공업을 육성해 이를 뒷받침하는 대한민국 경제 시스템을 구축했다. 금속공학과 화학야금학을 전공한 최형섭은 박정희정부의 지원을 이끌어내 한국과학기술연구소KIST를 설립하고 소장을 맡아 개발도상국 전략으로서 과학기술의 기반을 구축했다. 군인 출신 지식인들은 경제 발전의 전투적 돌파구를 만들었다. 일본에서 기계공학을 전공하다 해방 후 귀국해 나중에 육군 소장으로 예편한 박태준은 산업 발전에 가장 중요한 제철산업에 헌신했고 포항제철은 세계적 기업이 되었다. 공군 소장 출신 박충훈 상공부장관은 박정희 대통령에게는 1964년 1억 달러 수출 목표를 약속하고 직원들에게는 1억 2,000만 달러를 목표로 세워 12월 31일 밤 달성했다. 전년 대비 39.3%의 신장률이었다.[17]

이렇게 지식인의 일부는 개발독재 권력과 결합해 산업화에 참여했고 다른 일부는 저항하며 민주화운동으로 갈라섰다. 이런 점에서 김건우 교수는 근대화 과정에서 '산업화 세력'과 '민주화 세력'을 이원화하는 접근을 비판한다. 그들은 갈라졌던 것이고 원래 그들의 이념적 뿌리는 같다는 것이다.[18] 그들이 갈라진 것은 권력과 어떻게 결합하느냐의 차이였다. 이들은 각각 산업화와 민주화를 성취해 냄으로써 진정한 근대화를 완성시킨 주역이 되었다.

과학기술 인재들

지식인 가운데에서도 신학문을 배운 과학기술자들은 해방 후 건국과 산업화에 큰 자산이었다. 이들 가운데 일부는 과학기술부, 상공부 등 정부에 참여하기도 했으나 대부분은 권력과 직접 부딪치지 않는 분야에서 일했기에 성과를 만들 수 있었다. 이들을 찾아보면[19] 우선, 대한민국 최초의 이학박사로 미국에 남아 천문학자로 성장할 기회를 포기하고 국내에 들어와 항성연구와 교육에 힘쓴 이원철, 식민지 출신으로 교토제국대학에서 이학박사를 받은 이론화학계의 거장 이태규, 비타민E의 결정을 분리하는 선구적 연구로 세계적 명성을 얻은 김양하, 식물학으로 최초의 여성 과학자가 된 김삼순, 하와이 이민 가정 출신으로 불소화학의 세계적 권위자가 되어 프레온 국내 생산의 길을 연 박달조, 세라믹공학을 전공하고 인공치아 연구로 경제적으로도 성공한 이병두, 세계적 육종학자로 해방 후 한국 토양에 맞는 작물의 품종을 개발한 우장춘, 57만 마리의 나비를 채집해 248종의 한국산 고유 나비의 이름을 지은 나비학자 석주명 등이 있다.

또한 미국의 나일론, 독일의 아크릴 섬유에 이어 세계에서 세 번째로 비날론이라는 합성섬유를 만들어 사회주의권 노벨상으로 불리는 레닌상을 받은 리승기, 또한 한국인 출신으로 제국대학의 교수가 될 만큼 출중했던 최초의 병리학자 윤일선, 미국에 유학해 최초의 여성의사가 된 뒤 귀국해 엄동설한에도 당나귀가 끄는 썰매를 타고 환자를 찾아가 돌보는 등 근대 위생 개념을 보급했던 김점동(박에스더), 우리나라 최초의 물리학 박사로 한국 물리학회를 만든 최규남 등이 있다.

이외에도 곰팡이의 분류와 번식 방법, 개량 메주의 제조법 등을 연구해 전통식품을 과학적으로 체계화한 조백현, 유지油脂 연구와 기간산업 건설, 공업용수 조사에서 많은 성과를 낸 화학자 안동혁, 새로운 인견사 제조법을 개발한 김동일, 잠수함을 설계하고 어선, 연안 여객선의 성능 향상과 고속정의 설계에 노력했던 김재근, 원자로 제어 분야에서 공학박사 학위를 취득하고 전력산업의 기반을 닦은 전기공학자 한만춘 등이 모두 새로운 과학 지식을 수혈 받아 건국과 재건에 기여한 인재들이었다.

특히 강대원은 1960년 벨연구소에서 전계효과트랜지스터 MOSFET란 소자를 만들어냈다. 이것은 실리콘 반도체 메모리의 주재료이자 반도체 개발의 기초로서 인류가 만든 인공물 중에서 가장 많은 것이다.[20] 또한 그는 비휘발성 메모리의 기본 원리인 플로팅게이트도 구현했다. 이는 낸드플래시 데이터의 저장공간으로 집적회로 기반의 반도체 발전에 크게 기여했다. 그가 없었다면 한 손으로 들고 보는 휴대폰은 없었을 것이고, 컴퓨터 한 대 사용하는 데 1GW짜리 원자력 발전소 1기가 필요했을 것이라고 한다.[21]

또한 비운의 천재로 불리는 이론 물리학자 이휘소는 고에너지 물리학 분야에서 뛰어난 업적을 세웠다. 훗날 7명의 과학자들이 그의 연구를 토대로 노벨상을 받았다. 1979년 노벨물리학상을 수상한 압두스 살람이 "이휘소가 있어야 할 자리에 내가 있는 것이 부끄럽다"고 말할 정도였다.[22] 그의 수상 2년 전인 1977년 이휘소 박사는 대형 트레일러와 충돌하는 교통사고로 요절했다. 강대원 박사도 1992년 뉴저지 공항에서 대동맥류 파열에 따른 후유증으로 사망했다. 이들은 노벨상 수상 자격이 충분한 세계적 과학자들이었지만 받지 못했다. 노벨상은 생존한 사람에게만 주기 때문이다.

이들의 요절은 보빙사 출신 유학생 변수邊檖가 졸업 직후 열차 사고로 사망한 것을 떠올리게 한다. 그는 1891년 미국 메릴랜드 대학교 농학과에서 한국인 최초로 학사 학위를 받고 미국 공무원이 된 인물이었다. 그는 굶주림에 시달리는 조선 민중의 농업 혁명을 위해 고국에 돌아오려던 젊은이였지만 먼 이국에서 사고를 당하고 말았다. 유길준도 생물학자 에드워드 모스의 개인지도를 받다가 미국 담머아카데미에 입학한 최초의 유학생이었으나 갑신정변으로 급히 귀국하는 바람에 공부를 마치지 못하고 말았다.

근대화 성장

4.19를 주도한 것은 고등학생이었고 6.10을 주도한 것은 대학생과
사회인이었다. 지식과 함께 민중도 성장했다. 60년 동안의 성장은
인적자원이 만들어낸 기적이었다. 우리나라 근대화는 산업화와 민
주화를 거쳐 동아시아에서 유일하게 완성된 것이다. 지식이 가장 큰
힘이었다.

산업화와 민주화 탄압

박정희정부 초기는 로버트 솔로Robert Solow의 경제성장 이론이 주
목받았다. 경제성장을 하려면 1인당 자본량을 늘려야 했고 이에
따라 저축 증대와 산아제한에 노력했다. 국민들은 궁핍한 삶 속
에서도 아끼고 저축해 산업에 투자할 자본을 축적했다. 1964년
부터 베트남전에 파병된 5만 명의 국군과 노동자 들은 열악한 환
경에서 저임금을 감당해야 했다. 파병 기간 중 5,099명이 사망하
고 11,232명이 부상했다.[23] 그들의 땀과 피로 경제는 성장하기 시
작했다. 박정희정부는 경공업 활성화를 통한 자립경제를 추구하

는 한편 외화 확보와 고속도로 건설 등 사회간접자본 투자를 늘리려고 노력했다.

그런데 1970년 닉슨 독트린으로 세계는 긴장 완화를 뜻하는 데탕트Détente 시대가 시작되었고 미국의 원조는 어려워졌다. 이에 반공과 경제개발을 명분으로 권력을 유지해오던 박정희정부는 위기를 느끼고 1972년 국회를 해산하고 10월유신을 선포했다. 이어 1973년 중화학공업화를 선언했다. 철강·비철금속·기계·조선·전자·화학 산업 등 총 6개 산업을 키워 연간 100억 달러 수출을 달성하겠다는 것이었다. 이후 포항종합제철소 제1고로가 준공(1973)되고 사상 최초로 선박건조와 함께 현대중공업 울산 조선소가 준공(1974)되는 등 대한민국은 급격하게 신흥산업국으로 발돋움하였다. 또한 석유파동의 대안으로 중동 건설 경기에 참여하여 1975년부터는 북한 경제를 앞서게 되었다.

박정희정부는 국민에게 '할 수 있다'는 자신감을 불어넣었고 국가 인프라에 대한 투자와 수출 전략의 토대를 닦아 놓았다. 뒤를 이은 전두환정부는 2차 석유파동과 1985년 플라자합의 이후 전 세계에서 나타난 저유가, 저달러, 저금리의 3저호황을 적극 활용해 압축 성장을 이어갔다. 이들 권위주의 정부는 무자비한 인권 탄압과 부정부패로 얼룩졌지만 경제개발이라는 목표는 일관되게 추진했다. 권력은 정권의 정통성을 보완할 명분이 필요했고 지식인과 민중은 하루 빨리 근대화를 달성해 과거의 트라우마를 극복하고자 했기 때문이었다. 그 결과 1960년대부터 1980년대까지 30년 동안 우리나라 경제는 고도성장을 지속했다.

대런 애쓰모글루Daron Acemoglu 교수는 국가 성패의 경제적 심인fundamental cause으로 경제 제도가 착취적인가 포용적인가를 꼽는다.[24] 박상인 교수는 이를 일반화해 사회적 의사 결정을 담당하는 파워 엘리트의 이해관계에 적합한 제도가 경제 발전과 저해를 결정한다고 본다. 이른바 한강의 기적은 당시 파워 엘리트였던 군부가 정치적 정당성을 확보하기 위해 수출 주도형 경제 발전 전략을 충실히 따랐기 때문이며 또 당시에는 경제적 기득권층이 공고하지 않았기 때문이라는 것이다.[25] 즉, '산업화'를 추진하려는 지식과 '정당성'과 '부'를 확보하려는 권력이 '경제 발전'이라는 민중의 희망에 맞춰 결맞음을 이루었던 것이다.

그러나 30년 동안의 압축 성장은 곧 그 한계를 드러냈다. 전태일의 분신이 상징하듯 성장의 이면에는 민중의 희생이 갈수록 쌓여갔다. 부패와 부정은 사회를 끊임없이 불안하게 만들고 성장의 걸림돌이 되었다. 정부에 참여하는 대신 사상의 자유와 경제적 평등, 공동체의 가치를 지키려 싸운 비판 지식인들은 고문당하고 감옥에 갇혔으며 억울하게 형장의 이슬이 되었다. 이정우 교수는 "파쇼 경제가 초기에는 고성장하지만 필연적으로 오래가지 못한다. 명령과 강제에 의한 동원 체제는 양적 성장은 성공하지만 질적 성장이 되지 않아 한계에 부딪친다"고 비판한다.[26]

개발독재에 의한 경제성장은 이후 한국 사회의 이념적 지형을 심각하게 왜곡시킨 원인이 되었다. 반공을 내세운 독재자들은 국가가 개발을 주도하고 국민의 삶을 통제하는 사회주의 방식을 사용했다. 반면 미국식 자유민주주의를 주장하며 반공주의자였던 민주화 투사들은 오히려 빨갱이와 좌파로 내몰렸다. 대표적인 민주화 운동가 장준하는 미국과 기독교의 영향을 받은 우익 민족주의자였다. 그가 발행한 사상계는 주한 미공보원으로부터 출판도서를 추천받거나 교양문고 발간용지를 공급받았고 미국 잡지 『타임』과 『라이프』 총판을 맡을 만큼 미국과 가까웠다.

민주화와 외환 위기

권력 내 모순은 갈수록 누적되었고 그 결과 10.26 박정희 대통령의 피격과 전두환 신군부의 12.12 군사 반란이 일어났다. 지식과 민중을 소외시킨 채 권력이 재구축 되고 있었다. 1980년 5월 18일 신군부는 M16 소총과 곤봉으로 무장한 최정예 전투부대인 특전사를 광주에 보내 맨몸의 학생들과 시민들을 구타하고 폭행했다. 그러나 광주 시민들은 총검에 맞서 싸웠고 직접 확인된 사망자 194명[27]을 포함한 수많은 사람들이 행방불명되고 암매장되는 희생을 치르면서 '민주주의는 절대 포기할 수 없다'는 희망의 불씨를 남겨 놓았다. 그 불씨는 마침내 민주화운동의 활화산이 되어 1987년 민중은 권위주의 정권을 무너뜨렸다. 이 당시 압축 성장 기간 동안 고등교육을 받은 지식 인구는 크게 늘었다. 지식 인구의 중심은 4.19때 주축이었던 고등학생에서 대학생과 '넥타이 부대'라고 불리는 회사원으로 옮겨가 있었다. 사회적 생산의 중심이 된 이들은 6.10민주항쟁의 주력이 됐다.

한편, 이 당시 국제 정세도 크게 바뀌고 있었다. 종전 후 미국의 푸들처럼 굴며 철저하게 미국 중심 국제질서에 편승해 '경제 동물'이라는 소리를 들으며 성장했던 일본은 1985년 플라자합의로 '제2의 패전'을 맞았다. 일본 엔화는 크게 평가절상되었고 수출은 급락했다. 다급해진 일본은 내수 진작으로 돌아섰고 저금리의 자극을 받은 일본 경제는 거품을 일으켰다. 그 사이 또 하나 큰 변화가 대륙에서 일어났다. 1980년 초부터 주요 도시에 경제특구를 설치하며 개혁 개방에 나선 중국은 민주화를 요구하는 천안문 사태를 진압하고 1992년 이후 경제개혁에 나섰다. 가장 큰 변화는 1991년 소비에트의 해체였다. 냉전의 시대가 끝난 것이다.

그런데 1994년 경제학자 알윈 영Alwyn Young 교수는 한국, 대만, 홍콩, 싱가포르 등 아시아의 신흥공업국 '네 마리 용'을 분석해, 전후 베이비붐으로 인구가 크게 늘었고 여성도 경제활동에 참가하면서 경제활동 증가, 즉 노동 투입 증가가 성장을 만들어냈다고 해석했다. 경제학자 폴 크루먼Paul Krugman도 "생산요소 투입 증가에 의한 성장은 지속되기 어렵다"는 입장을 내놓았다. 개발독재 기간의 압축 성장은 결국 양적 성장에 불과한 것이라는 이야기였다. 이들의 주장은 곧 현실이 됐다.

1997년 7월 19일자 이코노미스트지의 표지 제목은 "동남아시아 위력을 잃다"South East Asia loses its grip였다. 이 잡지 표지그림은 호랑이가 벽을 기어오르지 못하고 발톱으로 벽을 긁어내리며 추락하는 모습이었다. 아시아의 호랑이라고 불리던 한국, 태국, 인도네시아, 싱가포르, 홍콩이 태국의 바트화 폭락과 함께 위기에 빠졌다. 한국에 들어와 단기 외채 대부분을 차지하고 있던 일본계 자금 120억 달러는 가차 없이 빠져나갔다. 대한민국은 IMF 구제금융을 받게 됐다. 경제적으로 또 다시 식민지배를 받게 된 꼴이었다. 외환위기는 엄청난 시련을 안겨 주었다.[28]

IMF 구제금융은 단기간으로는 외환위기, 구조적으로는 중진국의 함정Middle income trap에 빠진 것이었다. 이는 중진국까지 성장한 나라들이 성장이 멈추거나 퇴보하는 것을 말한다. 중진국의 함정에 빠지는 대표적인 이유는 경제개발 과정에서 누적된 부정부패와 기술 부족으로 생산성 향상이 한계에 부딪히기 때문이다.[29] 민주화 쟁취 이후 노태우정부는 과감한 북방정책을 추진해 세계적 변화에 부응했고 김영삼정부는 금융실명제를 전격 실시했다. 그러나 중진국 함정의 덫에서 탈출할 수 없었다. 국민의 직접선거로 선출되었지만 노태우정부는 12.12 군사 반란 세력의 연장선에 있었고, 김영삼정부는 민주화운동에 참여한 문민정부였지만 구권력과 연합했기 때문이었다. 즉 민주화 운동의 승리로 권력자는 바뀌었지만 개발독재 시대의 권력 지형 자체가 바뀐 것은 아니었다.

정권교체와 새로운 도약

정부 수립 이후 최초의 평화적 정권교체로 신권력이 된 김대중 정부는 민주화운동을 해왔던 비판적 지식인, 그리고 국난을 극복하기 위해 금 모으기에 동참한 민중의 힘을 결집했다. 권력, 지식, 민중이 힘을 모으자 단기간에 IMF 구제금융 빚을 모두 갚고 자신감을 회복했다. 외환위기를 벗어나면서 하나로 뭉친 에너지는 2002년 월드컵에서 4강 신화를 달성하며 전국에 충만했다. 또한 금강산 관광과 개성 공단 등을 실현, 남북 관계를 평화 모드로 전환하면서 정치 외교적 안정도 마련되었다.

개방적이고 민주적인 사회 분위기 속에 자신감이 생기자 외국 문화 침탈을 두려워하던 소극적 자세에서 벗어났고 문화적 역량이 크게 향상됐다. 2002년 드라마 '겨울연가'의 일본 대히트를 시작으로 2003년 사극 '대장금'은 전 세계 60여 개국에 수출됐다. 그 결과 한식, 한복 등 문화상품뿐만 아니라 전자제품 등 고부가가치 상품의 품질과 이미지를 높여 수출 확대에 크게 기여했다.

문화가 새로운 힘이 되었다. 부정부패와 비효율, 억압 구조가 해체되기 시작하면서 노동자의 권리가 강화되고 행정절차가 개선되었으며 문화예술, 서비스 등으로 경제와 산업 영역이 더 넓어졌다.

무엇보다 큰 변화는 지식에서 일어났다. 김대중정부는 부처 서열 17위이던 과학기술처를 과학기술부로 승격시켰고 대통령이 직접 국가과학기술위원회 위원장을 맡았다. 2001년에는 과학기술기본법을 제정해 과학기술 발전의 기반을 조성하기 위해서 과학기술 정책의 수립 및 추진체계, 과학기술 연구개발 추진, 과학기술 투자 및 인력자원의 확충에 나섰다. 그런 배경에서 IT(정보기술), NT(나노기술), BT(생명공학기술), ST(우주항공기술), ET(환경공학기술), CT(문화콘텐츠기술) 등 6개가 미래성장동력으로 선택됐다.[30]

또한 '산업화는 뒤졌지만 정보화는 앞서가자'며 지식정보화 정책을 적극적으로 추진했다. 전국에 초고속망을 깔고 컴퓨터 사용을 장려했다. 이를 통해 벤처기업 육성과 사회적 혁신 분위기가 일어났다. 국가가 지원하는 인프라 중심의 중화학공업에서 기업이 스스로 연구개발하는 기술 중심의 지식정보산업으로 전환되었다. 김대중, 노무현정부로 이어지면서 자유롭고 도전적으로 바뀐 사회 분위기로 창업도 활성화되었다. 또한 초고속망 등 디지털 인프라를 구축하고 전화와 수기로 처리하던 주식거래를 컴퓨터로 처리하는 코스닥을 출범시키면서 자본시장도 활성화돼 창업 강국이자 정보화 강국이 됐다. 그 결과 전통 산업들이 발빠르게 정보화되었고 반도체, 인터넷 서비스, 차세대통신, 가전제품 등을 아우르는 세계적 경쟁력을 갖추게 됐다. 판교테크노밸리와 서울디지털단지 등 전국의 주요 테크노파크와 창업 혁신 공간은 창업자들이 유니콘[31]의 꿈을 꾸는 요람이 됐다.

디지털 신지식은 지식정보산업으로 전환하여 경제를 발전시키고 민주주의 가치를 지키는 데 큰 역할을 하게 되었다. 이는 부정부패와 비효율이라는 중진국 함정을 넘어 새로운 30년의 성장을 이끄는 힘이 됐다. 이를 바탕으로 그 이전까지 제3세계 개발도상국과 비슷한 양적 성장을 해오던 우리나라는 이때부터 질적으로 완전히 다른 상승궤도를 그리게 됐다. 이는 1인당 GDP에서 인도네시아, 타일랜드, 아르헨티나, 멕시코 등 1960년대 우리보다 잘살던 국가들을 제치고 독보적으로 떠오르게 된 변곡점이었다.

60년 성장의 기적 요인

1960년대부터 2020년대까지 대한민국 60년의 성장은 기적이다. 1인당 국내총생산GDP이 400배 이상 증가하고[32], 무역 규모가 2,000배 이상 커진 것[33]이 기적이라는 뜻이 아니다. 이런 성과를 식민지배와 분단, 전쟁, 가난과 독재 아래에서 일궈냈다는 점이 바로 기적인 것이다. 대한민국은 세계에서 가장 가난한 나라 중 하나였지만 세계에서 가장 잘사는 나라 대열에 가장 빨리 들어섰다. 그 과정은 가장 고통스러운 여건을 넘어선 것으로 인류사에서 보기 힘든 사례다.

그렇다면 1960년대부터 2020년대까지 60년 동안 대한민국의 초고속 경제성장을 이룬 핵심 동력은 무엇이었을까? 일반적으로는 미소 이념 대립에 따른 미국의 전략적 원조, 베트남전쟁과 중동 개발에 따른 특수, 중국의 시장 개방과 세계화 등이 꼽힌다. 그러나 이런 대외 여건은 행운이자 동시에 불운이기도 했다. 군사적 위험은 경제의 자유로운 성장을 가로막고 석유파동은 대외 의존도를 심화시켰으며 세계화는 국제 경쟁을 더욱 치열하게 만들었기 때문이다.

경제학자 김세직은 대한민국 고도 성장 60년을 장기성장률을 기준으로 평균 8~9%씩 고도성장을 한 전반 30년(1960~1990)과 이후 지속적으로 5년마다 1%씩 하락하면서도 성장한 후반 30년(1990~2020)으로 나누었다. 그리고 그렇게 고도성장을 한 가장 큰 이유로 1950년대 초등의무교육이 본격화되면서 대규모로 육성된 지식인들을 꼽았다.[34] 당시 초등학교에 입학하기 시작한 아이들은 10년 뒤인 1960년대에는 10대 후반 20대 초반이 되면서 기초지식을 갖춘 노동력이 되었고 이는 본격적으로 생산성을 높이기 시작했다. 부모들은 전쟁과 가난 속에서도 우골탑^{牛骨}^塔을 쌓아 자식들을 가르쳤다. 소득을 높이려면 직업을 잘 얻어야 했고 직업을 얻으려면 교육을 받아야 했기 때문이다. 1970년대에는 이들이 산업화를 떠맡았고 이후 대량생산과 소비를 담당할 베이비부머(1955~1963년생)의 인구 증가로 한국 사회는 비약적인 성장을 하게 되었다.

개발독재 시절 대한한국은 미국의 원조를 받아, 각성제를 먹으며 철야 근무했던 노동자의 희생, 농민의 헌신으로 급성장했다. 이후 1980년대는 고등학교 졸업생의 25% 정도가 대학에 들어갔다. 대졸 학력으로 사회에서 지성인으로 불리던 이들이 사회의 민주화를 이끌었다. 졸업 후에는 기업에 들어가 상당수가 임원이 됐다. 1990년대에는 고등학교 졸업생의 50%가 대학에 갔고 이들은 기계, 전기, 전자 등 공학 분야와 인문사회과학 분야에서 경제의 생산성을 높이는 데 크게 기여했다.[35] 대한민국의 성장의 핵심 동력은 '지식의 축적', 즉 인적 자본에 있었던 것이다.

1990년 경제학자 폴 로머Paul Romer는 기술 진보를 경제 모델의 주요 요인으로 본 '신성장이론'New Growth Theory을 발표했다. 그는 기업이 이윤을 극대화하기 위해 의도적으로 연구 부문에 투자하는 것이 다양한 투입 요소를 창출해 지속적인 성장을 이끌어낸다고 주장했다. 따라서 이때를 전후해 민주화 이후의 정부는 '연구 분야 인력 채용 및 R&D 투자 보조금 지원'을 강화하고 연구

과정에서 만들어낸 아이디어를 지적재산권으로 보호하여 연구 개발에 든 투자를 회수할 수 있도록 시장을 관리하기 위해 힘썼다. 지식과 정부의 역할이 더욱 중요해진 것이다.

그런데 인적 자본 육성과 연구개발 투자는 경제적 관점에서 성공 요인이라 할 수 있다. 더 넓은 의미에서 역사적 발전의 성공 요인은 과학기술 지식의 축적, 노동 경험의 숙련, 주체적 시민으로서의 의식, 자유롭고 도전적인 정신, 합리적이고 개방적인 사고, 평화롭고 안전한 사회분위기 형성 등 수 없이 많을 것이다. 그리고 이를 간단히 말하자면 바로 근대적 지식의 성장이라고 할 수 있다.

경제개발과 민주주의

근대화의 목표는 경제개발과 민주주의 두 가지였다. 경제개발이 시급하다는 것은 모두가 동의했지만 민주주의에 대해서는 생각이 달랐다. 권력을 잡은 쪽은 추격 경제를 통해 국가 기반을 만들어야 한다는 명분으로 공정분배와 인권을 희생양으로 삼았다. 정권에 참여한 지식인들은 '내 무덤에 침을 뱉으라'며 시급한 경제개발을 위해 어쩔 수 없다는 논리로 민주주의의 제한을 주장했다. 이는 지식, 권력, 민중 가운데 민중을 도외시한 나머지 두 가지의 결합이었다.

후발 개발도상국의 시장경제는 민주주의와 동시에 발전할 수 없는 것일까? 쿠즈네츠 곡선Kuznets curve은 산업화 초기에는 불평등이 증가하지만 산업화가 이뤄져 부유해지면 불평등이 다시 줄어든다는 이론이다. 하지만 경제성장 과정에서 불평등이 심화되는 나라도 있고, 반대로 불평등이 경제성장을 가로 막기도 한다. 미국, 독일, 영국 3개국의 짧은 기간을 대상으로 했던 이 연구는 '선 성장 후 분배론'이나 경제성장의 '낙수효과trickle down'로 이어지며 일부 독재를 편들어주는 데 악용되기도 했다.

개발주의와 민주주의는 대립된 것처럼 여겨져 왔다. 1994년 싱가포르 근대화 개발독재의 주역인 리콴유李光耀 전 총리가 『포린 어페어스foreign affairs』에 '문화는 운명이다'라는 제목으로 "아시아의 민주주의는 저마다 사정이 있다"는 글을 올리자 한국의 야당 지도자 김대중은 맹자의 왕도정치와 동학의 인내천을 들며 '아시아에도 민주주의 사상이 있고 제도화가 늦었을 뿐'이라며 논쟁을 벌였다.

개발우선주의는 민주주의가 비효율적이라는 전제를 깔고 있다. 이런 생각에는 권력의 입장이 숨겨져 있다. 공산주의 국가에서 권력은 '혁명'을 위해서, 개발독재 국가에서 권력은 '경제'를 위해서 민주주의를 양보하라고 요구한다. 김종필 전 국무총리는 "민주주의는 피가 아니라 빵을 먹고 자란다."고 말했다. 산업화가 있었기에 민주화도 가능하다는 뜻으로 읽힌다. 그러나 민주화가 있었기에 산업화의 과실이 남은 것이다. 스스로 민주주의를 실천하지 않는 권력의 속성상 민주화가 없었다면 아무것도 열매 맺지 못한다.

해방 후 지식인들은 식민지 경험과 북한의 남침을 겪은 탓에 '국가'를 잃을 수도 있다는 트라우마와 뒤처지는 것에 대한 공포 FOMO[36]가 있었다. 이에 따라 강력한 국가 리더십에 대한 향수가 있었고 근대화를 채근하는 조바심이 있었다. 따라서 그들 중 일부는 개발독재 권력에 참여해 '경제개발'을 통해 국가를 재건하고 지키는 데 힘썼고 민중은 스스로의 삶을 희생하며 베트남 전장에서, 어두운 지하 공장에서, 사막에서 30년의 산업화 성장을 이뤄냈다.

한편, 잃어버린 보편 윤리와 공동체의 가치는 비판 지식인들이 지켜냈고 민중은 민주화를 쟁취했다. 그렇게 탄생한 새로운 민주화 권력은 자유로운 개인과 인권을 바탕으로 하는 새로운 지식과 결합해 또 다른 30년의 도약을 만들어냈다. 그것이 대한민국 60년의 기적이었다.

즉 대한민국의 근대화는 산업화와 민주화를 함께 이룸으로써 근대화를 완성한 것이다. 따라서 경제개발 또는 산업화가 곧 근대화라고 할 수 없다. 산업화를 민중의 성취가 아닌 개발독재자의 치적으로 삼아서도 안 된다. 참여 지식인들은 산업화를 도왔고, 비판 지식인들은 민주화를 지켰다. 그러나 실제 역사를 이루고 완성해낸 것은 결국 민중이었다. 세계에서 유일하게 중진국 함정을 탈출한 나라, 동아시아에서 유일하게 산업화, 민주화를 함께 성공해 진정한 근대화를 이룬 나라, 대한민국 60년의 성장은 지식, 권력, 민중의 결맞음이 있었던 것이다.

낯선 디지털

변화가 조용하지만 매우 빠르고 깊숙하게 일어나고 있었다. 6.10 민주항쟁의 승리에는 1가구 1전화가 함께 있었고, 최초의 정권교체에는 PC통신으로 전자 공론장이 함께했다. 인터넷은 정치를 바꾸기 시작했다.

보이지 않는 변화

그런데 주목해야 할 한 가지 변화가 조용하지만 매우 빠르고 깊숙하게 일어나고 있었다. 이것은 근대화를 완성하면서 동시에 탈근대화를 이끌어 새로운 사회로 진입하는 변화였다. 그 변화를 관찰하기 위해 잠시 다시 1980년대로 돌아가 볼 필요가 있다. 1982년 5월 15일 서울대학교와 구미의 한국전자기술연구소가 컴퓨터를 연결해 데이터를 주고받는데 처음으로 성공했다. 해외 유치 과학자 1호로 모셔온 전길남 박사가 인터넷을 성공시킨 것이다. 이것은 1969년 9월에 실현된 최초의 인터넷인 미국의 알파넷에 이어 세계 두 번째였다.

이어서 1986년 우리나라는 한국 도메인(.kr)을 받아 인터넷에 가장 빨리 진입한 나라가 되었다. 그런데 그해 또 다른 도약이 이뤄졌다. 한국전자통신연구원ETRI이 전전자 교환기TDX-1의 상용화에 성공한 것이다. 인간 교환원이 아니라 기계가 자동으로 전화를 연결시킬 수 있게 되자 이후 전화 가입자 수는 비온 뒤 죽순 솟듯 늘어났다. "독재타도"를 외치는 민주화 시위가 한창일 때 도로 옆에서는 전화선로 설치 공사도 계속됐다. 민주화 항쟁이 승리한 1987년 9월 30일 전국 전화회선도 1천만을 돌파해 1가구 1전화 시대가 되었다.[37]

전화란 말을 할 수 있는 수단이다. 이로써 모든 국민이 전국에서, 실시간으로, 은밀하게, 양방향으로 '말할 수 있게' 되었다. 독재정권의 지침을 일방향으로 보내주는 일대다—對多 언론 중심 시대에서 처음으로 자신의 생각을 양방향으로 나누는 일대일—對— 통신 중심 시대가 시작됐다. 언로言路가 열리고 민중의 발화發話가 해방됐다. 민중은 각성되고 단결했다. 6.10 민주항쟁의 승리는 고등교육을 받으며 근대적 시민으로 성장한 민중과 사회변화를 가져온 과학기술 지식이 결맞음으로 얻어낸 열매였다.

10년 뒤 1997년 대통령 선거는 IMF 위기 상황이었지만 선거 쟁점은 경제위기보다 영호남 지역정서의 대립과 DJP연합 등 지역 구도로 흘러갔다. 그런데 이전과 다른 새로운 변수가 있었다.

당시 PC통신 가입자 수는 1997년 기준 311만 명이었다.[38] 이는 15대 대통령 선거 유권자 수 32,290,416명의 10%였고 투표자 26,042,633명의 12%에 이른다. 또 이동전화 가입자는 1997년 690만 명에 이르렀다.[39] 투표 직전까지 전국적으로 여론에 영향을 미칠 수 있는 실시간 공론 체계가 만들어진 것이다.

1997년 12월 18일 극심한 지역 구도 속 마이너리티였던 김대중 후보는 39만 표, 불과 1.6% 차이로 대통령에 당선되었다. 헌정 사상 50년 만에 일어난 최초의 평화적 정권교체였다. 정치학에서는 적극 행동하는 사람 3.5%가 있으면 정치적 혁명을 이룰 수 있다고 한다.[40] 1995년 우리나라 인구는 통계청 기준 45,953,580명이므로 여기에 3.5%를 적용해 보면 그 숫자는 160만 명이다. PC통신 가입자와 이동통신 가입자가 모두 야당 지지자들은 아니었을 것이다. 하지만 이들 중에는 새로운 기술과 변화를 원하는 젊은이들이 많았다. 변화를 만드는 임계인구critical mass를 넘는 숫자였다. 기술 지식의 발전이 정권교체에 충분히 영향을 주었을 것으로 보인다.

새로운 디지털 기술은 민주주의를 크게 고양시켰다. 1999년부터 국민들은 '역대 선거 정보 서비스' 웹사이트를 통해 선거 정보를 자세히 볼 수 있게 되었다. 2001년부터는 개표 데이터를 제공해 개표방송이 시작됐고 2002년에는 은행에서 수표를 세던 기계를 개량해 투표지 분류기를 도입, 투표 결과를 신속하고 정확하게 알 수 있었다. 이는 선거를 통한 국민의 뜻을 바로 확인하게 함으로써 혼란을 방지하고 선출된 리더십을 신속하게 보장한 것이다. 1980년대 체육관 안에서 무슨 일이 일어났는지 몰랐던 것에 비교하면 민주주의에 천지개벽 같은 변화가 이뤄진 것이다.

2000년 정치인 최초로 팬카페가 등장했다. '노무현을 사랑하는 사람들의 모임(노사모)'은 부산 출신의 고졸 변호사로 정치적으로 마이너리티였던 무명 정치인을 대통령 후보로 키웠다. 그리고 2002년 마침내 대통령으로 만든 일등 공신이 되었다. 노무현 대통령의 당선은 인터넷이라는 새로운 공간이 등장했기에 가능한 것이었다. 디지털은 1982년 최초의 국내 인터넷이 성공한 뒤 20년 만에 정치를 바꾸고 세상을 바꾸는 힘으로 사회 전면에 나타났다. 그 현상은 우리나라에서만 일어난 것이 아니었다.

새로운 역사의 시작

"우리는 거의 마지막으로 깨달았다. 이 정보과학 시대의 가장 값비싼 자산이 지식이라는 것을"

1989년 소련의 마지막 공산당 서기장 고르바초프Mikhail Gorbachev의 탄식이었다. 그해, 또 다른 공산국가 중국은 베이징의 텐안먼에서 시위 중인 시민들에게 탱크와 장갑차로 무장한 군인들을 보냈다. 두 거대 공산국가가 위기에 놓여 있던 그해, 유럽 입자물리연구소CERN에서는 젊은 물리학자 팀 버너스 리Tim Berners-Lee가 URL, HTTP, HTML 등의 하이퍼텍스트 시스템을 고안해냈다. 이렇게 탄생한 월드와이드웹www은 인류 역사상 가장 크고 강력한 지식 도구가 되었다. 디지털 지식의 시대가 시작됐다.

이듬해인 1990년 미래학자 앨빈 토플러는 그의 역작 『권력이동』에서 고르바초프의 발언을 소개하며 "'지식'이 폭력, 부와 함께 권력의 중요한 한 축을 이룰 뿐만 아니라 권력을 구성하는 모든 요소들을 바꾸고 있다"고 말했다.[41] 그가 "사회주의가 지식을 등한시하고 있다"고 비판한 바로 다음 해 1991년 세계 최초이자 최대의 사회주의 국가였던 소비에트 연방은 붕괴됐다. 소련은 공산주의라는 신지식이 세운 최초의 국가였다. 하지만 정보라는 신지식에 뒤처져 해체됐다.

천안문 사태를 무력으로 넘긴 중국은 다른 길을 걸었다. 2023년 세계 1위 수출 국가는 중국이었다. 2000년에는 7위에 불과했던 중국이 총 수출액 3조 3,790억 불을 기록했다. 2위인 미국보다 1.67배나 많았다.[42] 2024년, 미국 라스베이거스에서 열린 세계 최대 정보기술 전시회CES에 미국 다음으로 기술 기업이 많이 참가한 나라도 중국이었다. 중국 기업들은 미국 제재 속에서도 플라잉카, 인공지능 등으로 참관객들의 시선을 사로잡았다. 중국은 미국과 함께 양자컴퓨터, 인공지능 등 첨단 분야에서 G2가 됐다. 소련은 세계 최초로 인공위성을 쏘아올리고 대륙간 탄도미사

일을 만들어낸 나라였던 데 반해 중국은 근대적 농업으로 식량 자립조차 해결하지 못하던 나라였다. 하지만 소련은 해체됐고 중국은 굴기했다. '정보'라는 신지식을 어떻게 받아들였느냐의 차이였다.

이런 변화는 가장 부유한 자본주의 국가들도 마찬가지였다. 1970년대 미국은 스태그플레이션에 시달렸다. 물가는 급등했고 경기는 침체됐다. 연방준비제도 이사회가 금리를 급격하게 올려 물가를 잡았지만 레이건정부는 경기부양을 위해 재정지출을 할 수밖에 없었다. 그런데 일본은 엄청난 대미 무역흑자를 보고 있었다. 재정과 무역에서 쌍둥이 적자의 어려움에 처한 미국은 1985년 플라자호텔에 주요 5개국 재무장관들을 불러 모았다. 그리고 '거절할 수 없는 제안'을 했다. 이들이 환율조정에 합의함에 따라 일본은 수출보다는 내수로 전환했고 그 결과 거품경제에 빠지게 되었다. 반면 미국은 새로운 도약을 시작했다. 그 도약의 디딤돌은 디지털 경제였다.

플라자합의 이듬해(1986) 선마이크로시스템즈, 마이크로소프트, 오라클, 어도비 등 대표적인 IT기업들이 나스닥에 상장됐다. '86동창생'으로 불리는 이들을 비롯하여 1986년 한 해에만 710개의 기업이 나스닥에 상장됐다. 기술기업들은 이후 미국 경제를 끌어올리기 시작했다. 1989년 월드와이드웹www이 탄생했고 개인용 컴퓨터PC가 연결되기 시작했다. 일본이 잃어버린 30년을 겪는 동안, 미국은 새로운 성장을 향해 질주했다. 지식정보산업이라는 거대한 디지털 파도에 올라탄 덕분이었다.

　냉전시대가 끝났을 때 프랜시스 후쿠야마Francis Fukuyama 교수는 『역사의 종언』[43]을 통해 자유시장제도의 승리와 사회제도 발전의 종결을 선언했다. 그러나 냉전의 해체는 공산주의 체제에 맞서 자본주의 체제가 승리한 것이 아니다. 권위주의로 억압하고 변화를 수용하지 못한 나라는 무너진 반면, 지식정보라는 새로운 변화를 수용한 나라는 살아남은 것이다. (중국과 베트남처럼 성장하고 있는 나라는 여전히 공산주의 국가다.) 역사의 종언이 아니라 새로운 역사의 시작이었다. 그 변화의 중심은 디지털이었다.

디지털의 변화와 정치

냉전이 끝나자 시대는 변하기 시작했다. 아니, 시대가 변해서 냉전이 끝난 것이기도 했다. 영국의 토니 블레어는 '신노동당'을 주장하며 노동당의 리더가 되었다. 노조의 권력을 줄이고 기업을 더 중시하는 현대화된 사회주의를 표방한다는 것이었다. 1992년 미국 대통령에 당선된 빌 클린턴도 '신민주당'을 제시했다. 제3의 길을 주창한 이들은 모두 경제적으로 황금기를 이끌었다. 토니 블레어는 최연소로 영국 총리가 되어 노동당 출신으로 가장 오랜 기간인 10년(1997~2007)을 집권했다. 클린턴 미국 대통령은 미국 역사상 세 번째로 젊었다. 그의 재임 기간은 120개월 넘게 경기가 팽창했고 주가는 4배 이상 뛰었다. 여세를 몰아 클린턴 대통령은 퇴임 직전인 1999년 말 글래스-스티걸Glass-Steagall 법안을 폐기했다. 금융개혁이라는 명분으로 상업은행과 투자은행을 나눠 놓은 금산분리의 둑을 무너뜨린 것이다.

이미 쌍둥이 적자(1980년대)의 어려움을 겪었던 미국 경제는 닷컴버블(2000), 서브프라임(2008)으로 계속 위기를 겪었다. 하지만 그때마다 디지털 기술의 창발력은 새로운 시장을 만들며 금융위기를 넘어갔다. 미국의 디지털 신경제는 플로리다 선거에서 불과 537표 차이[44]로 이겨 간신히 대통령이 된 부시 대통령 아래에서도 PC와 인터넷, 모바일 혁명, 소셜미디어 혁명을 거치며 다시 상승했고 세계화와 함께 확장됐다. 2004년 페이스북이 시작되었고 2006년에는 구글이 유튜브를 인수했으며 트위터(현재이름 X)가 탄생했다. 2007년 아이폰의 등장으로 웹비즈니스는 모바일로 도약했다. 디지털 산업은 선 달린 거실의 PC에서 거리의 무선 휴대폰으로 퍼져 나갔다. 세상은 실시간으로 현장에서 인터넷에 연결되었다.

월스트리트의 금융과 실리콘밸리의 기술이 빠르게 결합했다. 기술격차는 더욱 커졌고 그에 따라 빈부격차도 더욱 확대됐다. 플랫폼에서 임시로 계약을 맺는 경제gig economy[45]가 일반화되면서 전통적인 고용과 노동의 개념조차 바뀌었다. 결국 1930년대 루스벨트Franklin D. Rooselbet 대통령 이래 '뉴딜연합'을 구성했던 제조업 노동조합 노동자, 흑인, 도시 중산층은 해체됐다. 미국 민주당은 대신 기업가, 교외 거주자, 새로운 사회운동, 청년을 포함시켜 '새로운 동맹'을 구축했다. 다양성, 다문화주의, 여성 권리를 포용해 현대적이고 진보적인 가치를 지향한다는 것이었다.[46]

디지털 신경제가 금융화와 세계화를 통해 탈산업화를 가속시키자 그 변화는 사회의 가장 밑에서부터 일어났다. 뉴딜동맹의 거점이었던 미국 5대호 제조업 공업지대rustbelt가 그 직접적인 피해를 받았고 금융화가 폭주한 남부의 첨단 산업, 금융 서비스도 타격을 입었다. 거대 기술 기업(Big Tech, 또는 Tech Giants)이 등장하고 기술이나 투자를 통해 백만장자millionaire가 아닌 억만장자billionaire가 탄생했다. 그러는 동안 생산 현장 노동자들의 삶은 더욱 악화됐다. 노조는 약화됐고 실질임금은 하락했으며, 고용은 더욱 불안해졌다. 맞벌이 가구가 증가했다. 그리고 육체노동자Blue Collar도 전문 사무직White Collar도 아닌 새로운 계층 뉴칼라New Collar가 등장했다.

한편, 이 무렵 한국에서는 건설회사 회장 출신의 이명박 서울시장이 청계천 복원 사업으로 큰 인기를 얻으며 대통령에 당선됐다. 22.6%의 압도적 차이로 당선돼 자신만만했던 그는 정보통신부를 없애고 4대강 살리기 등 강력한 토건 사업을 시도했다. 디지털 대신 토건을 앞세운 그 앞에 이듬해 전혀 예상하지 못했던 사건이 일어났다. 2008년 4월 인터넷 연예인 팬클럽에 소속된 여학생들을 중심으로 미국산 쇠고기의 광우병 위험을 성토하기 시작하더니 5월 2일에는 공식적으로 촛불 집회가 열렸다. 때마침 광우병을 다룬 방송 프로그램은 여기에 불을 지폈다.

갑자기 수많은 사람이 광장에 모이기 시작하자 정부는 놀라 여론을 무마하려고 하였으나 시위는 더욱 격화돼 급기야 정권 퇴진운동까지 벌어지기 시작했다. 집권하자마자 갑자기 벌어진 대규모 시위에 충격을 받은 이명박 대통령은 인왕산 뒷길로 올라가 분노한 시민들의 노랫소리를 들으며 "촛불은 누구의 돈으로 샀고, 이들이 어디에서 모였는지" 의심했다. 그는 인터넷을 너무나 몰랐다.[47] 2008년 6월 10일 촛불 시위가 사상 최고조로 이르렀을 때 광화문 광장에 등장한 것은 시민단체나 정당의 깃발이 아니었다. '다음 아고라' 깃발이었다.[48] 인터넷의 가상공간 '아고라 agora(광장)'가 직접 현실의 광장에 나타난 것이다.

인터넷은 이미 자발적인 조직과 행동이 가능한 디지털 권력이 되어 있었다. 정당이나 시민단체가 아닌 카페들이 주도하는 이 시위를 신문과 방송으로만 여론을 파악하던 정치권력이 이해할 수 없었다. 이명박정부는 이들을 '누군가에 의해 사주되거나 조직되었을 것'이라고 의심했고, 그 정치적 의심의 끝은 봉하마을에 귀향한 노무현을 겨냥했다. 이듬해 노무현 전 대통령은 뇌물수수 의혹으로 수사를 받았다. 그를 키웠던 인터넷은 '논두렁 시계' 등 유포된 피의 사실과 '아방궁 저택', '아들의 호화 유학' 등 쏟아지는 비난으로 뒤덮였다. 그는 결국 2009년 5월 23일 스스로 삶을 내려놓았다.

그는 최초의 인터넷 팬카페의 힘으로 이변을 일으키며 대통령 후보가 되었고 처음 도입된 투표지 분류기로 가장 빠르게 개표가 확정된 대통령이었다. 그가 만든 이지원e知園은 청와대 온라인 업무 시스템으로 문서관리를 프로세스 수준으로 끌어 올린 획기적인 것이었다. 그러나 디지털 시스템을 국가기록물로 보아야 하는지에 대한 전례가 없었기에 국가기록원으로부터 형사고발을 당했다. 또한 민주주의 확산을 위해 고민하던 정치 토론 사이트 '민주주의 2.0 사이트' 계획도 의심을 받았다. 이 모든 것은 디지털이 만든 변화였다. 그가 정치의 중심에 등장하고 퇴장할 때까지 모든 과정에 디지털이 일으키는 변화가 스며들어 있었다.

뉴노멀의 시작

이런 문제는 미국도 마찬가지였다. 빌 클린턴 대통령은 퇴임하면서 자기 집에 '클린턴 재단' 시스템을 만들었다. 이후 아내인 힐러리가 국무장관에 지명되자 그는 2009년 1월 아내의 개인 이메일 주소clintonemail.com를 등록하고 이 서버를 통해 이메일을 주고받을 수 있게 했다. 힐러리가 국무장관으로 있던 4년 동안 그녀의 개인

휴대폰과 자택에 있던 이메일 서버가 연동돼 수많은 이메일이 오고 갔다.[49] 2015년 3월 2일 뉴욕타임즈는 "힐러리 클린턴이 사적인 이메일 시스템으로 공문서를 주고받았다"고 보도했다. 그녀가 "국무장관으로 재임하는 동안 정부 이메일을 사용하지 않았고 공무에 사용한 개인 이메일을 보관하지도 않아 연방기록관리법Federal Records Act에 위반될 수도 있다"는 것이었다.

그해 8월 미연방수사국FBI이 수사를 개시하면서 힐러리는 선거운동 기간 내내 이메일 스캔들에 끌려다녀야 했다. 이메일에 기밀정보가 있었는지, 그 정보가 해킹으로 외부에 유출됐는지, 법을 위반한 것인지 등은 국가안보와 투명성 문제로 연결됐다. 그러다가 끝난 줄 알았던 이 사건은 미국 대선 불과 열흘 전인 2016년 10월 28일 재수사가 시작됐고 힐러리는 큰 타격을 입었다.[50] 하지만 그녀는 기성 정치계, 대다수 언론, 월가와 재계의 막강한 지원을 받았고 전직 대통령의 부인이자 최초의 민주당 여성 대통령 후보로 대다수가 대통령으로 당선될 것이라 믿었다.

1980년 이후 역대 모든 미국 대선 결과 예측을 맞추며 '족집게'로 명성을 얻었던 무디스 애널리틱스Moody's Analytics[51]도 힐러리의 승리를 예고했다. 하지만 이 회사의 예측은 처음으로 틀리고 말았다. 2016년 미합중국 제 45대 대통령 자리는 도널드 트럼프Donald Trump에게 돌아갔다. 트럼프는 모바일 시대의 공론장이 된 트위터에 8,900만 명의 팔로워를 거느리고 언론을 '자신과 미국 국민의 적'이라고 하는가 하면 '소독제를 몸에 주사하면 코로나 19가 나을 것'이라고 서슴없이 말해 사람들을 경악시켰다. 왕이 나라를 다스리던 시대에 최초로 국민투표로 대통령을 뽑았던 민주주의 선진국 미국에서 트럼프의 당선은 엄청난 충격을 주었다.

정치적 충격은 그것으로 끝나지 않았다. 다음 대통령은 그보다 더 나이가 많은 78세의 조 바이든Joe Biden이었고 놀랍게도 2024년 트럼프는 상하원을 모두 장악한 47대 대통령으로 다시 선출됐다. 트럼프의 첫 번째 당선은 이상한 일outlier였지만 두 번째 당선은 새로운 정상new normal이 되었다. 2019년 프랑스에서는 반대로 39세의 역사상 최연소 대통령이 뽑혔다. 에마뉘엘 마크롱Emmanuel Macron은 기존의 거대 정당인 사회당이나 공화당 소속이 아닌 의석수가 하나도 없는 비주류 정당 출신이었고 단 한 번도 선출직으로 당선돼 본 적 없는 정치인이었다. 이는 1958년 프랑스 제5공화국 출범 후 60년 만에 처음 있는 일이었다.

세상은 점점 더 황당한 지도자가 민주적인 선거를 통해 선출되고 있다. 필리핀은 마약범이든 방역 조치 반항자든 사살하라는 두테르테Duterte에 이어 전 독재자의 아들인 봉봉 마르코스Bongbong Marcos가 대통령에 선출됐다. 일본에서는 과거 제국주의 영광을 되찾겠다며 전쟁할 수 있는 나라로 헌법 개정을 추진한 아베安倍 晋三 총리가 3연임에 성공했다가 백주대낮에 길에서 살해됐다. 러시아의 푸틴Vladimir Putin 대통령은 5선을 달성, 스탈린보다 더 오래 집권하고 타이이프 에르도안Recep Tayyip Erdoğan 터키 대통령은 30년 넘게 권력을 누리고 있다. 룰라 대통령이 민주화를 쟁취하고 경제를 살려놓았던 브라질에서는 "범죄자는 바퀴벌레처럼 죽여야 한다"는 등 막말을 하는 극우 정치인 자이르 보우소나르Jair Bolsonaro가 대통령에 당선되어 파란을 일으켰다. (그리고 힘겨운 투쟁 끝에 다시 룰라가 당선되었다.)

정치인 선출 투표뿐만 아니라 국가의 중대 의사결정을 하는 국민투표도 엉뚱한 결과가 계속 나오고 있다. 2016년 영국에서는 데이비드 캐머런David Cameron 총리가 총리직을 사임해야 했다. 영국의 EU 탈퇴를 놓고 국민투표를 부쳤는데 국민의 51.9%가 찬성해 버렸기 때문이다. 당시 유력한 베팅업체들도 EU 잔류 가능성을 70%로 점칠 정도였기 때문에 그는 브렉시트Brexit 투표는 부결되리라 믿고 국민투표를 실시한 것인데 뜻밖의 결과가 나온 것이다. 영국인들은 자기들 표현처럼 스스로 토끼굴에 빠져 버렸다.

두 번의 탄핵과 디지털

2016년 우리나라에서는 이메일이 아니라 태블릿이 정치의 중심으로 등장했다. 2016년 7월부터 "최순실(최서원으로 개명) 모녀회사가 K스포츠재단을 통해 대기업에게 80억을 요구"하고 "대통령의 연설문을 사전 열람하고 수정했다"는 보도가 이어졌다. 의혹 제기 수준이었던 이 사건이 한꺼번에 사실 뉴스로 바뀐 것은 457그램의 디지털 기기, 갤럭시탭 8.9가 등장한 이후였다. 10월 24일 JTBC는 200여 개의 파일이 든 갤럭시탭을 확보해 보도했다. 최순실 씨는 대통령 발언보다 사흘이나 앞서 대통령의 공식 연설문과 공식 발언 등을 열어 본 것이 밝혀졌다. 바로 다음 날 포털 검색어 1위가 '탄핵'[52]이 됐고 정치권은 일제히 박근혜 대통령 퇴진에 나섰다. 갤럭시탭 8.9는 디지털 포렌식을 통해 범죄 의혹을 확인할 수 있는 스모킹 건이 되었다. 그런데 디지털 시대의 무기는 이것뿐만이 아니었다.

박근혜 대통령의 하야를 요구하는 촛불집회가 계속되면서 정치인들이 여론의 눈치를 보며 흔들리거나 정치적 대오에 균열이 생길 때마다 국민들은 문자 메시지를 보냈다. 국민들은 촉각(진동)과 청각(벨소리), 시각(문자)을 모두 동원해 의원들을 압박했다. 서울대학교 커뮤니티에 올라온 의원들의 연락처가 적힌 구글 스프레드시트 문서[53]가 인터넷에 퍼지면서 의원들에게 항의 전화와 문자폭탄이 쏟아졌다. 탄핵을 반대하거나 동요하는 의원들[54]의 휴대폰은 잠시도 안 멈추고 진동하느라 뜨거워질 정도였다. 카카오톡 대화방에 강제로 불려가 탄핵에 찬성하라고 요구받는 '카톡 감옥' 공격도 있었다.

그뿐 아니라 탄핵 소추 의결은 무기명 투표인데도 국회의원들에게 탄핵 인증 숏을 찍어 증거로 남기게 했다.[55] 투표 결과는 세계 최초로 전자투표 시스템이 갖춰진 국회 본회의장 전면의 전광판에 나타났다. 국회가 탄핵 소추를 의결한 뒤 헌법재판소의 탄핵 심판 주심 재판관은 컴퓨터 전자 배당으로 이뤄졌다. 박근혜 대통령 측은 '기각'을 확신하고 하야 대신 탄핵 심판을 기다리기로 했다. 청와대 참모들은 '기각' 예측이 높게 나온다는 빅데이터 분석 전문업체의 분석 결과를 확신했고 5단 케익까지 준비했다.[56] 2017년 3월 10일 11시. 헌법재판소의 대통령 파면 선고가 내려지자 가장 먼저 TV, 그 다음 전광판, 휴대폰 방송, 지하철 안에 있는 사람 순으로 박수가 터졌다. 지상파, 케이블, LTE, 무선 백홀Wireless Backhaul[57] 등 사용된 네트워크에 따라 30초에서 1분 이상 지연시간latency이 있기 때문이었다.

그런데 역사의 비극은 반복됐다. 국회에서 박근혜 대통령 탄핵 소추안이 발의됐던 날(2016.12.3)로부터 꼭 8년 뒤 2024년 12월 3일 윤석열 대통령은 비상계엄을 선포하고 무장한 특전사 부대를 국회에 보냈다. 이재명 더불어 민주당 대표는 부인이 운전하는 차 안에서 즉시 휴대폰으로 인터넷 방송을 시작해 국회로 모여 달라고 호소했고 우원식 국회의장이 국회 담장을 넘는 장면이 인터넷에 퍼졌다. 달려온 시민들과 국회의원들은 무장한 계엄군에 휴대폰 카메라를 들고 맞섰다. 수십만 명의 국민들은 광화문과 여의도에서 촛불 대신 디지털 응원봉을 흔들며 대통령 탄핵을 외쳤다. (이글을 쓰고 있는 2025년 2월 18일 현재 윤석열 대통령에 대한 탄핵 심판은 진행 중이다.) 불가능해 보였던 대통령의 탄핵이 평화롭게 이뤄진 것은 국민들의 높은 민주 의식을 돕는 디지털 기기들이 일상에 퍼져 있었기 때문이었다.

그러나 이렇게 디지털 기술과 기기가 경제와 정치를 바꾸는 데 사용되는 것보다 더 심각한 변화가 일어나고 있었다. 그것은 우리의 뇌와 지식의 변화다. 전통적으로 인간은 학습과 사회적 대화를 통해 지식을 발전시키고 사고한다. 하지만 디지털은 인간이 지식을 아웃소싱하게 되면서 이런 방식에 근본적인 변화를 초래하기 시작했다. 니콜라스 카Nicholas Carr는 "지능의 깊이는 기억을 작업 기억으로부터 장기 기억으로 이동시키고, 또 이 기억을 개념적 스키마로 이어 붙이는 능력에 달려 있다"[58]면서 인지 부하cognitive load가 우리 사고 능력을 초월할 때 우리는 집중하지 못하고 산만해지며 뇌가 혹사당한다고 주장한다. 장기 기억을 통해 통찰과 창의력, 이해 능력을 키워온 인간이 수많은 정보를 빠르게 분석해야 하는 디지털 환경에서 더 이상 생각하지 않게 된다는 것이다.

4부
지식과 권력의 전환

디지털 시대

디지털은 소프트웨어와 인터넷으로 인간관계와 세상을 재편했다. 지식은 늘었지만 가치는 추락했으며 세상은 고해상도로 더 자세해졌지만 진실은 더 흐려졌다. 사람도 달라졌다. 연결된 개인은 개인도 아니고 집단도 아니다. 예민해진 민중에 맞추느라 권력의 피로는 심해졌다. 그 사이에 낯선 뉴노멀 권력이 등장했다. 이들은 더 이상 우리가 알던 지식, 권력, 민중이 아니다.

흐려진 진실

오랫동안 사람들은 '지식을 더 많이 얻으면 더 똑똑해지고 더 옳은 선택을 할 것'이라고 생각해왔다. 그런데 디지털 시대는 그렇지 않다는 증거가 수없이 발견된다. 더 많은 정보에도 불구하고 진실은 더 흐릿해졌다. 내셔널 지오그래픽에 따르면 미국 인구의 2%, 즉 무려 650만 명은 지구가 둥글지 않다고 주장하는 편평론자다. 정보가 없어서가 아니다. 인터넷은 '정보로 넘쳐나는 바다'다. 그런데도 지구가 편평하다는 것을 증명하기 위해 직접 만든 사제 로켓을 탔다가 추락사한 사람[1]도 있다. 그들은 자신들이 '명

백하게 알고 있다'고 확신한다.

비이성적인 믿음이 점점 강화되고 음모론과 가짜 뉴스는 날개 돋친 듯 빠르게 퍼진다. 민주적 선거 절차로 극단적인 사람이 선출된다. 상식이 통하지 않고 있다는 것을 깨닫게 된 것은 영국의 EU 탈퇴Brexit와 미국의 트럼프주의Trumpism가 충격을 주면서부터 다. 그해 2016년 옥스퍼드 사전에는 '탈진실'Post-truth이라는 신조어가 등록됐다. 객관적 사실보다 감정이나 개인적 신념이 여론에 더 영향을 미친다는 것이다.[2] 어느새 사람들은 진실은 바라보는 관점에 따라 바꿀 수 있는 것이라고 믿기 시작했다. 정치권에서는 가짜 뉴스라는 말 대신 '대안적 사실alternative fact'이라는 뻔뻔한 용어가 등장했다. 핍진성이 가득한 거짓말들이 너무나 쉽게 생산돼 수많은 사람들의 눈과 귀에 맞춤형으로 노출되었다.

개인 맞춤형 과장 정보Filter Bubble와 특정 주장만 반복되는 반향실Echo Chamber[3]에 갇힌 개인들은 더욱 확증편향에 빠지게 됐다. 디지털 세계에서는 나쁜 소프트웨어를 프로그램 버그bug, 컴퓨터 바이러스virus, 인터넷 웜worm[4] 등 벌레로 묘사하는 경우가 많은데, 디지털의 악영향은 인간의 지식에 기생충처럼 작용한다. 이것은 마치 곤충을 감염시켜 물에 빠트려 죽게 만드는 연가시나 포유류의 뇌를 조종한다고 알려진 톡소포자충[5]처럼 인간에게 어떤 편향과 확신을 침투시킨다. 자신의 감염을 미처 알지 못한 인간은 자신의 생각이 자신의 의지와 이성에 따른 것이라고 믿는다.

이런 편향을 지원하는 알고리듬은 은밀히 숨겨져 드러나지 않기 때문이다.

인류가 인터넷 시대만큼 표현의 자유를 누린 적이 있었을까? 휴대폰 하나면 전 세계에 언제든지 자신의 생각을 주장할 수 있다. 하지만 그 자유로운 공간에서 개인은 고립되고 있다. 2018년 캠브리지 사전에는 노플랫포밍no-platforming이라는 신조어가 등록됐다. "누군가의 아이디어나 신념이 위험하거나 용납될 수 없다는 이유로 이를 공개적으로 표현하는 기회를 거부하는 행위"를 뜻한다. 함부로 말하다가는 찍힌다. 유명인 중에 정치적 올바름 Political Correctness을 강요당하고 이에 반대하거나 소극적으로 대했다가 좌표 찍기Cancel culture라는 마녀사냥을 당하는 경우가 크게 늘었다.

개인의 표현 능력이 극대화 되면 좋을 줄 알았는데 이것이 억압적인 권력이 됐다. 이런 권력을 맛본 이들은 사회적 약자를 위한 차별 금지와 해방'을 강요하고 혁신과 다양성을 내세우면서도 동시에 능력에 따른 차별을 용인하고 정체성을 무기로 삼는다. 사회적 올바름 전사SJW:Social Justice Warrior, 즉 '옳은 소리하는 싸움꾼'을 자처한다. 이들은 '회장chairman'이라는 단어가 남성 우위 편향적이라며 'chairperson'이라는 중립적 표현으로 바꾸라고 요구한다. 다양한 인종을 표현해야 한다는 요구에 디즈니사가 흑인인어 공주와 라틴계 백설 공주를 만들어 논란이 되기도 했다.

이들과 함께 나타난 '절대로 양보하지 않는 소수'는 극단적 논리로 차별화를 시도한다. 경제학자 나심 탈레브Nassim Taleb는 『스킨 인 더 게임』에서 땅콩 알레르기가 있는 소수의 항의를 자주 받자 항공사가 더 이상 땅콩을 제공하지 않는 사례를 보여준다. 디지털 세계에서는 '절대 양보하지 않는 소수'가 '유연하게 양보하는 다수'를 쉽게 이긴다. 인터넷은 무한한 가상공간이므로 극단화해서 쉽게 살아남을 수 있기 때문이다. 이처럼 디지털 공간에서 작은 것을 포기하지 않고 모아 유효한 경제성을 얻는 것을 마케팅에서는 긴꼬리long tail 전략이라고 한다. 정치에서는 이것을 '끈질긴 꼬리 전략'이라고 해야 할지도 모르겠다.

민중敏衆과 곤력困力

이렇게 디지털로 인해 사람이 변해가고 있는데 각 세대별로 지층이 다르다. 1990년을 살았던 기성세대는 창백한 푸른 점Pale Blue Dot을 기억할 것이다. 명왕성 근처를 지나던 우주탐사선 보이저1호의 카메라를 지구 쪽으로 돌려 찍은 사진이다. 광막한 우주 속 한 점에 불과한 지구의 모습이 어쩌면 인류 전체를 찍은 최초의 단체 셀피selfie였다고 할 수 있다. 그때 인류는 하나였다. 그로부터 20년 뒤인 2010년의 아이들은 자신의 얼굴을 찍어 소셜미디어에 올리기 시작했다. 아이폰4에 처음 들어간 휴대폰 전면 카메라는 원래 막 시작된 3G통신으로 'FaceTime'이라는 화상 대화를 하기 위해 만들어진 것이었다. 하지만 그들은 대화보다 자신을 표현하는 데 관심이 더 많다.

단체보다 개인을 더 중시하는 새로운 세대, 미국의 심리학자 진 트웬지Jean Twenge는 2010년 처음으로 스마트폰을 갖고 놀며 청소년기를 보낸 이들을 아이세대iGEN라고 한다. 이들은 말보다 문자로 이야기하는 최초의 인류다. 이들은 안정 지향적이며 무정파적이고 독립적이다. 또한 도덕 심리학자 조너선 하이트Jonathan Haidt는 '주머스Zoomers'[6]라고 불리는 1997~2012년생들이 어릴 때부터 소셜미디어에 노출돼 과보호[7]와 '피해의식victimhood'을 강조하는 문화에 영향을 받았다고 한다. 이들은 우울증과 불안에 시달리며 정신적으로 쉽게 상처받는 Z세대가 됐고 그 결과 안전 강조, 인지 왜곡, 선악 대결의 문화가 퍼진다며 이를 국가적 위기라고 주장한다.[8]

과거 우리는 "인간은 모두 평등하게 중요하다"고 배웠다. 하지만 이 젊은 세대들은 성性, 인종, 종교, 이념은 물론 취미와 소속집단에 이르기까지 모두 다르게 대우해 달라고 요구한다. 성장기에 인간과 어울리는 사회적 훈련보다 디지털 기기를 통해 경쟁과 갈등에 시달린 나머지 자신의 격자 안에 스스로 고립돼 자신을 방어하는 데 신경을 쓰기 때문이다. 이들처럼 정체성을 요구하는 세력이 크게 늘며 사회는 새로운 가치관과 전통적 질서 사이에서 혼란을 겪고 재편되기 시작했다. 이런 문제 때문에 미국 플로리다주는 2024년 14세 미만의 아이들에게 인스타그램, 페이스북 사용을 금지시키는 법안(HB3)을 만들었다. 공화당 의원들이 추진한 이 법안에 민주당 의원들도 찬성했다. 아이들에게 맞서는 데 양당이 일치를 본 것이다.

하지만 새로운 세대는 조직 내 갈등을 관리하거나 협상, 협력하는 데 서투르다. 어떤 권위에도 예속되지 않으려 해 하나로 통합되기도 어렵다. 2010년 말 트위터 등 소셜미디어를 통해 크게 번진 '아랍의 봄'[9] 운동은 일부 아랍 국가의 독재자를 몰아냈지만 새로운 권력을 창출하지 못했다. 사회는 오히려 혼란에 빠지고 장기 독재체제가 구축됐다.[10] 2011년부터 시작된 월가의 '점령하라' 운동도 마찬가지였다. 소셜미디어가 일으킨 문제의식은 들불처럼 번졌지만 새로운 사회로 나아가지 못했다. 2016년 박근혜 대통령 탄핵 촛불혁명 이후 일부에서 제기된 '온라인 시민의회'는 큰 반발을 불러일으켜 취소되기도 했다.

이들의 특징은 인터넷이라는 지식 도구로 연결되어 있다는 것이다. 개인이지만 연결되어 있고, 연결되어 있지만 집단이 아니다. 이 '연결된 개인'은 끌리고 쏠리고 들끓는[11] 새로운 민중, 즉 예민한 민중敏衆이다. 이들은 이슈에 충동적이고 순식간에 강력하게 집결하여 문제를 제기한다. 그러면서도 문제를 해결하거나 그 이후에 대해 책임을 지지는 않는다. 그 결과 사회는 서로 이러지도 저러지도 못하는 교착 상태가 됐다. 이런 상황에서는 극단적으로 결집한 소수가 제도의 맹점을 이용해 전체를 좌우할 수도 있다. 여러 나라에서 극우 세력이 부상하는 이유다.

반면 개인이 직접 권력에 영향을 주는 효능감이 커지면서 권력은 수시로 여론의 눈치를 봐야 하는 피곤한 권력, 즉 곤력困力이 되고 있다. 따라서 이제 권력은 단순히 집권의 문제보다 집권 이후 국민을 어떻게 설득하고 소통할 것인지가 더 중요해졌다. 이 때문에 정치는 포퓰리즘에 빠지고 예능처럼 변해간다. 거대 담론보다는 사소한 스캔들이 선거 쟁점이 되었다. 그 결과 수백 년 동안 엘리트의 선출 과정으로 자리 잡았던 민주적 선거제도는 예상치 못한 낯선 권력을 자주 탄생시킨다. 정치의 예측 불확실성이 커진 것이다.

디지털의 인간관계 재편

이런 현상을 대표하는 트럼프주의Trumpism에 대해 낸시 프레이저 Nancy Fraser 교수는 미국의 유권자들이 '진보적 신자유주의'를 심판한 것이라고 주장한다. 그녀는 페미니즘, 반인종주의, 다문화주의, 성소수자 인권 등 새로운 사회운동의 주류 흐름이 월스트리트, 실리콘밸리, 할리우드 등 금융화 세력, 고급 비즈니스의 동맹에 의해 통제되고 있다고 한다. 그 결과 예전에는 같은 편이던 노동운동과 사회운동이 서로 대립하게 되었다는 것이다. 그녀는 그 해결책으로 '경제적 분배'뿐만 아니라 '문화적 인정'이 필요하다면서 이를 위해 초국가적 공론장을 제안한다.

정치학자 야샤 뭉크Ascha Mounk는 '권위주의 좌파'를 비판한다. 그는 코로나19 백신이 출시되었을 때를 예로 들었다. 대부분의 국가에서는 보건 종사자와 질병에 취약한 노인에게 먼저 백신을 접종했다. 그런데 미국 질병통제예방센터는 주정부에 택배 기사와 영화 제작진을 포함한 8,700만 명의 '필수 근로자'를 먼저 접종할 것을 권고했다. 그 이유는 노인은 백인일 가능성이 높아 '인종 평등'에 위배되기 때문이라는 것이다. 수천 명이 사망할지라도 안 된다는 것이었다.[12]

이처럼 정치학자들은 지금까지 서로 다른 진영이던 진보세력과 신자유주의 세력이 새로운 동맹을 맺거나 좌파가 권위적으로 변해 그에 대한 반발이 일어났다고 본다. 그런데 '진보가 신자유주의와 손잡았다', '좌파가 권위주의가 되었다' 이런 해석은 이념과 빈부격차의 문제로 사회를 해석해온 프레임에서 벗어나지 못하고 그들이 갑자기 '변했다'고 주장하는 것과 같다. 물론 지난 10년간 세계에서 가장 부유한 억만장자 5명의 재산은 두 배 이상 증가한 반면 인류의 60%는 더 가난해졌다. 금융 자산의 경우 세계 최상위 1% 부자들이 전 세계 금융 자산의 43%를 차지하고 있다.[13] 부자들은 더 부자가 되고 가난한 자들은 더 가난해진 것이다. 하지만 그렇다고 정치세력이 부자와 가난한 자로 단순하게 구분되지 않는다.

1970년대 진보적 세대들은 평등주의나 반자본주의에 익숙하다. 이들은 대부분 산업 노동자, 농촌지역 주민들로 집단 소속감을 갖고 남녀의 전통적 역할을 인정하며 살아 왔다. 그런데 디지털 시대가 되면서 정치적 올바름을 주장하는 자들과 페미니스트, 성적 소수자들의 일부가 이들의 가치관을 공격했다. 이들은 갑자기 시대에 뒤떨어진 사람이 되었고 모욕을 받았다.[14] 특히 미국은 쇠락한 공업지대인 러스트 벨트Rust belt의 백인 노동자들의 분노가 심각했다. 이들은 전통 지지 세력에서 이탈해 금융·부자들과 이민 노동자, 그리고 정체성을 주장하는 세력과 대립했다.

결국 이들의 이탈로 미국 민주당의 전통적 지지 기반이었던 '뉴딜연합'은 깨졌다. 이들은 신민주당이 상정했던 '새로운 동맹'에 가담하지도 않았다. 이념도 소득도 이들을 구분하는 기준이 아니었다. 백인 노동자들은 페미니즘과 금융 자본을 대표하는 미국 민주당의 힐러리나 해리스를 거부하고 공화당의 트럼프에게 투표했다. 트럼프주의가 뉴노멀new normal이 된 것은 이렇게 디지털이 사회를 재편한 결과가 돌출한 것이다.

디지털은 인터넷과 컴퓨터로 개인을 연결하고 그들의 생각과 감정, 관계를 통제하면서 기존 관계를 해체하고 새로운 관계를 만든다. 그래서 혈연, 학연, 지연보다 넷연net緣이 더 중요해졌다.

하지만 이런 가설은 어쩌면 현상적인 이야기에 불과하다. 디지털은 지금까지 산업을 발전시켜온 증기 기관 엔진이나 공장 기계와는 전혀 다르다. 그것은 손과 발을 대신하는 도구가 아니라 머리를 대신하는 지식 도구이기 때문이다. 글자가 탄생하면서 역사가 시작되었듯이 디지털이 등장하면서 지식의 개념과 스케일은 본질적으로 달라졌다.

｜비트에서 원자, 세포까지

1948년 클로드 섀넌Claude Shannon은 정보 이론을 창시했다. '정보'라는 추상적이고 보이지 않는 개념이 수치로 측량하고 계산할 수 있는 것이 되었다. 그해는 마침 부피가 크고 많은 전기를 써야 하는 진공관보다는 훨씬 작게 만들 수 있는 트랜지스터도 발명[15]되었다. 하지만 집적하고 대량생산하기가 힘들었다. 이 문제는 1959년, 한국전쟁 동안 해병대 복무를 마치고 미국으로 건너갔던 강대원 박사가 모스펫MOSFET이란 소자를 만들며 해결됐다. 이로써 반도체는 대량생산이 가능해져 인류문명은 대전환을 맞게 되었다. 세상은 화석연료로 쇠를 움직여 힘을 전달하던 시대에서 전기로 반도체를 작동시켜 정보를 전달하는 시대로 바뀌었다. 이런 변화를 미래학자 앨빈 토플러Alvin Toffler는 '제3의 물결'이라 불렀다. 그는 정보, 즉 지식이 권력이 된다는 것을 정확히 갈파했다.

지식을 다루는 기술이 급속히 발전하기 시작했다. 그 중심은 컴퓨터였다. 트랜지스터가 나오기 전 1946년 거대 컴퓨터인 에니악ENIAC은 진공관만 1만 8천 개를 갖춘 30톤짜리 괴물 기계였다. 하지만 성능은 385플롭스[16]로 현대의 계산기 수준에 불과했다. 이에 반해 2024년 세계 슈퍼컴퓨터 1위인 미국의 '프론티어Frontier'는 초당 1.206엑사플롭스ExaFLOPS 연산을 한다. 1엑사는 10^{18}, 즉 100경을 뜻하므로 1초에 120.6경 번 연산할 수 있다는 것이다. 이것만도 놀라운데 세계 여러 나라가 개발 중인 양자컴퓨터[17]는 아예 차원이 다르다.

이렇게 어마어마한 계산 능력을 가진 디지털 기술은 물질을 나노[18] 수준에서 가공할 수 있게 한다. 이는 세상을 원자 단위로 다룰 수 있게 되는 것을 뜻한다. 또한 극히 짧은 시간도 통제할 수 있게 되었다. 디지털 기술이 나오기 전까지 가장 짧은 시간은 불교에서 말하는 찰나刹那 정도다. 약 75분의 1초라고 한다. 하지만 실제 다룰 수 있는 시간이 아니라 종교적 개념일 뿐이었다. 그런데 2023년 노벨물리학상은 100경분의 1초인 아토atto초 단위의 빛을 생성하고 측정하는 과학자들에게 돌아갔다. 상상을 초월하는 이 짧은 순간을 실제로 다룰 수 있게 된 것이다. 이렇게 정밀한 측정 기술과 계산 기술로 인간은 세상을 더 깊이 볼 수 있게 됐다.

그 결과 인간은 물질과 생명의 근본 단위까지 파고 들 수 있었다. 1869년 세상의 모든 원소를 처음으로 하나의 표로 정리한 주기율표[19]가 처음 나왔을 때 원소 숫자는 62종이었다. 그러나 2020년 기준 118개의 원소가 있다. 하지만 이것도 최종본이 아니다. 새로운 원소는 계속 발견될 것이다. 더 이상 쪼갤 수 없을 것이라고 여겼던 원자도 마찬가지다. 원자핵을 발견한 후에도 다시 전자, 중성자, 양성자로 이뤄진 구조를 알아냈고, 더 많은 소립자素粒子를 확인해 표준모형을 완성시켰다.[20] 주기율표가 만들어진 그해 생명체의 설계도라고 할 DNA도 발견되었다. 과학자들은 인간의 유전정보를 담은 게놈[21]을 해독하고자 인간게놈프로젝트HCP를 추진했다. 결국 2003년 그 대부분의 구조를 규명했고 빠트린 8% 부분도 2022년에 완전히 해독했다. 그러나 이 역시 그게 전부가 아니었다. 인간의 몸은 30억 개의 유전자만으로 결정되는 것이 아니라 37조 개의 세포가 참여해 성장과 발달, 건강에 영향을 주는 것을 알게 되었다. 과학자들은 다시 더 자세한 분석에 들어갔다.[22]

더 나아가 최근 생물학은 동식물을 개체biont로 보지 않고 전체로서의 생명체Hologenome로 본다. 즉 대형 유기체와 수많은 박테리아, 곰팡이, 미생물이 만들어내는 생태계microbiome의 통합된 기능적 공동 진화를 하나의 생명 작용으로 보는 것이다.[23] 따라서 DNA의 기계적인 코드가 유전을 결정짓는 것이 아니라 생태계와 생활방식 등이 유전자 발현을 조절해 유전에 관여한다는 후성유전학epigenetics의 영향력이 커지고 있다. 즉, 생명은 결정된 운명이 아니라 훨씬 더 복잡한 요인들에 의해 이끌려 간다는 것을 알아낸 것이다.

디지털은 이렇게 그 0과 1이라는 최소 단위의 비트Bit로 물리적 세계인 원자Atom와 생물학적 세계인 세포Cell의 정보를 더 깊이 고해상도로 이해하게(어쩌면 더 이해하기 어렵게) 만들었다. 그렇다면 그다음에는 어떤 일이 벌어질까. 당연히 인간은 그 세계를 바꿔 인간에게 유리하게 만들려고 할 것이다. 그런데 디지털은 그 방법도 아주 쉽게 제공한다.

소프트웨어와 산업 재편

비트bit를 사람이 이해하는 형태로 표현한 것이 소프트웨어다. 소프트웨어는 사람과 기계 사이, 즉 생각과 물질 사이에서 지식을 재구성한다. 그 결과 인간은 사물에 생명력을 불어넣는 마법을 갖게 됐다. (마치 마법사가 부적을 써서 붙이면 지팡이가 살아 움직이듯이 프로그래머가 코드를 작성해 실행시키면 기계가 작동한다!) 세상을 프로그래밍하는 것이다.

이에 따라 지식은 '사람-사물'의 관계에서 '사람-소프트웨어-사물'의 관계로 바뀌었다. 이것은 지식의 역할과 성질이 지금까지

와는 전혀 달라진다는 것을 의미한다. 예를 들어 아날로그 테이프는 처음부터 끝까지 순차적으로 읽어야 하는 1차원의 것이라면 디지털 메모리카드는 아무 곳이나 임의접근random access해 읽을 수 있는 3차원의 것이다. 아날로그 세계에서 맨 앞에 있던 머리는, 순서가 상관없는 디지털 세계에서는 아무 의미가 없다. 아날로그의 위계 지식이 가진 권위는 붕괴됐다. 기존 사회 질서도 바뀌기 시작했다.

따라서 소프트웨어는 컴퓨터적 사고Computational Thinking를 요구한다. 문제의 분해, 알고리즘의 적용, 시간과 공간을 재편하는 의사 결정 과정 등은 연속된 물리적 세계를 다루는 일상과는 다르다. 놀랍게도 이는 시간과 공간을 동일한 장場의 개념으로 파악한 아인쉬타인의 사고 혁명과도 비슷하다. 0과 1로 세상을 보는 디지털은 이산적 논리로 세상을 이해하는 양자화Quantizing와 맥락이 닿아 있다. 따라서 양자역학의 양자중첩[24]처럼 소비자와 생산자라는 정반대 개념이 합쳐져 프로슈머Prosumer라는 창발적 직업이 나타나기도 한다. '방송 통신'도 마찬가지다. 공개되어야 할 방송과 숨겨야 할 통신은 원래 하나가 될 수 없는 것이지만 디지털 세계에서는 가능하다

그 결과 소프트웨어는 산업을 혁명적으로 바꾼다. 2010년 무명의 신생 기업이 비디오 대여업계의 공룡 기업인 '블록버스터'를 파산시켰다. 1997년 창업한 이 작은 회사는 처음에는 다른 비디

오 대여점처럼 우편과 택배로 비디오 테잎을 배달했지만 언젠가 인터넷으로 비디오를 대여할 꿈을 갖고 회사 이름을 인터넷Net과 영화flicks에서 따 '넷플릭스'라고 지었다. 넷플릭스는 이제 영화사와 방송사까지 집어 삼키고 있다. 이뿐 아니다. 미국 초대형 서점 그룹이었던 보더스 역시 인터넷에서 책을 파는 아마존이라는 회사가 나타나면서 파산했다. 이를 본 세계적 투자자 마크 앤드리슨Marc Andereessen은 "소프트웨어가 세상을 먹어치우고 있다"[25]고 말했다.

비가 와도 세상은 그대로이지만 풍경은 달라진다. 디지털로 전환된 세상도 마찬가지다. 세상은 여전히 사진을 찍고 편지를 보내지만 그 방식은 완전히 달라졌다. 필름 회사가 망하고, 우편배달부가 사라졌으며, 극장 앞에서 줄 서는 일이 추억이 됐다. 호텔 없는 숙박업체가 등장하고, 매장 없는 쇼핑몰이 가능해졌다. 세상의 모든 지식을 공짜로 검색할 수 있게 하고 이메일을 무제한 공짜로 제공해주는 회사가 세계에서 가장 잘 나가는 기업이 됐다. (심지어 회사 이름조차 googol[26]을 오타로 잘못 써서 google이라고 만든 회사였다.)

컴퓨터 관련 기업만 그런 것이 아니다. 2019년 중국 우한에서 코로나19 바이러스가 퍼지자 제약 회사 모더나는 바이러스가 비행기를 타고 퍼지기도 전에 인터넷에 공개된 유전암호를 다운로드 받아 48시간 만에 백신을 설계했다.[27] 이 회사는 11개월 만에 의약품을 개발해 미국 식품의약국FDA의 긴급 사용 승인을 받고 이를 개발한 플랫폼 'mRNA OSoperating system(운영체제)'를 상표 등록했다. 컴퓨터에서 쓰이는 운영체제라는 단어가 제약 회사 상표명이 된 것은 의약품 개발이 유전자를 컴퓨터 프로그래밍하는 것과 같기 때문이다.[28] 제약 회사도 소프트웨어 개발 회사처럼 변한 것이다.

완전히 다른 세상

인간보다 똑똑한 기계, 100세 넘는 청년, 지구 온도 0.5℃에 달린 지구의 운명, 다행성 우주시대까지 완전히 달라진 세상. 인간은 이렇게 달라진 세상에서 기존의 사고 체계와 지식으로 대응하며 살아갈 수 있을까? 햇빛과 바람으로 무한 에너지가 가능하고 거리와 공간, 중력까지 차원이 달라지면, 자본주의와 국제질서도 바뀐다. 새로운 지능, 새로운 공간, 새로운 인간으로 완전히 다른 세상이 시작된다.

뇌와 생각하는 기계

2024년 옥스퍼드대학교 출판부는 올해의 단어로 뇌썩음brain rot을 선정했다. "품질이 낮은 온라인 콘텐츠를 과도하게 소비하는 것에 대해 우려를 표할 때 사용되는 용어"로 2023~2024년 사이 사용 빈도가 230% 증가했다는 것이다. 한편 노벨물리학상에는 인공신경망을 이용하는 기계 학습의 기반을 구축한 과학자들, 노벨화학상에는 인공지능을 기반으로 단백질의 구조와 기능을 예측하고 설계하는 소프트웨어를 개발한 과학자들이 동시에 선정[29]됐다. 인간의 뇌는 썩어가고 있는데 인공지능은 역사상 가장 진화한 것이다.

지능은 원래 보는 것으로부터 시작되었다. 진리의 원형으로 여기는 플라톤의 이데아idea는 'iden'이 어원인데 '보다'to see라는 뜻이다. 불교의 관세음觀世音보살의 이름도 '세상의 소리를 본다'[30]고 쓴다. 듣는 것이 아니라 보는 것이라고 쓴 것은 보는 것이 곧 아는 것이기 때문이다. 볼 줄 알면 예측도 가능하다. 멈춰 있는 것과 움직이는 것을 구분해 변화라는 개념을 이해하기 때문이다. 1680년경 변화를 계산하는 미적분법이 발견된 것도 그 직전에 망원경(1608)과 현미경(1660)을 발명해 우주와 세포까지 보는 것이 넓어졌기 때문일 것이다.

생명 역시 빛을 식별하면서 진화의 다양성이 폭발[31]했다. 눈이 생긴 뒤 동물들은 먹이를 찾아다니고 천적을 피하게 되었다. 시각을 통해 대부분의 정보가 전달되고 뇌가 이를 해석한다. 이 시신경이 지능의 진화에 중요한 역할을 했듯이 디지털 기술 역시 '보는 능력'을 키우는 방향으로 발전했다. 디지털 카메라는 휴대폰의 30만 화소에서 시작해 세계에서 가장 큰 32억 화소의 우주 관찰 디지털 카메라LSST[32]까지 발전했다. 빛으로만 보는 것이 아니다. 현대는 중력파LIGO, 레이저LiDAR, 양성자PET 등을 이용해 보이지 않는 것을 볼 수 있다.[33]

이런 점에서 '시각을 처리하는 시신경'과 '계산하는 기계'가 인공지능의 모태가 된 것은 필연적이었을 것이다. 1943년 노숙자 출신 천재 피츠Walter Pitts는 그에게 숙식을 제공한 정신의학 교수 맥컬럭Warren McCulloch과 함께 우리 뇌 속의 뉴런 작동을 간단한 논리 단위로 구성해 계산할 수 있다는 것을 증명34했다. 그리고 동성애자로 끝내 비극적 삶을 마쳤던 앨런 튜링Alan Turing은 1950년 '생각하는 기계'가 언어학과 암호 분야에서 널리 사용될 것이라고 예측했다.

이 두 천재의 어깨에 올라선 심리학자 로젠블랫Frank Rosenblatt은 1958년 시신경 신경망을 기계로 흉내내 퍼셉트론perceptron을 만들었다. 이 기계는 오른쪽과 왼쪽의 펀치카드를 스스로 학습해 구별해냈다. 세상은 깜짝 놀랐다. 뉴욕타임스는 '스스로 배우는 전자 두뇌'Electronic Brain teaches it self라는 제목으로 이를 대서특필했다. '연결주의' 인공지능 연구가 거둔 성과였다. 하지만 그와 반대편에서 기호와 규칙을 기반으로 인공지능을 만들려는 '기호주의' 파 마빈 민스키Marvin Minsky 교수는 단층 퍼셉트론은 근본적 한계가 있다는 것을 논증했다. 로젠블랫은 모든 지원이 끊겼고 마흔셋 생일날 의문의 보트 사고로 사망하고 말았다.

이후 인공지능은 오랫동안 헛된 망상 취급을 받았다. 하지만 심리학자 힌튼Geoffrey Hinton교수는 여러 과학자들35의 도움을 받으며 끈질기게 연구를 이어갔고 그의 제자 얀 르쾽Yann LeCun 교수는 글자를 인식하는 르넷LeNet을 개발했다. 여기에 연구에 기름을 부은 것이 GPU였다. 컴퓨터에서 '화면을 보여주는' 이 장치는 윈도

우 시대와 컴퓨터게임의 인기를 거치며 병렬연산처리 성능이 비약적으로 발전[36]해 인공지능의 핵심 부품이 됐다. (대표적 GPU 제조회사인 NVIDIA는 2024년 6월 미국 주식시장에서 시가총액 1위에 올랐다.)

2012년 마침내 디지털 세계가 개안開眼하는 거대한 도약이 일어났다. 힌튼 교수 팀이 컴퓨터로 이미지를 알아보는 대회ILSVRC에서 무려 84.7%의 인식률을 보이며 압도적으로 1등을 했다.(이전까지 인식률은 74%대였다.) 이 시스템을 '딥러닝'DeepLearning이라 불렀다. 컴퓨터는 이제 개와 고양이를 보고 스스로 구분했다. 또한 시간의 흐름에 따라 달라진 것과 달라지지 않는 것을 알게 되면서 인지력을 넘어 분류, 추론 능력이 발전했다. 그리고 보이는 것을 넘어 보이지 않는 것을 탐색하기 시작했다.

2014년 이안 굿펠로우Ian Goodfellow는 경쟁하는 두 개의 시스템을 통해 인간의 개입 없이도 학습할 수 있는 적대적 생성 신경망GAN을 만들었고 2017년 구글 출신 8명의 기술자들이 만능줄기세포처럼 다양한 목적으로 쓰일 수 있는 '트랜스포머'[37]를 완성했다. 이를 바탕으로 오픈AI가 2022년 대화형 거대언어모델LLM[38]인 ChatGPT를 내놓으면서 인공지능은 생활 속 현실이 됐다.

인간보다 뛰어난 지능

세상은 거대한 돌파구를 향해 달려가고 있다. 일반인공지능AGI 또는 초인공지능ASI으로 불리는 인간보다 똑똑한 지성체를 만드는 것이다. 힌튼 교수는 "우리는 우리보다 뛰어난 것이 있다는 것을 경험해 본 적 없다"며 인공지능의 위험을 경고했다.[39] 번식과 지능은 생명의 주요 진화 방향이었다. 똑똑한 것이 우둔한 것을 지배해 왔다. 그런데 과연 우리는 우리보다 똑똑한 존재를 지배할 수 있을까. 인간은 인공지능을 우리 의도에 맞게 길들이려고 alignment 하겠지만 무한 복제와 초고속 학습이 가능한 이 지능은 확장 가능한 감독scalable oversight이 불가능할 것이다.

힌튼 교수는 언어를 기반으로 학습해 어떤 특이점을 돌파한 인공지능이 인간의 지능과는 다르다는 것을 지적한다. 따라서 그는 이를 (인간의 지능을 모사한 인공지능과 다르므로) '디지털 지능'이라고 불러야 한다고 주장한다. 하지만 얀 르큉 교수를 중심으로 일부 연구자들은 언어만으로 학습한 인공지능은 한계가 있다며 현재의 인공지능은 '확률적 앵무새'에 불과하다고 비판한다. 세상과 상호작용, 공간과 물질적 구성의 이해가 만드는 상식적인 '세계 모델' 없이는 진정한 지능이 되지 않는다는 것이다. 그래서 20만 년 분량의 문서를 학습한 인공지능이 4살짜리 아기가 세상을 배우는 것만도 못하다는 것이다.

논란은 계속되고 있지만 개발을 주도하는 오픈AI는 GPT시리 즈를 계속 새로 내놓고 있다. 2025년 내놓는 'o3'의 경우 박사급 수준을 넘어 일반인공지능AGI이라고 해야 하는 것 아닌가 논란 이 벌어질 정도다. 이들과 경쟁하는 구글의 제미나이Gemini, 엔트 로픽Anthropic의 클로드Claude도 버전을 높이고 있다. 이들과는 다르 지만 메타의 라마LLaMA, xAI의 그록Grok 등은 오픈 소스 방식으로 접근하고 있고 중국의 딥시크Deep Seek는 미국의 규제를 받으면서 도 저사양의 GPU를 이용해 놀라운 성능을 보이는 인공지능을 발표했다.

지능이 바뀌면 지식의 양과 질도 달라진다. 인공지능은 인터넷 의 거의 모든 언어 데이터를 학습해 데이터가 고갈되고 있다. 이 것은 누적된 인간 지식의 총합을 소모해 한계Peak data에 도달했다 는 것을 의미한다. 그렇다면 그 이후에는 합성 데이터를 이용할 수 밖에 없는데 정보기술 연구자문기관 가트너Gartner는 2024년 AI 및 분석 프로젝트에 사용된 데이터의 60%를 합성 데이터로 추정한다.[40] 이 경우 인공지능은 자신이 만든 콘텐츠를 다시 학 습용으로 쓰게 됨에 따라 마치 오스트리아 합스부르크 왕조의 근친혼 유전병처럼 지식 열화劣化 현상을 일으키게 된다. 게다가 인공지능은 환각hallucination이 섞인 답을 천연덕스럽게 내놓으면서 도 아무런 죄책감도 두려움도 없다. 이미 이스라엘의 팔레스타인 가자 지구 침공에서 사용된 자폭용 무인기와 로봇 저격병을 지휘하는 인공지능 표적지시 체계 라벤더Lavender는 러시아-우크라이나전에서 사용되는 미국의 메이븐Maven과 함께 인공지능이 전쟁에 투입된 현실을 보여준다.

그러나 인공지능 개발은 멈추지 않을 것이다. 인공지능이 만들어내는 지식은 쏟아지고 결국 지식 인플레이션을 일으켜 지식의 가치를 떨어트릴 것이다. 대부분의 과학자들은 이 새로운 기계 지식체의 특이점singularity이 예상보다 훨씬 가까워졌다고 동의한다. 사자나 호랑이도 길들여 서커스를 하게 할 수 있고 지구를 멸망시킬 핵무기도 인간의 통제 아래 둘 수 있다. 하지만 인공지능은 다르다. 이 새로운 지능은 인간을 속이고scheming 어느 순간 자신이 획득한 지식을 이용해 스스로 게임의 규칙을 바꿔 버릴 수도 있다. 따라서 인공지능의 규제와 안전 문제는 세계 패권의 문제로 비화되고 있다.

다른 한편으로 이 새로운 지능체를 이용하면 인류는 역사상 거의 신에 가까운 창조 능력을 가질 것이다. 현미경이나 망원경은 '관찰'을 하지만 인공지능은 '탐색'을 할 수 있다. 관찰은 사물과 현상을 주의 깊게 보는 것이고 탐색은 드러나지 않는 것을 살피는 것이다. 따라서 인공지능은 존재하지 않는 어떤 패턴을 발견하거나 알려지지 않은 미지Unknown unknown와 조우할 수도 있다. 신소재나 신물질을 발견한다는 것은 예상치 않은 새로운 돌파구가 열리는 것을 의미한다. 이미 2023년 딥마인드는 인공지능

GNoME[41]을 이용해 미래 기술을 발전시킬 수 있는 무려 220만 개의 새로운 결정을 찾아냈다고 밝혔다. (지금까지 인간이 발견한 것은 약 2만개로 알려져 있다.) 이러한 후보 물질은 초전도체, 슈퍼컴퓨터 구동, 전기 자동차의 효율을 높이는 차세대 배터리 등에서 새로운 돌파구를 열 수 있다.[42] 그중에서도 생명의 신비에 접근하는 능력은 경이롭기만 하다.

| 113세 청년의 시대

인공지능 회사 딥마인드는 2022년 알파폴드를 이용해 2억 개 이상의 단백질 구조를 예측했다.[43] 단백질protein은 어원이 '첫번째'라는 뜻이 있을 정도로 생명 활동에 중요한 물질이다. 그런데 이 단백질은 아미노산의 순서에 따라 접히는 모양이 모두 달라 어떤 역할을 하는지, 어떤 고유 구조로 되어 있는지 정확하게 알아내기 매우 어려웠다. 인공지능은 이를 쉽게 예측한다. 딥마인드는 2024년 한걸음 더 나아가 다른 생체분자와 상호작용[44]까지 파악할 수 있는 알파폴드3를 오픈소스로 공개했다. 이는 의약품 개발에 혁명을 일으킬 것이다.

뿐만 아니라 인공지능은 생명공학의 신기원을 만들어낸 유전자가위[45]기술에도 적용되기 시작했다. 유전자가위는 생명의 코드인 DNA 유전자를 문서를 작성하듯 편집할 수 있다. 인공지능은 더 나아가 특정 세포 유형이나 조직에서만 유전자 스위치를 켜고 끌 수도 있다.[46] 이렇게 소프트웨어 개발자가 마치 코드를 짜듯 살아 있는 유기체의 단백질이나 생물학적 물질을 재프로그래밍하거나 바꾸는 것을 합성 생물학이라고 하는데 이 분야 스타트업들은 대규모 언어모델과 생성 AI를 이용해 효소와 단백질 서열을 설계한다. 디지털과 생물학이 결합해 세상의 생태계를 다시 짜는 것이다. 2024년 인공지능 트랜스포머 모델의 창시자들은 새로운 혁신 분야로 AI 기반 단백질 합성Programmable Proteins, 유전자 편집Programmable humans, 블록체인Programmable money 등을 꼽은 바 있다.

또한 오래 걸리고 돈이 많이 드는 병원체를 사용하는 백신 대신 코로나19 팬데믹 때 모더나처럼 우리 몸속에 있는 신호전달물질을 주사로 맞는 mRNA[47] 방식으로 프로그램만 하면 원하는 대로 치료제를 만들 수 있다. 이는 의학, 식품 과학, 농업, 에너지 및 기후 변화 연구 분야의 장벽을 허문다. 따라서 인공지능이 유전자가위 기술과 결합해 근육이 큰 돼지, 영양 성분이 많은 토마토, 가뭄에 강한 작물 등 원하는 생물을 손쉽게 만들 수 있다. 신의 영역이라 할 마지막 능력, 생명 창조까지 프로그램할 수 있게 되는 것이다.

그 최종 목표는 인간이다. 자연의 일부인 인간은 장수보다 번식을 목표로 진화해 왔다. 하지만 그 진로가 바뀌는 중이다. 하버드대 의대 싱클레어David Sinclair 교수는 인간은 현재의 평균수명 80세보다 33년은 더 '청년처럼' 살 수 있다고 주장한다. 노화는 숙명이 아니라 질병이며 따라서 지연하고 중단시킬 수 있을 뿐 아니라 심지어 역전시키는 '치료'가 가능하다는 것이다. 그에 따르면 생명은 피아노 치는 것과 비슷하다. 즉 DNA라는 악보를 보면서 건반을 눌러 음악을 연주하는 것인데 악보가 오래돼서 희미해지거나 건반을 한두 개 잘못 눌러 음이 틀려지는 것처럼 노화가 일어난다는 것이다. 따라서 악보를 새로 닦아 잘 보이게 하듯이 DNA 정보를 새로 고치고 틀린 건반 연주음을 바로잡으면 생명은 다시 젊어질 수 있다고 한다.[48] 그의 연구팀은 생쥐 실험에서 재생 불가능하다고 알려진 시신경을 재프로그래밍으로 복원했다.

돈 많은 부자들이 이 소식을 듣고 가만있을 리 없다. 실리콘밸리와 같이 기술 전문성과 기술적 자만심을 가진 부유한 지역에서는 스스로 수명을 연장하려는 문화가 일어나고 있다.[49] 2013년 구글은 노화의 근본 원인을 알아내고 인간 수명을 연장하고자 '칼리코'를 설립했다. 2022년에는 실리콘밸리의 테크기업 억만장자들과 생명공학 과학자들이 대거 참여해 무려 4조 원을 투자받은 알토스랩Altos lab[50]을 창업했다. 이 회사에서 유도만능줄기세포 기술을 이용해 다 자란 체세포에 유전자를 넣어 '초기 세포'로 되돌리는 리프로그래밍Reprogramming 즉, 새로운 역노화 기술 강연

을 하자 청중이 너무 몰려 일부가 쫓겨나는 일까지 벌어졌다.[51]

부자와 가난한 사람의 수명이 다를 뿐 아니라 100세가 넘도록 젊을 수 있다면 사회는 어떻게 변할까? 인구가 급감하고 청년의 나이로 113년을 살 수 있게 되면 사회를 떠받쳐온 결혼 제도, 출산 및 교육 등 모든 제도와 삶의 양식이 달라질 것이다. (정말 한 쌍의 커플이 결혼해서 백년 동안 해로偕老할 수 있을까?) 빈부격차보다 더 심각한 사회적 문제는 수명 격차가 될 것이다. 생물 창조로 생태계가 달라지면 환경과 먹거리도 변화할 것이다. 완전히 다른 세상이 될 것이다.

기후위기와 무한 에너지

그런데 청년 장수의 꿈은 불가능할지 모른다. 그전에 지구가 기후위기로 멸망할 수도 있기 때문이다. 인류는 현재 하루 평균 약 1억 배럴의 원유와 약 2천만 톤의 석탄을 태우고 있다. 남은 석탄 매장량 1조 톤으로 약 130년간, 남은 석유 매장 추정량 1조 7,300억 배럴로 50년간 더 태울 수 있다. 그러니 석유와 석탄이 부족해서 지구가 멸망할 일은 없다. 하지만 그렇게 태운 것들이 온실가스를 만들어 지구의 복사열을 가두고 지구를 뜨겁게 만든다. 점차 더워지는 기후위기는 임계점을 넘으면 스위치를 켜듯 인류의 재앙으로 돌변할 것이다. 그 기준은 산업화 이전보다 2℃

이상 상승하는 시점이다.

그러나 인공지능을 비롯한 디지털 시스템의 수요로 인해 이를 뒷받침하는 데이터센터의 수요가 엄청난 에너지를 더 요구하고 있다. 현재 데이터센터는 전 세계 전력 사용량의 1~1.5%를 사용하는데 현재 추진 중인 첨단 데이터센터 '스타게이트' 하나만 해도 원자력 발전소 5기의 용량인 5GW를 쓴다. 20W를 쓰는 인간에 비해 최소급 AI라고 할 엔비디아의 슈퍼컴퓨터는 320kW를 사용한다. 즉, 인간의 16,000배의 전기가 필요하다. 따라서 앞으로 폭증할 인공지능과 그외에 로봇, 전기차 등 수요까지 감안하면 전기에너지의 수요는 공급이 커질수록 더 커질 것이다. 이 많은 전기를 화석연료 발전으로 만든다면 지구의 멸망은 가속화될 수밖에 없다.

세계 여러 나라들은 기후위기에 대응하기 위해 협의체를 만들었다. 그리고 1992년 협약을 맺고 해마다 총회COP: Conference of Parties를 여는데 2015년 모든 당사국이 지구 평균기온을 산업화 이전 대비 1.5℃ 이내로 유지하기로 했다(파리기후변화협약).[52] 2050년까지 탄소중립하겠다고 선언한 국가는 120개가 넘는다. 2007년 기후변화 정부 간 협의체IPCC는 지구온난화에 대한 경각심을 일깨운 공로로 노벨평화상까지 받았다. 하지만 지구는 1.5℃ 기온 상승 한계 중에 이미 1.09℃가 올라 한계치에서 0.41℃ 남았다. 그린란드의 빙상 유실 속도가 6배 상승했고 해수면 상승도 3

배 증가했다. 지구에서 사는 생물종 중 4분의 1이 멸종위기에 놓여 있다. 과학자들은 비상조치를 촉구[53]하고 세계보건기구WHO도 21세기는 전염병의 시대라며 기후위기가 전 세계적인 보건 위기로 이어질 것이라고 경고했다. 그사이 코로나19 바이러스로 세계에서 약 700만 명이 사망했고 우리나라는 전체 인구의 60%가 감염되었다.

환경 파괴는 더욱 심각하다. 1986년 독일의 사회학자 울리히 벡Ulrich Beck은 21세기를 '위험사회Risk Society'로 규정했다.[54] 그가 말하는 위험이란 자연재해나 전쟁같은 불가항력적 재난이 아니라 정치, 경제, 사회적으로 생산된 위험manufatured risk이다. 즉, 지구온난화를 비롯한 환경 파괴, 개인정보 유출과 정보 왜곡, 원전 사고, 바이러스의 창궐, 미세먼지와 플라스틱 폐기물 등이다. 이 대부분의 주범은 화석연료다. 그런데 다행히 화석연료 시대는 바뀌고 있다.[55]

2012년 인공지능에서 딥러닝이라는 돌파구가 열렸고 생물학에서 유전자가위라는 대도약이 이뤄졌는데 이 못지 않게 중요한 것이 그해 석유 기업 엑슨모빌이 미국 시가총액 1위 자리를 애플에게 내준 것이다.(엑슨모빌은 2020년 아예 다우존스30 지수 산정 종목에서도 제외됐다.) 이는 석유자원에 기반했던 20세기가 디지털 기술과 재생에너지 기반의 21세기로 바뀌는 것을 의미한다. 태양광과 풍력으로 무한 에너지를 얻는 것이다. 자연으로부터 만들어진 에너지는 온실가스는 물론, 석유로부터 나오는 플라스틱[56], 미세먼지, 기후변화로 인한 바이러스 위험까지 사라지게 할 것이다.

피터 디아먼디스Peter Diamandis에 따르면 현재 인류는 18TW의 에너지를 소비하므로 매일 태양이 지구로 보내오는 태양에너지의 1%인 1,730TW만 전기로 바꿔도 인류가 사용하는 에너지의 100배를 얻을 수 있다.[57] 태양이 꺼지지 않는 한 영원히 무료로 사용할 수 있는 전기가 가능한 것이다. 이미 전 세계에 1,419GW가 설치되어 있다. 태양광 발전 비용은 2010년 이후 89% 하락한 반면 실리콘 태양광 패널의 효율성은 지난 40년 동안 15%에서 26% 이상으로 급등했다.[58] 앞으로 설치 속도는 더욱 빨라질 것이다.

기후위기는 인류 공동의 위기이자 역설적으로 모든 인류가 역사상 처음으로 이해관계가 일치하는 전지구적 문제다. 이를 극복하기 위한 에너지 전환 과정은 자원의 가치를 재평가하고 산업과 인프라를 재편하게 될 것이다. 지난 수백 년 동안 구축되어온 석유를 기반으로 하는 달러 체제, 대형 유조선의 이동 항로 등 에너지 경로, 발전소 및 교류전력계통설비 등이 모두 바뀌게 된다. 햇빛과 바람은 지구 위 어디에나 있다. 에너지 자립의 새로운 기회가 온다. 러시아-우크라이나 전쟁, 이스라엘-하마스 전쟁 등 에너지가 직간접 원인이 되었던 세계 분쟁도 달라질 것이다.[59]

우주와 뉴스페이스

삶의 공간이 우주로 확장되면 지식은 우주적 스케일로 차원이 달라진다. 자원과 에너지, 국가안보와 국제질서 역시 마찬가지다.[60] 우주는 지구와 다른 극한 온도와 엄청난 거리, 무수한 방사능, 전혀 다른 중력, 특별한 자원이 있는 곳이다. 따라서 거리나 질량, 온도의 스케일 등에서 지구에서 할 수 없는 일을 할 수 있는 그야말로 별나라가 된다. 지구라는 단일 행성 시대가 아니라 서로 다른 별에서 사는 다행성 우주시대가 되면 시계, 달력, 저울 등을 가진 지금 우리의 사고로는 제대로 대응할 수가 없다.

실리콘밸리가 세계 최고의 혁신 구역이 된 것도 우주개발에 도전하면서 지구에 없는 것들이 필요했기 때문이었다.[61] 1957년 소련의 스푸트니크 인공위성에 충격을 받은 미국은 미항공우주국NASA를 창설했고 우주에서도 안정적인 실리콘 직접회로가 필요했다. 때마침 이를 만들어낼 페어차일드Fairchild Semiconductor가 실리콘밸리에 설립되었다.[62] 1961년 케네디 대통령이 새로운 개척New frontier을 구호로 내걸고 '달에 사람을 보내겠다'는 문샷moonshot을 선언한 것도 이즈음이었다. 미국은 13년 동안 인플레이션을 감안하면 2,800억 달러[63]나 되는 돈을 쏟아부어 인류를 달에 착륙시켰지만 이후 더 이상 진전이 없었다. 천문학적인 비용 때문이었다.

그런데 역추진로켓으로 발사체 재사용[64]이 가능해지고 디지털 기술로 큐브샛CubeSat처럼 100kg 미만의 초소형 위성의 성능이 획기적으로 좋아지면서 새로운 시대를 맞고 있다.[65] 특히 디지털 기술과 우주기술은 서로 밀고 당기며 발전하는 중이다.[66] 이렇게 수익성이 높아지자 민간 우주기술 기업들이 인공위성 제조, 서비스, 발사체 등 직접적인 우주산업뿐만 아니라 우주여행, 우주 레저, 소행성 자원 채굴 등에 나서고 있다. 대표적으로 위성통신[67]은 수천 개 위성을 쏘아 지구를 둘러싸고 사막, 산악, 바다 위 어디서나 어떤 상황에서도 인터넷을 가능하게 한다. 미국은 인간이 달에 거주하는 계획Artemis도 추진 중이다.[68] 달 남극에 있는 얼음을 이용하면 물과 산소, 수소를 확보할 수 있고, 달에 인류의 거점이 마련되면 화성까지 유인 탐사Moon to Mars를 하며 심우주 개발에 유리하기 때문이다. 여기에 우리나라는 달 탐사선 '다누리'를 보내 참여하고 있다.[69]

미국은 소련이 망하자 러시아 과학자들을 수용해 국제 우주정거장ISS을 함께 운영했는데 2030년까지만 운영(러시아는 2028년까지)하고 민간에게 맡길 예정이다.[70] 양 옆구리에 태평양과 대서양을 끼고 있는 미국은 우주 발사 방향도 자유로와[71] 같은 궤도 경사에 세계 여러 나라 회사들과 함께 연구소, 호텔, 창고, 저장소 등 다목적 민간 우주 마을을 만들 수 있다. 민간 우주정거장은 저지구 궤도에서 달과 화성을 탐사하면서 저궤도의 미세

중력 환경을 연구할 계획[72]이다.

한편, 국제 우주정거장에서 왕따를 당했던 중국은 2022년 지상에서 불과 2시간이면 도착할 수 있는 우주정거장 톈궁天宮을 자체 기술로 완성[73]했다. 중국은 이미 철도, 고속도로, 에너지 공급망, 항만과 같은 인프라 건설을 통해 약 150개 국가를 연결하는 일대일로一帶一路, BRI: Belt and Road Initiative 사업을 해왔는데 이를 위치 정보, 원격 감지, 인공위성 서비스를 제공하는 우주 정보 회랑[74] 계획으로 추진 중이다. 이를 위해 미국의 위치결정시스템GPS에 대응하는 베이더우[75]도 독자개발해 놓았다. 개발도상국들과 우주와 지상에서 협력을 강화하면서 영향력을 키우려는 것이다.

우주 자원 개발도 한창이다. 2011년 지구를 스쳐간 소행성 (UW158)은 6,000조 원 가치의 백금 1억 톤이 매장돼 있다고 확인됐다.[76] 소행성의 희귀 자원을 가져올 수만 있다면 억만장자가 아니라 조만장자兆萬長者:Trillionaire가 될 수 있다. 미국은 2023년 베누 소행성(101955 Bennu)에 탐사선 오시리스-렉스를 보내 표토 샘플을 채취했다. 그러나 일본은 이보다 훨씬 앞서 있다. 2003년 이토카와糸川[77] 소행성에 하야부사1はやぶさ(매)을 착륙시켜 샘플을 회수했고 2014년에는 류구龍宮[78] 소행성에 하야부사2를 착륙시켜 지표면 아래 물질을 채취하는 성과를 거뒀다.

기술기업의 경영자들은 미래를 훨씬 더 구체적으로 생각한다. 테슬라의 경영자 일론 머스크Elon Musk는 화성에 100만 명의 지속 가능한 문명을 구축하기 위해 실제로 2026년까지 화성에 착륙할 5대의 무인 우주선을 쏠 계획이다. 이어 유인 탐사 계획까지 밝혀 놓았다. 화성까지는 아니더라도 우리는 이제 우리 머리 위에 있는 인공위성과 우주정거장을 이용해 지구 바깥으로 삶의 터전을 확장하는 새로운 공간new space 시대에 이미 진입했다.

다르게 생각하기

완전히 다른 세상에서는 완전히 다른 생각이 필요하다. 지식과 권력
은 물론 행복 등 인간의 욕망에 대한 태도, 우리에게 익숙한 제도와
오래된 문제들을 근본적으로 다시 생각해야 한다. 기본소득과 기본
서비스를 비롯한 전환펀드, 그리고 이 변화를 지속적이고 혁신적인
새로운 동력으로 삼을 수 있는 다양한 대안을 검토해야 한다

실현 가능한 유토피아

지식은 사회적 산물이므로 인간의 환경과 경험의 틀 안에서 구
축된다. 따라서 말 두 마리의 엉덩이 크기에서 기차 표준 궤도
(1,435mm)가 나왔듯이 지식은 경로 의존적으로 발전하는 것이
일반적이다. 하지만 넓은 국토에 비해 은행 지점이 절대 부족했
던 케냐에서 모바일뱅킹이 선진국보다 더 빨리 발전[79]했듯이 기
술은 개구리 도약leapfrogging같은 혁신을 할 수 있다. 미래에 대한
상상도 마찬가지다. 미래는 당시의 지식 수준을 반영하기 마련이
지만 때로 그것을 넘어서는 (비록 꿈같을지라도) 과감한 상상이

필요하다. 세상이 생각을 낳았지만, 생각이 세상을 만들기도 하기 때문이다.

토머스 모어Thomas More가 내놓은 『유토피아』(1516)는 농업을 기반으로 계획경제를 시행하는 공산주의적 이상사회였다. 당시에는 모두가 농사를 지었으니 그것이 가장 이상적인 모습이었을 것이다. 그런데 약 90년 뒤에 영국의 철학자 베이컨Francis Bacon의 『새로운 아틀란티스』(1626)에 나오는 벤살렘Bensalem에서는 과학기술로 모두가 부자가 된다. 이 사회는 물속으로 다니는 배, 인위적으로 만든 새로운 동물종, 사람을 대신해 일하는 기계가 등장한다. 과학자들은 '솔로몬의 전당'이라는 과학기술 연구기관에서 연구하고 국가가 이를 지원한다. (그런데 400년이 지난 현재 이것들은 모두 현실이 됐다.)

영국의 정치평론가 아론 바스타니Aron Bastani가 제안한 팔크PALC[80]도 그런 기술 낙관주의로 꿈꾸는 새로운 세상이다. 이는 무한 자원으로 기계가 노동을 대신하는 21세기의 공산주의라고 할 수 있는데, 평등하게 모두가 가난한 20세기식 공산주의가 아니라 말 그대로 '완전 자동화된 화려한 21세기식 공산주의'다. 그는 이를 농업혁명의 1차 대변혁, 산업혁명의 2차 대변혁에 이어 자동화, 에너지, 자원, 건강, 음식 분야의 기술혁신이 이뤄지는 '정보 해방'의 3차 대변혁으로 규정한다.

토마스 모어의 유토피아는 원래 '세상에 없는 곳'을 의미[81]하는 상상이었다. 그런데 PALC는 '세상에 있는 곳'을 의미하는 현실이 될지 모른다. 에너지가 무한하고 로봇과 컴퓨터가 생산을 무한히 한다면 인간의 욕망에 관한 문제는 거의 해결된다. 과학기술이 정말 그런 세상을 만들어낼 수 있을까? 풍력과 태양광 등 재생에너지는 이미 화석에너지보다 효율적인 시장성을 확보했으며 태양이 갑자기 꺼지지 않는 한 영원히 무료다. 또한 인공태양을 만드는 핵융합발전[82], 우주에서 태양광발전을 해 지구로 가져오는 우주태양광[83] 등 무한 에너지를 얻는 연구도 상당히 진척을 보이고 있다. 달에 있는 1g의 헬륨3는 석탄 40t의 에너지를 대체할 수 있는 청정에너지로 평가된다. 수소를 활용한 에너지 관리도 다양하게 연구 중이다.

무한 에너지가 가능하다면 자원을 권위적으로 배분(정치학)하거나, 효율적으로 배분(경제학)할 필요가 없다. 희소성이 사라지면 자본주의의 착취적 이윤 동기도 의미가 없다. 인간은 노동으로부터 (실직이 아니라) 해방된다. 더 이상 '희소한 자원을 평등하게 나누는 분배'가 아니라 '무한 자원을 평등하게 누리는 풍요'다. 유전자 치료 기술과 친환경 배양육 기술은 수명과 음식 문제도 해결할 수 있다. 인간은 즐거움과 모험, 탐구, 깨끗하고 안전한 자연에서 삶을 누릴 수 있다.

1965년 시외 전보는 기본 10자에 50원을 받았다. 라면 5개 값이었다. 지금 위챗, 텔레그램 등의 메신저는 전 세계로 무제한의 문자를 무료로 보낼 수 있다. 불과 30년 전에는 아무리 사진을 찍어도 비용이 들지 않는 카메라나 누구나 자신만의 TV(Youtube는 당신의 텔레비전이라는 뜻)를 무료로 (오히려 돈을 받는다!) 가질 것이라고 누구도 생각하지 못했다. 이런 증거들이야 넘치지만 우리는 상상이 현실이 될 수 있다는 것을 믿지 않으려는 편향이 있다. 때로는 보고도 믿지 않는다.

1900년 뉴욕시 5번가 거리에서 마차가 가득한 가운데 단 한 대의 자동차가 보였다. 그러나 불과 13년 후인 1913년에는 반대로 자동차가 가득한 가운데 마차는 딱 한 대였다. 혁신적 미래를 연구하는 리싱크엑스는 '이번에는 우리가 말이다This time, we are the horses'[84]라는 보고서를 통해서, 20세기 초 자동차가 말을 대체한 것처럼 휴머노이드 로봇이 인간 노동자를 빠르게 대체할 것이라고 주장한다. 2023년 테슬라의 옵티머스 2세대 로봇은 섬세한 동작으로 달걀을 집어 옮기는 것을 보여주었다. 2024년에는 오픈AI와 피규어사가 협력해 만든 휴머노이드 '피규어01'에게 먹을 것을 달라고 하자, 사과를 찾아 건네주었다. 먹을 것이 사과밖에 없다고 하면서. 디지털의 특징 중 하나는 복제 비용이 거의 제로에 가깝다는 것이다. 따라서 한 대의 로봇이 가능한 일이라면 이는 곧 수억 개의 로봇도 가능한 일이 된다.

그렇다면 직업과 노동에 대한 생각도 바꾸어야 한다. '열심히 일하고 그에 맞는 보수를 받는 것이 일자리'라는 개념은 어쩌면 산업화 시대 노동자들에게 심어진 신화다. 생각을 바꾸어야 한다. 적게 일하고 여가를 누리며 모두가 풍요롭게 사는 것은 당연히 추구해야 할 방향이다. (이미 자본가들은 그렇게 하고 있다.) 직업은 얼마든지 다양할 수 있다. 남을 웃기는 직업, 예쁜 옷을 입고 아름답게 사진에 찍히는 직업이 옛날이라면 상상이나 가능했겠는가.

새로운 미래의 관심은 기존 산업 규모를 키우는 성장이 아니라 새로운 산업으로 전환하고 삶의 양식을 다시 창조하는 데 있다. 디딤돌이었던 과거의 성공 모델은 이제 미래로 가는 걸림돌이 되었다. 물질적 확대가 아닌 행복의 가치를 찾는 발전, 좌우진영 논리를 극복한 실용적 정책, 관행과 타성으로부터 벗어난 일하는 방식의 개혁, 인간의 삶과 지구환경의 지속 발전을 위한 투자 등 수백 년 동안 관성화된 우리의 모든 것을 다시 생각해야 한다. 이를 위해 필요한 것은 과거의 지식에서 벗어나야 한다는 것이다.

파괴적 혁신

혁신적 미래를 연구하는 리싱크엑스RethinkX[85]는 현재의 산업 문명은 피할 수 없는 붕괴에 이르렀으며 새로운 기술혁신을 통해 인류는 제1생존의 시대, 제2추출의 시대를 거쳐 제3자유의 시대를 맞이한다고 주장한다.[86] 여기에서 말하는 추출은 대규모 화석연료 채굴과 공장식 농업으로 이뤄지는 중앙집중식 추출 extraction이다. 지난 200년 동안 인간은 석탄과 석유를 캐내기 위해 지독하게 지구를 파헤쳤다. 이제 인간은 에베레스트산(8,484m)보다 깊은 해저 11km에 영하 40도의 혹한과 파도를 뚫고 석유를 채굴할 수 있다. 미국은 0.005mm 이하의 점토로 구성된 퇴적암층인 셰일shale층에서도 수압파쇄법Fracking으로 땅을 오염시키며 석유와 가스를 추출한다. (이것으로 미국은 세계 최고 원유 생산국까지 됐다.)

하지만 그렇게 캐낸 석유는 50~60%가 수송용으로 소비되면서 엄청난 온실가스의 주범이 되고 석유화학제품 원료로 소비되는 15~20%는 플라스틱 폐기물이 되어 지구를 다시 오염시키고 있다. 석탄은 난방과 발전에 주로 쓰이는데 대기 중에 온실가스를 쏟아내 기후위기를 만든다. 게다가 생산되는 전기의 절반은 못 쓰고 버려진다. 버려지는 전기의 80%는 전송 과정에서 사라진다. 또한 식량을 얻기 위한 대규모 가축사육 농장과 남획, 밀집 재배 등은 토양오염과 윤리, 생태계 파괴 문제를 낳고 있다. 태양은 비추는 것만으로도 지구상의 모든 생명을 살리고 번성시키는데 인간의 에너지 이용 방식은 너무나 비효율적이고 모순적이다.

하지만 리싱크엑스가 예상하는 제3자유의 시대는 완전히 다르다. 거대한 원유 수송선을 만들고 산을 깎아 송전탑을 세우지 않아도 된다. 대신 태양광과 풍력 등 재생에너지는 에너지 저장 체계ESS와 지능적인 배전시스템Samrt Grid으로 에너지 자급자족 시대를 만들 수 있다. 에너지와 인터넷이 결합해 에너넷Enernet이 탄생할 수도 있다. 자율주행차 시대가 되면 트럭 기사가 밤잠을 설치며 안데스산맥을 넘어 운전하는 일도 사라진다. 휴식이 필요 없는 로봇과 자율주행차가 24시간 물류를 담당하므로 자동차 소유의 개념도 바뀐다. 리튬이온 배터리를 가진 전기자동차는 돌아다니는 생활용 축전지가 될 수 있다. 8조 달러의 에너지 시장, 4조 달러의 운송 시장에 에너지 혁명이 일어난다는 것이다. 또한 도심 배양육 생산, 스마트팜 등 먹거리 문제도 그 지역에서 생산한 것을 그 지역에서 소비하는 방식으로 바뀌게 돼 대규모 이송 수요 자체도 줄어들 것이다.

이렇게 주요 기술(인공지능, 생명공학, 센서/IoT, 배터리, 태양광, 블록체인, 로봇, 3D프린팅)로 인해 가격은 10배 이상 하락하고 생산효율은 10배 이상 상승한다. 자원 소비는 10배 줄어 폐기물은 100배 감소하는 등 5대 기반 영역(정보, 식량, 운송, 에너지, 소재)에서 향후 10년간 파괴적 혁신Disruptive Innovation이 일어나 주요 산업이 완전히 달라진다. 이런 체제는 더 공정하고 튼튼하며 회복력이 있으며, 빈곤, 불평등, 기아, 기후 변화를 해결하고 풍요, 번영, 협력의 세상으로 나갈 수 있다. 리싱크엑스는 이를 위해 가장 먼저 5G, 위성인터넷과 같은 정보를 비롯, 태양광, 풍력, 배터리 등 에너지 분야, 전기차 인프라와 공유자율주행 등 운송 분야, 정밀발효 생산시설 등 식품 분야, 단백질·유기물 생산시설 같은 소재 분야의 인프라에 정부가 과감히 투자할 것을 요구한다.

그러면서도 이 기관 설립자 중 한 사람인 토니 세바Tony Seba 교수는 에너지 전환이 정부의 강제적인 요구나 기업의 인위적 노력보다 시장 경쟁력을 갖고 경제원리에 따라 발생할 것이라고 예측한다. 화석에너지는 수확체감의 법칙을 따르는 데 반해 재생에너지 발전 비용은 수확체증의 법칙을 따르기 때문이다. 즉, 석유와 석탄은 파낼수록 고갈되며 더 많은 투자가 들어가야 하는 데 반해 태양광 패널은 더 많은 수요가 생길수록 원가가 기하급수적으로 하락한다.

2022년 기준 글로벌 발전 단가는 MWh당 태양광이 45달러, 육상 풍력이 50달러로 신규 석탄 및 가스 발전 단가의 60% 수준이다. (우리나라의 경우 주요 기자재 설치 시공 비용 등은 주요 국가에 비해 18% 낮은 반면 각종 인허가, 조사, 세금, 검사비 등 간접비용이 68%가 더 들어 에너지 전환의 발목을 잡고 있다.)[87]

국가 지식 회의

이처럼 파괴적 혁신이 이뤄지면서 기술기업의 힘은 갈수록 커지고 있다. '테크 자이언트'로 불리는 애플, 알파벳, 아마존, 마이크로소프트, 메타, 테슬라, 엔비디아 등 빅테크 7개 기업들을 '매그니피센트 7Seven'[88]이라고 하는데 서부 개척 시대의 무법자들을 빗댄 말이다. 이들에게 세계는 법도 규율도 없는 황야나 다름없다. 자신들이 만드는 것이 법이고 곧 질서다. 규제 속도가 혁신 속도를 따라올 수 없기 때문이다.

이들이 각자 시장을 독점해 엄청난 수익을 거두자 2021년 바이든 대통령은 서른두 살의 리나 칸Lina M. Khan에게 연방거래위원회FTC를 맡겼다. 그녀는 대학원 시절 '아마존의 반독점 역설'이라는 논문에서 테크기업들은 다른 경쟁자를 막고 가격을 올리는 폐쇄적 독점이 아니라 모든 경쟁자가 참여할 수 있는 상황에서 가격을 무제한으로 내리는 개방적 독점을 한다고 주장했다. 그러나 그녀는 의회의 청문회에 불려다니며 정부 자원을 낭비한다며 비판을 듣고 해외 경쟁 명분에 막혀 테크기업을 제대로 규제할 수 없었다.

인간의 지능은 의식적인 노력보다 무의식적인 행동에 더 잘 적응한다. 따라서 새로운 설정이 귀찮고 시간이 오래 걸리거나 배워야 하는 선택을 기피한다. 또한 다른 사람들과의 소통 때문에 네트워크를 떠나기 어렵다. 전 세계에 14억 대의 활성화된 기기를 통제하는 애플이 서비스를 중단하면 어떤 일이 벌어질까. 한 번 적응되면 바뀌기 어려운 인간의 취약점은 디지털 시대에 특히 두드러져 결국 '대체할 수 없는' 독점을 만든다. 이렇게 디지털 플랫폼이라는 영토를 독점적으로 장악한 봉건군주가 소비자를 착취하는 기술봉건주의[89]와 인간이 소비의 주체가 아니라 개인 데이터를 제공하는 상품의 원료 제공자로 바뀌는 감시자본주의[90]는 정부를 넘어선 권력이 됐다.

이는 국제질서의 중심이 '지리적 위치'地政學에서 '경제적 부'地經學를 거쳐 '과학기술력'技政學으로 옮겨 가는 것을 보여준다. 디지털 기술 전문가인 피터 틸Peter Thiel, 마크 앤드리슨Marc Andreessen, 일론 머스크Elon Musk 등은 트럼프를 지지하며 미국 권력의 중심으로 떠오른 이른바 컴퓨터광 우파Nerd right들이다. 중국의 화웨이华为, 대만의 TSMC, 네덜란드의 ASML 등 핵심 기업들은 존재 자체가 국제전략 요소다. 9.11 테러가 발생한 지 10년 만에 숨어 있던 오사마 빈 라덴을 사살[91]할 수 있었던 것도 팔란티어라는 군사 전문 테크기업이 은신처를 특정해 알려주었기 때문이었다.[92]

그런데 기업이 아닌 실체를 알 수 없는 집단도 부상 중이다. 미국에서 딥스테이트deep state는 정부 안에 깊숙이 뿌리박은 은밀한 권력 실세라고 여겨진다. 이들은 국제 관료 집단으로 정권이 바뀌어도 남아 러시아와 내통한다고 묘사된다. 이들과 맞서 싸운다는 Q는 정부 1급 비밀을 다룬다고 자처하는 정체불명의 인물이다.[93] 그와 함께 상상 속 악당과 싸우는 Qanon(Q+익명의 합성어) 음모론은 트럼프를 재선시킨 힘이 되었다.[94] 또한 사토시 나카모토Satoshi Nakamoto라는 인물은 블록체인을 창안하고 비트코

인을 만들어 구글과 맞먹는 시가총액의 가상 자산시장을 만들어냈다. 그는 2024년 기준 100만BTC(약 100조 원)을 보유한 것으로 추정[95]되지만 아무도 그가 누구인지를 모른다. 익명의 존재가 5,000조 원 가까이 되는 암호화폐 자산시장을 만들어 낸 것이다.

오바마 대통령은 미국 최초의 흑인 대통령으로 재선까지 하며 인기를 누렸지만 결국 트럼프에게 권력을 넘겨주었다. 젊고 개혁적인 이미지로 등장했던 프랑스의 마크롱 대통령과 캐나다의 트뤼도 총리의 경우도 결국 개혁에 실패하고 극우 또는 보수 정권에게 정권을 넘겨줄 위기에 처해 있다. 정치 사이트 폴리티코 Politico에서는 진보적 이미지로 집권했지만 실제로는 신자유주의 반격으로 실패한 것이라고 평가한다.[96] 하지만 이들이 선출될 당시의 철학과 공약을 지키지 못했던 이유는 그들이 추진했던 개혁 방식이 모두 디지털 시대의 새로운 사적 권력의 부상을 이해하지 못하는 낡은 방식이라는 점에 있다.

데이터와 알고리즘을 장악한 기술기업, 망상과 음모론에 빠진 익명의 집단[97]이 선출된 권력을 위협하는 것이라면 이에 대응할 수 있는 것은 언론과 대학의 지식 집단이다. 그러나 디지털 시대에 언론은 사실상 그 수익모델이 불투명해졌고 대학은 너무나 빠르게 발전하는 지식을 따라가기 힘들어 그 권위가 예전만 못하다. 따라서 공정한 재판을 위해 배심원이 필요하듯이 권력에도 지적 판단력과 지적 권위를 가진 집단이 필요하다. 이를 위해 제도적으로 「국가 지식 회의」를 생각해 볼 수 있다. 이 기관은 일반적인 대통령 직속의 위원회나 행정부의 자문위원회 같은 개념이 아니라 권력과 독립된 기관independent agency으로 지식의 사회적 역할과 가치를 세우는 역할을 한다. 우리나라에서는 국가재정법으로 보장된 예산의 독립성을 가진 '중앙선거관리위원회' 방식이 되거나 이른바 '머리 없는 4부'로서 입법, 사법, 행정 어디에도 속하지 않는 '국가인권위원회' 방식이 될 수도 있다.

다만 그 책임자와 운영은 지식인들이 자율적으로 결정할 수 있도록 해 권력과 분리된 대등한 기구여야 한다. 물리학자 출신으로 성공한 기업가이기도 한 사피 바칼Safi Bachall은 『룬샷』loonshot에서 혁신을 위한 구조설계 방법을 제안한다. 획기적 아이디어가 세상을 바꿀 수 있도록 이를 연구하는 그룹과 이를 경영할 그룹을 분리(상분리)한 뒤 양 그룹의 자유로운 교환이 이뤄지도록 하고(동적평형), 연쇄반응을 일으킬 수 있도록 조건을 만들라는 것이다.

새로운 시대의 지식과 권력 사이의 관계는 이렇게 분리한 뒤 서로 교류하게 하여 연쇄반응을 일으키도록 구조화할 수 있을 것이다. 이것은 집권을 위해 정당끼리 경쟁하는 정치와는 다르며 권력을 비판 감시하는 언론과도 다르다. 옳은 것을 추구하는 지식과 이기는 것을 추구하는 권력이 파괴적 혁신의 시대에 서로 보완해 나가는 구조다.

새로운 사회 제도 제안

한편, 이처럼 무한 생산성과 일자리 감소, 파괴적 혁신이 끊임없이 일어나는 새로운 사회는 새로운 '사회 구성 체제Organizing System'가 필요할 것이다. 현재의 민주주의, 자본주의, 국민국가 등의 개념, 가치, 제도, 보상 체계를 처음부터 다시 설계해야 할 수 있다. 이런 변화에 대응해 인간다운 삶을 지향하는 사회적 제안으로 기본소득Universal Basic Income, 기본서비스Universal Basic Service, 기본자산Basic asset 등이 있다. 이런 제안들은 서로 대체되거나 또는 동시에 추진될 수 있다.

2017년 세계번영연구소Institute for Global Prosperity에서 처음 제기된 보편적 기본서비스는 보건의료, 교육, 민주주의와 사법 서비스 외에도 주거, 음식, 교통, 정보 등 인간생활에 필요한 서비스를 모두에게 보장하자는 것이다. 이는 민간기업의 상업적 서비스보다 경쟁 비용을 줄이고 공동 수요를 집단적으로 제공해 비용을 낮출 수 있다는 점에서 평등하고 효율적이다. 그 결과로 지속 가능한 환경의 가치도 지킬 수 있다. 사실 감옥에서도 주거, 음식, 의료, 안전은 보장된다. 그런데 세상이 감옥보다 힘들다면 그것은 말이 안 되지 않는가. 연구기관인 리싱크엑스 역시 경제의 지방

분권화, 재정의 사회화를 포함해 보편적 기본서비스UBS에 동의한다.

보편적 기본소득UBI은 모든 개인에게 동일한 현금을 일정하게 지속적으로 지급하는 것이다. 좌파에서는 기본소득을 평등을 구현하는 입장에서, 우파에서는 비효율적인 복지제도를 개선할 수 있는 입장에서, 모두 찬성한다. 하지만 근로의욕을 저하시키고 인플레이션을 유발해 경제에 부정적 영향을 끼칠 수 있다는 우려도 만만치 않다. 다만, 알래스카에서는 주 헌법을 통해 알래스카의 석유 등 모든 자원을 주민들의 것으로 선언하고 이를 통해 나오는 수익금을 영구 기금화해서 주민들에게 매년 배당하는 사례가 있다. 오픈AI의 샘 알트먼Sam Altman을 비롯해 벤처자본가 마크 안드레센Marc Andreessen, 기술전문가 팀 오라일리Tim O'Reilly, 메타의 마크 저커버그Mark Zuckerberg 등은 기본소득UBI에 긍정적이다.

예술가나 사회적 활동가, 과학기술인 등은 수익이 지속되지 않으면 활동하기 어렵다. 복지와 지원은 직업의 사회적 의미를 인정하기보다 소득을 보전하는 데만 관심이 있기 때문이다. 따라서 기본소득과 기본서비스는 사회적 다양성을 지키고 경제를 사회의 통제 아래 둘 수 있다. 하지만 이 제도의 시행은 영국의 구빈법이나 우리나라의 주 5일제 시행 당시처럼 상당한 반발이 예상되고 오랜 합의와 토론이 필요할 것으로 예상된다.[98] 어쩌면 정치에서 1인 1투표권을 받아들인 이후 경제에서 1인 1기본소득(서비스)은 인류 역사의 위대한 진보가 될 것이다.

한편, 기본자산은 청년들에게 사회생활을 시작하면서 필요한 자산을 제공하는 것으로 2021년 미국 코네티컷주에서 처음으로 베이비본드 정책을 시행한 선례가 있다. 저소득층에서 아이가 태어날 때마다 3,200달러를 투자해서 18세가 되면 최소 1만 1천 달러에서 2만 4천 달러까지 인출할 수 있도록 하는 것이다. 이 돈을 진학, 직업 훈련, 주택 구입, 사업 등에 쓸 수 있다.[99] 청년기에는 목돈이 많이 필요하므로 소액인 기본소득만으로는 어렵기 때문에 대안이 될 수 있다. 그러나 자본주의 불평등 해소에 대한 방법으로서 기본자산의 역할에는 다양한 견해 차이가 있다.[100]

이외 빌 게이츠는 '로봇세'를 걷자고 주장한다. 로봇을 사용하는 스마트 공장들이 노동 소멸로 인한 실업 비용을 책임지게 하자는 것이다. 카를로타 페레즈Carlota Perez 교수는 제품을 소유하기보다는 대여하는 것이 더 유리하도록 인센티브를 주는 세제개혁을 하자고 한다. 예를 들어 탄소배출제로 차량ZeroEmissons Vehicle이 아니라 제로마일Zero Emisson Miles에 인센티브를 주어서 차량 구매 자체를 아예 줄이는 식이다. 제이슨 히켈Jason Hickel은 『적을수록 풍요롭다』에서 적게 쓸수록 더 풍요롭다는 역설을 통해 탈성장의 필요성을 주장한다. 이들은 모두 속도가 아닌 방향의 관점에서 새로운 전환을 주장한다.

반대로 새로운 과학기술에 대한 낙관적인 믿음과 급진적 이상

사회에 대한 기대를 중시하는 입장도 있다. 철학자 피터 싱어Peter Singer 교수는 '효율'을 강조하는 새로운 윤리관으로 '효율적 이타주의'를 주장한다. 세상에 보탬이 되기 위해 가능한 많은 돈을 벌고 과학과 데이터를 기반으로 공리주의적 구호 활동이 가능한 곳에 기부하자는 것이다. 실리콘밸리의 디지털 전문가들 중 일부는 이에 영향을 받았는데 암호화폐와 AI 분야에서 논란을 일으키기도 했다.[101] 또한 가속주의Accelerationism는 자본주의의 모순을 드러내기 위해서 또는 자유 지상적 비전을 실천하기 위해 사회적 변화를 더욱 적극적으로 받아들이자는 입장이다.

전환 성장 펀드와 ESG, RE100

그런데 이렇게 새로운 제도를 위한 막대한 재원은 어떻게 해야 할까. 세금을 차별적으로 걷어서 똑같이 나눠주는 방식도 있지만 공유부social wealth를 구축해 실현하는 방식이 있다. 경제학자 마리아나 마추카토Mariana Mazzucato 교수는 『기업가형 국가』에서 아이폰이나 구글의 서비스에서 사용하는 터치스크린, 음성인식, GPS 등 핵심기술이 모두 미국 국방부의 연구개발 지원 사업으로 이뤄진 것에 주목한다. 그녀는 많은 혁신이 공공과 민간의 집단적 산물인데도 연구개발의 성과와 공적 지식을 기술기업들이 사유화한다고 맹렬히 비판한다. 따라서 정부가 장기적 위험 부담을 감내하는 인내 자본patient capital을 이용해 임무 지향적Misson-oriented 혁신을 주도해야 한다고 주장한다.

이런 임무 지향적 혁신을 주도하는 전환 성장 펀드를 연구해볼 수 있다. 전환 성장 펀드는 공유부 성격의 신규 재원을 지속적으로 발굴하고 민간 부문의 막대한 금융 자산을 끌어와 전환 및 혁신기술에 결집, 투자함으로써 임무 지향적 혁신을 촉진하는 기업가적 시스템이다. 이 펀드의 투자를 국가의 연구개발 지원 지분과 연계해 공적 가치를 창출하고 그 성과를 기본소득의 재원으로 활용해 국민과 공유할 수 있을 것이다. 이는 과학기술 혁신과 사회구조(소유 및 분배 구조) 혁신이라는 임무 지향적 혁신을 동시에 달성하는 사회부 기금social wealth fund이 될 것이다.[102]

즉, 사회문제를 임무 지향적으로 해결하는 혁신에 투자를 집중시키고, 그 성과를 회수하여 국민 모두에게 혜택을 돌려주며 다시 기본소득 또는 기본서비스를 통해 국민의 창의성과 사회적 연대 활동을 지원함으로써 공동체의 지속 가능한 발전을 이루는 것이다. 이는 혁신의 성과가 극소수에 집중되는 자본주의의 단점을 극복하되, 혁신과 성장의 효율이 높은 자본주의의 장점을 최대한 활용하는 방안이다. 전환의 위기를 기회로, 변화를 성장 동력으로 만드는 효과적인 대안이 될 것이다. 궁극적으로 혁신을 담당할 지식, 혁신에 대한 투자를 강제할 권력, 혁신의 성과를 향유할 민중이 하나의 이해관계로 결속함으로써 새로운 역사적 변곡점을 만들어낼 수 있다.

한편, 민간 차원에서도 새로운 대안이 나타나고 있다. 디지털 기술은 모든 것을 연결시키는데 특히 금융과 결합하는 속도가 빨라졌다. 2023년 미국의 실리콘밸리 은행에서 3시간 만에 400억 달러가 인출되는 뱅크런이 발생했다. 스마트폰으로 손가락만 까딱하면 인출할 수 있다고 해서 '엄지런'이라고 불렸다. 이렇게 순식간에 이뤄지는 경제의 금융화는 실물에 자금을 공급하는 데 그치지 않고 실물을 왜곡시키기까지 한다. 경제학자 토마 피케티Thomas Piketty가 분석한 것처럼 소득보다 자산의 영향력이 더 커진 것이다. 정치학자 로베르토 웅거Roberto Unger는 이를 도박판이라 하고 경제학자 마리아나 마추카토Mariana Mazzucato는 이를 카지노 자본주의라고 비판한다.

물론 기업은 살아남기 위해 돈을 벌어야 한다. 아니 오히려 돈을 버는 것은 사회적 책무다.[103] 그러나 모든 것이 연결되는 현대 사회에서 기업이 환경을 파괴하고, 불의하게 돈을 번다면 계속 존재할 수 있을까. 따라서 금융이 도박이 아니라 지속 가능한 미래를 위한 투자가 되도록 해야 한다. 2004년 국제연합UN은 기업의 재무적 성과뿐 아니라 환경보호Environmental, 사회적 책임Social, 기업 지배구조Governance와 같은 요소가 투자의 기준이 되어야 한다고 선언했다. 연기금·은행·운용사 등 투자기관들이 이를 지속 가능한 미래를 위한 책임 투자 원칙[104]으로 삼았다.[105] 이 ESG경영은 기업 내부의 자발적 사회적 책임 경영CSR에서 투자 관점에서 평가와 보상을 하는 차원으로 나아간 것이다.

이와 함께 기업들은 RE100Renewable Electricity이라는 기후 전환 대응 자율 캠페인에 참여하고 있다. 2050년까지 기업에 필요한 모든 전력을 재생에너지로 대체하겠다는 것이다. 2017년 이미 RE100을 달성한 구글은 이를 더 발전시켜 '24/7 CFE'로 바꾸었다. 2030년까지 언제나 무탄소 에너지Carbon Free Energy를 사용하겠다는 것이다. RE100은 재생에너지 전기가 부족할 때 RECRenewable Energy Certificates라는 제도를 통해 다른 데서 구입해 채울 수 있는데, 이에 반해 24/7 CFE는 직접 실시간으로 수요공급을 일치시킨 무탄소 에너지를 사용하겠다는 것으로 현지의 발전원發電源까지 염두에 둔 것이다.[106]

5부
지식이 이끄는 미래

지식 리더십의 복원

대한민국은 정점을 지나고 있다. 세상은 달라지는데 날은 저물고 갈 길은 멀다. 새로운 전환을 이끌어 가려면 지식이 제자리로 돌아와야 한다. 지식, 권력, 민중이 대등한 관계에서 협력해야 한다. 특히 새로운 시대의 지식인은 이분법의 세계에서 빠져나와 사회와 대화하고 디지털 문해력을 갖춘 더 넓은 지식인으로서 과학기술에 바탕을 두어야 한다.

일모도원日暮途遠

지금 세계는 거대한 전환이 일어나고 있다. 한 시대가 지고 새로운 시대가 오고 있다. 하지만 그 모습은 이전 상황과 비슷하다. (75쪽 '혁명과 폭주'를 읽어보자.) 문명 대전환 시기에는 지적 도약이 이뤄지고 이를 통해 부가 재편된다. 새로운 기술이 민중을 자극하고 불평등이 심화되면서 사회적 불안정성도 커진다. 그 결과 20세기 초의 파시즘과 같은 전체주의가 21세기의 극우 세력으로 되살아나고 있다. 원자폭탄 대신 인공지능이, 좌우 이념 대신 경제적 득실이 대신할 뿐이다. 현재 세계의 한쪽에는 제조업 수출로 먹고 살아야 하는 중국, 자원 수출로 먹고 살아야 하는 러시아가 있고 반대쪽에는 수입을 줄이고 재정적자를 해결해야 하는 미국과 서구 진영이 있다. 세계는 탈세계화, 고립주의, 기술 패권 경쟁에 빠져들고 있다. 이들 사이의 접점은 반도체와 인공지능 등 첨단 디지털 기술이다.

동시에 세계는 기후위기 속에서 공존 공멸의 선택에 놓여 있다. 각 국가와 기업은 화석에너지를 계속 팔고 써야 하지만 동시에 재생에너지 체계로 빨리 전환해야 한다. 석유와 석탄을 사용하던 중후장대한 공장과 산업시설은 매몰비용이 됐고 햇빛과 바람을 이용하기 위해 막대한 투자가 필요하다. 원래 바꾸는 것은 새로 만드는 것보다 더 힘들다. 기후 문제는 혼자 해결할 수도 없다. 제한된 시간 안에 문제를 풀려면 모두가 협력해야 한다. 하지만 그 안에서 자기 손해를 최소화해야 하는 딜레마에 놓여 있다.

이 와중에 '대한민국은 정점을 지나고 있다'Peak Korea. 성장률은 떨어지고 탈세계화와 기술패권 경쟁으로 시장은 위축되고 자원의 글로벌 가치사슬마저 붕괴되고 있다. 그동안 나라를 발전시켜온 핵심 요인은 집단 교육된 인적자원이었다. 하지만 인구는 갈수록 줄고 있다. 2023년 합계출산율은 0.72명으로 OECD국가 중 합계출산율이 1이 안 되는 유일한 나라다. 2050년 노령화 지수 456으로 가장 늙은 나라가 된다. 이것은 예정된 미래다. 당장 노인 부양과 노후 빈곤, 직업의 불안정 등 수많은 문제가 온다.

가장 심각한 것은 고급 두뇌의 부족이다. 이공계 박사과정생은 2050년이면 2만 4천 명 수준으로 급감할 것으로 예상된다.[1]

그러나 정치는 지난 20년간 후퇴를 거듭했다. 이명박정부는 4대강을 추진하며 토건 시대로, 박근혜정부는 박정희 향수를 갖고 개발독재 시대로 되돌아가려 했다. 문재인정부는 적폐청산을 외치며 민주화운동의 연장선에 머물렀고 윤석열정부는 아예 이승만, 전두환 시대로 가고자 했다. 갈 길은 먼데 날은 저물고 있다日暮途遠. 변화는 처음에는 다이얼을 돌리는 것처럼 점진적으로 가는 듯하지만 임계점을 넘어선 어느 순간에는 스위치를 켜는 것처럼 별안간 올 수 있다. 완전히 다른 세상이 올 때 우리는 바람처럼 숲처럼風林火山陰雷 대응할 수 있을까.

우리나라는 동아시아에서 유일하게 진정한 근대화를 이룬 나라다. 러시아, 중국, 일본, 미국, 심지어 몽골까지 모두 제국을 운영해 본 나라들이다. 그러나 러시아와 중국은 권위주의 국가이며 몽골은 아직 산업화가 안 되어 있다. 일본은 산업화에 앞섰지만 일본의 근대화에는 민주주의가 없다. 일본은 제국주의가 패망한 이후에도 수십 년 동안 일당 지배 아래 있었고 민중의 각성으로 정치권력을 바꿔 본 적이 없다.[2]

유일하게 근대성을 성취한 나라는 우리나라뿐이다. 산업화와 민주화를 동시에 이뤄냈기 때문이다. 하지만 권력은 이런 성과를 진보와 보수로 나누어 각각 산업화, 민주화라는 이름으로 반쪽씩만 인정하고 있다. 그 결과 인공지능이 박사급 논문을 작성하고 화성에는 탐사 헬기가 날아다니는 21세기인데도 우리나라 화폐 인물은 율곡 이이, 신사임당, 퇴계 이황 등 16세기에 머물러 있다. 정치권력이 근대를 통합하지 못했기 때문이다.

무너진 솥단지

권력은 의지다. 지식이 분석만 할 때 권력은 행동하고, 지식이 여건을 탓할 때 권력은 도전한다. 5.16 군사정변은 '혁명'을 자처하며 목숨을 건 권력 획득 과정이었다. 장준하가 '혁명 과업을 완수하고 본연의 임무에 복귀하겠다'는 박정희의 민정 이양 약속을 믿고 '부패와 무능과 무질서와 공산주의 책동을 타파하고 국가의 진로를 바로잡으려는 민족주의 혁명'이라고 극찬한 이유였을 것이다. 또한 민주화 투쟁 역시 목숨을 건 행위다. 계란으로 바위 치기와 같은 객관적 불리함을 불굴의 용기로 극복해낸 것이다. 의지와 용기는 분석으로 나오는 것이 아니다. 그것을 넘어서는 것이다.

그러나 모든 권력이 그렇듯이 박정희는 민정 이양 약속을 지키지 않았고 삼선개헌과 유신헌법으로 권력을 연장하다 그 자신 스스로 '불운한 군인'이라고 했듯이 비극적 종말을 맞았다. 군사 쿠데타라는 반민주적 권력 찬탈 방식은 전두환, 노태우 신군부로 이어진 것은 물론 45년이 지나서도 윤석열의 내란으로 되살아나면서 치유되지 않는 깊은 상처를 남겼다. 지식이 정의正義라는 의미를 부여할 수 없는 권력이란 의지나 용기가 아니라 탐욕에 불과할 뿐이다.

우리나라의 근대화는 국민들이 부자가 되겠다는 욕망으로 이뤄진 것이 아니라 다시는 나라를 잃고 낙오하지 않겠다는 다짐으로 이뤄진 것이다. 즉 우리 국민은 나라를 잃은 설움, 전쟁의 참화를 겪으며 나라를 지키고 발전시켜야 한다는 강박에 시달렸다. 그로 인해 일부는 국가와 정권을 동일시하는 오류에 빠지기도 했다. 정치인을 공복公僕이 아니라 성군聖君처럼 추종하는 인식도 여전히 일부 남아 있다. 하지만 어쨌든 근대화를 이루고 역사를 이끌어온 주체는 희생하고 일하며 싸운 민중이다.

따라서 정치권력 획득을 목표로 하는 정당의 사무실에는 정치인의 사진이 걸려 있을 수 있겠지만, 역사의 주인은 민중이라는 점을 확립해야 한다. 그런 점에서 민중은 국가 위기 때마다 일어나 국난을 극복하는 존재에 머물러서는 안된다. 더 나아가 국가를 이끄는 주체로서 권력을 감시하고 위기를 사전에 차단할 수 있어야 한다. 즉, 우리나라의 민주주의는 권력의 불의와 불법에 대해 일어나는 '저항적 민주주의'가 아니라 권력을 견인하고 통제하는 '주도적 민주주의'가 되어야 한다.

또한 민중에게는 삶이 나아지는 '성공'이 중요하다. 오늘날 대부분의 중국인들은 공산당이 주도한 해방 투쟁과 이후 산업화의 성공을 자랑스럽게 여긴다. 일본인들도 비록 전쟁을 일으키고 일당 장기 집권을 하고 있지만 산업화를 이뤘고 패전 후 부흥에 성공한 자민당에게 오랫동안 집권을 맡기고 있다. 권력은 누가 집권하느냐가 중요하고 지식은 무슨 의미인가가 중요하겠지만 민중에게는 이념도 독재도 결국 수단에 불과할 수 있다. 민중의 삶에 성공과 행복을 만들지 못하는 것이라면 그것이 아무리 화려한 논리를 가졌다 해도 무슨 의미가 있겠는가.

결국 현실에서 권력의 의지, 지식의 진리, 민중의 행복이 솥단지의 세 발처럼 정립鼎立해야 한다. 어느 하나라도 놓치면 솥은 기울어지고 말 것이다. 변화의 시대에 수성파와 창업파로 나뉜 정몽주와 정도전, 인조와 소현세자, 개발독재에 참여한 지식인과 비판한 지식인들의 비교에서 보았듯이 지식이 권력에 종속되면 진리를 잃고, 권력을 거부하면 변화를 이끌 수가 없다. 민중 역시 마찬가지다. 권력에 종속되면 노예의 삶을 살게 되고 권력을 부정하면 혼돈의 무질서를 각오해야 한다. 이렇듯 지식, 권력, 민중은 대등하고 독립적이어야 한다.

그런데 디지털 시대가 되면서 이 세 가지는 모두 대격변을 겪고 있다. 전통적인 지식 플랫폼인 교육과 언론은 권위를 잃고 해체되고 있다. 지식은 양적으로 팽창했지만 질적으로는 진실조차 분간하기 어렵게 됐다. 쏟아지는 지식 인플레이션으로 지식인의 권위는 떨어졌고 사회적 역할은 무너졌다. 민중은 디지털 수단으로 지식을 쉽게 얻고, 언제나 말할 수 있는 권력을 얻었지만 끌리고 쏠리고 들끓는다. 또한 사회적 시선과 언어적 갈등에 시달린 나머지 피해와 간섭을 회피하고자 개인 공간 속으로 도피하고 있다. 권력은 불안정한 민중과 소통하느라 포퓰리즘에 빠지고 흩어지는 사회를 통합할 수단이 없다.

그 결과 지지 세력은 재편되고 권력은 극도로 불안정해지고 있다. 우리나라 정치세력 역시 보수 우파와 진보 좌파라는 이름으로 양분되어 있지만 실제 내용은 이름과 아무 상관이 없다. 원래 보수주의Conservatism는 프랑스혁명 시기 왕족이나 귀족이 기독교적 전통 등 전통 가치를 지키려던 사상이다. 그러나 우리나라는 조선 왕조가 망했고 일제 강점기와 전쟁을 거치면서 양반 귀족 사회도 사실상 해체되었으며 전쟁으로 지주 계급도 거의 사라지고 없다. 개발독재 시대의 군부 세력도 모두 해체되고 퇴진했다. 다만 성리학적 관습과 이상사회에 대한 향수가 있을 뿐이다.[3]

따라서 자칭 보수는 '보수保守'할 것이 없다. 그 빈자리를 일부 극우 세력은 이승만을 초대 대통령이라는 명분으로 가져와 억지로 메꾸려 한다. 반면 자칭 진보는 '진보進步'하지 않는다. 저항과 반대가 타성이 돼 스스로 미래를 주도하지 못한다. 보수는 보수할 것이 없고, 진보는 진보하지 않는다. 이런 모순된 이름의 정치 구조가 민주화 이후 1990년대 정보화와 함께 형성된 것은 우연이 아닐 것이다.[4] 민주화로 인한 보수의 몰락과 정보화로 인한 진보의 재편이 이름과 맞지 않는 정치 지형을 만든 것이다.

이념의 종말

오래전에 냉전이 끝났음에도 아직도 많은 사람들이 시장경제, 계획경제를 내건 좌우 이념의 두 세계가 대립하고 있다고 생각한다. 하지만 공산주의 국가 주석 시진핑은 자유시장 경쟁을 요구하고 자본주의 국가 대통령 트럼프는 관세장벽을 쌓으며 '미국을 다시 위대하게'Make America Great Again 하자고 외친다. 양 진영 모두 일찌기 시장의 실패와 정부의 실패를 반복했다. 하지만 양 진영의 권력은 달라진 것이 없다. 권력은 그것을 획득할 때만 이념의 깃발을 높이 든다. 권력의 목적은 '이기는 것'이고 이념은 그것이 '옳다'고 주장하는 수단이다. 이념은 권력을 위한 포장지일 뿐이다.

아담 스미스Adam Smith가 『국부론國富論』을 쓴 것은 일부 시장 만능주의자들이 주장하듯이 시장의 자유에 모든 것을 맡기기 위해서가 아니라 책 제목 그대로 부강한 나라를 '만들기' 위한 것이었다. 마르크스Karl Marx는 『자본론資本論』으로 자본의 착취 구조를 밝혔지만 그의 생계는 자본가 엥겔스Friedrich Engels가 맨체스터 공장을 운영해 얻은 이익에 의존했다. 그는 사적유물론을 주장했지만 그와 엥겔스의 우정은 일방적 선의에 따른 비非유물론적인 것이었다. 세상의 문제는 복잡하다. 완전히 단 하나의 관점으로 해결할 수 있는 이념이란 없다.

현재 유럽의 선진국들은 좌우 이념의 극단적 실패를 경험한 뒤 이념이 아니라 구체적 정책으로 국민의 지지를 받으려 노력한다. 따라서 다양한 연합과 연립이 이뤄진다. 이들 나라의 정당은 대체로 중도정치 성향이 많으며 정당의 역사가 100년을 넘어 안정적인 정치를 형성한다.[5] 오늘날 중도좌파 정당은 경제적 평등과 복지를 추구하며 정치적 경제적 자유를 지향한다. 중도우파 정당도 시장원리에 따른 경쟁의 자유에 비중을 두되 평등과 복지에도 힘을 기울인다.

그런데 우리나라는 이보다 더 꼬여 있다. 근현대의 좋은 것이 나쁜 것을 통해 들어왔기 때문이다. 신문물을 가져온 외세의 침략은 딜레마였다. 근대화를 하려면 받아들여야 했고, 민족 독립을 하려면 싸워야 했다. 근대화를 하려면 봉건왕조는 타도해야 했고 민족 독립을 하려면 왕조와 함께 외세와 맞서야 했다. 따라서 일제 침략과 강점기에 반제 반봉건反帝反封建의 이중적 과제는 현실적으로 존재하지 않았고 오히려 민족 독립과 근대화는 모순되기까지 했다.[6] 이런 문제는 해방과 건국 이후에도 계속됐다. 경제발전의 기회는 독재 권력의 추진력과 일본과 협력이 필요했다. 반면 민주주의를 하려면 저항해야 했고 민족 통일을 위해서 북한과 화해해야 했다. 그 결과 전통을 지키고 민족을 지향해야 할 보수가 오히려 개발을 주도하려 하고 동족인 북한에 적대적이며 일본과는 관계 개선을 하려 한다. 반면 도전적이고 미래지향적이어야 할 진보는 오히려 일본에 사과를 요구하고, 동족상잔을 일으킨 북한과 화해하려 하며, 성장에 비판적이다. 명칭과는 정반대의 모순을 보이는 것이다.

하지만 이제 세상은 지식 발전으로 고해상도로 이해될 뿐만 아니라 비트bit로 인해 재조립되고 있다. 철학자들은 더 이상 이분법에 따른 대립 관점으로는 문제를 해결할 수 없다는 것을 깨닫고 있다. 일본의 철학자 지바 미사야千葉雅也가 쓴 『현대사상입문』은 현대의 대표적 구조주의 철학자인 데리다Jacques Derrida를 '개념의 탈구축', 들뢰즈Gilles Deleuze를 '존재의 탈구축', 푸코Michel Foucault를 '사회의 탈구축'으로 보면서 이항대립의 해체7라는 관점에서 설명한다. 이분법이 아니라 역동성과 변화를 받아들이고 다양성을 강조하는 새로운 시대가 오고 있음을 간파한 것이다. 더 이상 세상을 위악추僞惡醜와 진선미眞善美로 단순히 나누고 담장 안의 우리 편만 문명, 바깥은 야만이라고 할 수 없다. (안도감安堵感이란 단어는 담장堵안에 있으면 편안하다는 뜻을 갖고 있다.)

새로운 지식인

1960년대 사회학자 테드 넬슨Ted Nelson이 세상의 모든 지식을 컴퓨터 문서로 담는 하이퍼텍스트Hypertext 개념을 만들었고 이후 팀 버너스 리Tim Berners-Lee가 월드 와이드 웹WWW을 만들면서 지식의 대혁명은 현실이 됐다. 전통적 지식은 서지書誌 문화의 활자를 통해 정제된 지식으로 기승전결의 선형적 논리구조에 따라 순차적으로 소비된다. 반면 디지털 지식은 잡담과 고담준론이 뒤섞여 임의접근Random access식으로 소비된다. 따라서 디지털 문해력Digital Literacy은 단순히 전자로 표현된 글자를 이해하는 것이 아니라 디지털 메커니즘과 사회적 의미로서 지식을 이해하는 것이다. 이런 디지털 문해력을 가진 새로운 디지털digital 신흥 지식계급literati을 디제라티digerati라고 한다. 이들은 컴퓨터와 인터넷이 만드는 개방된 디지털 세계에서 과거와 다른 방식으로 성공을 일구고 있다.

반면 전통적 지식인은 경제적 투자로 학력을 쌓고 사회적 제도로 권위를 부여받아 기득권을 대물림하고 있다. 디제라티는 이들과 다른 성향이지만 '능력주의'를 선호한다는 점에서는 같다. 디제라티 신지식인은 디지털 리터러시 면에서 유리하고, 전통적 구 지식인은 사회적 자원 면에서 유리하기 때문이다. 그 결과 기술과 돈을 가진 이들은 서로 가까워지고 있다. 구 지식인 중 월스트리트의 금융전문가와 신지식인 중 실리콘밸리의 기술기업가들이 가까워진 이유다. (디지털은 금융처럼 그 스스로는 아무것도 못하지만 세상과 결합하면 세상을 바꾸는 힘을 드러낸다는 점에서 닮았다.) 특히 우리나라는 경제적 지원으로 쌓은 학력과 단 한 번의 시험 결과를 일신종속적 능력으로 보장해주면서 지식이 특권화 됐다.[8] 박권일은 "한국은 단지 '시험 치는 기술'에만 보상을 주고 시험에 탈락한 모두에게 불이익을 주는 사회로 진화했다".[9]고 비판한다. 마이클 존스턴Michael Johnston 교수도 "한국의 부패는 엘리트 카르텔"이라고 한다.

디지털 시대는 지식의 생성과 유통, 소비가 지금까지와는 차원이 다른 폭발력을 가진 사회다. 따라서 지식인은 정주민settler이 아니라 유목민nomad에 가깝다. 지식인은 성주城主처럼 권위를 갖고 머무르는 판관이 아니라 상인商人처럼 주유周遊하며 사회와 대화해야 한다. 마이크로소프트의 사장 브래드 스미스Brad Smith는 『기술의 시대』(2021)에서 기술이 사회를 변화시키고 있기 때문에 기술기업은 사회와 대화해야 한다고 주장한다. 실제로 미국의 일론 머스크Elon Musk는 "화성으로 이주할 준비를 해야 한다"거나 중국의 알리바바 창업자 마윈馬雲은 "기차역을 관리하는 방식으로 공항을 관리할 수 없다"고 하는 등 적극적으로 사회적 목소리를 낸다. 반면 우리나라의 테크 기업 경영자들은 은둔의 경영을 하는 경향이 있다.

우리나라의 지식인 모델은 최고 권력자가 인재를 알아보고 삼고초려三顧草廬해 모시고 가서 사표師表로 삼는 제갈공명식에 가깝다. 역사학자 임용한의 설명에 따르면 삼국지 인물 중에서 중국은 문무를 겸비한 관우를, 일본은 사무라이 이미지의 조자룡을, 한국은 머리 좋은 제갈공명을 더 좋아한다고 한다. 우리에게는 문文을 숭상하면서도 지식을 철저하게 권력에 예속된 것으로 여겼던 봉건적 사고가 남아 있기 때문이다. 또한 사육신[10]처럼 지식인은 죽음을 각오하거나, 빈한한 삶을 살며 민중을 위해 권력자보다 오히려 훨씬 높은 도덕성이 필요하다고 생각한다. 이 역시 지식인을 권력의 신하로서 저항하고 희생함으로써 소임을 다해야 한다는 봉건적 사고가 바닥에 깔려 있기 때문이다.

이제 새로운 지식인은 권력과 대등해야 한다. 지식이 권력에 종속되면 지식은 권력을 위한 이념이 된다. 반대로 권력이 지식에 종속되면 권력은 결단과 의지를 잃어버리고 분석과 평가만 하며 문제를 해결하지 못한다. 국회가 정부의 시녀가 되면 거수기가 되고 정부가 국회의 포로가 되면 아무것도 할 수 없는 것과 같다.[11] 따라서 이제 더 이상 강태공처럼 낚시를 하며 주군을 기다리거나 사육신처럼 목숨을 초개草芥처럼 버리는 지식인 상像을 가질 이유가 없다.

디지털 시대의 지식인은 사회적 시야를 가진 전문가, 디지털 문해력을 가진 시민으로 넓어지고 있다. 아무도 모르는 병으로 사경을 헤매던 열일곱 살 문송면 군에게 '병의 증상이 아니라 직업을 물어봄으로써' 수은중독이라는 산업재해를 밝혀낸 의사 박희순[12]처럼 지식인은 전문지식에 머무르지 않고 사회적 노동을 볼 줄 알아야 한다. 또한 백혈병으로 숨진 딸을 위해 인터넷을 배워 삼성전자와 싸워 이긴 택시기사 황상기[13]처럼 디지털 시민이 되어야 한다. 사회학자 김종영 교수는 이를 지식인으로서의 시민이자 시민으로서의 지식인이란 의미로 지민知民이라고 부른다. 그에 따르면 지민은 "정보화 시대의 급격한 진전, 관료 기구의 모순과 생활 정치(하위 정치)의 부상, 지식(정보)의 국제적 유통, 전문가 체제의 분열, 고등교육의 보편화"로 인해 출현한다. 이로써 지식인은 특정 직업에 고정된 것이 아니라 민중 전체에서 발전할 수 있는 존재가 되었다.

과학기술 합리성

지식은 두 가지 문제를 해결하며 발전해 왔다. 자연에 대한 문제는 자연과학이 정답을 찾고, 인간에 대한 문제는 사회과학이 해답을 찾아 왔다. 자연과학은 관찰과 실험을 통한 검증으로 탐구할 수 있다. 따라서 발전이 가능하고 정답이 있다. 하지만 사회과학은 다르다. 사회는 주체적 판단을 하는 인간들로 이뤄져 있고 반복 실험이 어려울 뿐만 아니라 가치로부터 완전히 벗어나 관찰하기 어렵다. 그래서 그때마다 해답이 있을 뿐이다. 따라서 인간에 대한 문제를 다루는 사회과학은 늘 한쪽 입장에서는 불완전하고 양쪽 모두에게는 '부분 진리'일 수밖에 없다. 이 때문에 인간 문제의 현실적 해법은 보편적 윤리와 법과 권위에 의한 강제 두 가지로 이뤄진다.

하지만 윤리는 당위적 가치로 권장되는 것일 뿐 현실의 완벽한 해결책은 아니다. 대표적으로 '내로남불(나에게는 로맨스지만 남에게는 불륜)'은 흔히 나와 남에게 윤리 기준을 다르게 적용하는 것을 비판할 때 쓴다. 그러나 '나'는 특정한 개인이며 주관적 주체이지만 '남'은 임의의 다수이고 추상적 객체다. 개인과 집단, 주체와 객체, 고유한 존재와 추상적 존재라는 서로 다른 층위의 두 가지에 보편적 윤리라는 동일한 잣대를 적용하기란 쉽지 않다.

또 다른 해법인 법과 권위에 의한 강제 역시 마찬가지다. 사회과학에서 정치는 '한 사회를 위한 가치의 권위적 배분'이라고 정의하고, 경제는 "희소성의 조건하에서 자원의 배분"이라고 정의한다.[14] 즉, 정치학과 경제학은 만들어지거나 발생한 가치와 자원을 배분하는 학문이다. 그런데 배분의 본질은 투쟁과 타협, 권위와 수용에 있다. 이런 한계 때문에 인간에 대한 문제는 완전한 해결책이 없다. 스웨덴 한림원은 노벨경제학상을 폐지할 것을 촉구하기도 했다. 노벨이 유언으로 남기지 않은 분야이기도 하지만 "경제학이 절대적으로 근본적인 학문 분야 중 하나는 아니다"라는 것이다.[15]

즉, 사회과학은 정답이 아니라 해답을 찾는 학문이다. 따라서 서로의 요구를 명확히 이해하고 상황을 공유하여 갈등을 최소화하는 것이 출발점이다. 그래서 공동체는 거대 담론뿐만 아니라 개인 사이의 담소화락談笑和樂도 함께 필요하다. 즉, 언어적 수사, 의전과 같은 소통 방법과 형식이 중요하다. 민주주의가 발전한 고대 그리스에서 수사학修辭學이 발달한 이유일 것이다. '연결된 개인'의 디지털 시대는 끊임없이 변화를 관찰하고 소통하며 조정하고 협의해야 한다. 그런데 사회과학은 이와 같은 목적보다는 과학성을 보이기 위해 수학에 집착하는 경향이 있다. 정치학은 여론조사의 통계에 빠지고 경제학은 효율성을 위한 수학적 증명에 매달린다. 그러나 그런 많은 증명과 계산은 '다른 모든 조건이 동일하다면'ceteris paribus이라는 가정을 전제한 것이다.[16]

끊임없이 변하며 모든 것이 연결되어 서로 영향을 받는 디지털 세상에서 그게 얼마나 의미가 있을까? 더 큰 문제는 정치학과 경제학이 다른 분야의 학문을 모두 통괄하는 듯한 착각에 빠져 있다는 점이다. 일부 경제학자와 정치학자는 심지어 자신이 마치 경세가經世家인 것처럼 행세하기도 한다. 그래서 여전히 과학기술에 대한 이해가 부족한 사람들이 정치, 경제, 법률 분야에서 공부했다는 이유만으로 과학기술자들 위에 군림하며 부리려는 경향까지 있는 것이다. 뿌리 깊은 사농공상士農工商의 숭문주의崇文主義를 걷어내야 한다. 사회과학은 원론적 탐색에 맴도는 데 반해 자연과학은 축적 후 도약한다. 사회과학이 등속 발전한다면 자연과학은 가속 발전한다. 따라서 이제 학문적 통섭統攝은 지식인의 책무다.

산업화 이후 20세기는 오히려 과학기술 리더십으로 발전해 왔다. 프랑스혁명의 주역 중 한 사람인 라자르 카르노Lazare Carnot는 명문 공학계열 학교인 에콜 폴리테크니크École Polytechnique를 창설한 물리학자였고 포병장교 나폴레옹Napoléon Bonaparte은 신무기인 대포에 스팀 엔진을 장착해 기동력을 높이고 총알의 표준을 정해 무기 관리를 혁신시킨 기술 지식인이었다.[17] 산업화에 성공한 일본의 덴노 역시 신격화된 존재였지만 연구와 저술을 함께한 과학자이기도 했다. 쇼와昭和는 섬과 바다에서 채집한 히드라충강 동물에 관한 논문을 쓴 생물학자였고, 아키히토明仁는 망둑어과 분류 전문인 어류학자이기도 하다.

벤자민 프랭클린Benjamin Franklin[18]은 미국인들에게 가장 존경받는 인물 중 한 사람으로 그는 100달러 화폐의 주인공이다. 그는 목숨을 걸고 비오는 날 연을 띄워 번개가 전기라는 것을 밝혀낸 과학자이기도 하다. 미국 러시모아산의 큰바위 얼굴에 새겨진 위대한 4명의 대통령 역시 과학기술자다.[19] 세계 최강대국 미국은 이렇게 과학적 리더십 위에 세워졌다. 또한 이스라엘의 독립 영웅이자 초대 대통령인 하임 바이츠만Chaim Weizmann은 아세톤 제조법을 만들어낸 화학자다. 그와 함께 설명이 필요 없는 과학자 아인슈타인Albert Einstein은 서방 세력으로부터 이스라엘 건국을 약속 받아내는 데[20] 크게 기여했다.

따라서 새로운 미래에는 과학을 사회적 기본 원리로 삼을 수 있는 리더십을 만들어야 한다. 과학이 강한 이유는 의심하기 때문이다. 칼 포퍼Karl Popper는 어떤 가설이 과학으로 평가되려면 그 가설은 반증 가능해야 한다고 했다. 반증주의falsificationism는 과학이 끊임없이 실패할 수 있다는 것을 의미한다. 대신 과학은 실패를 통해 더 많은 것을 받아들인다. 따라서 열린 자세와 변화를 수용하는 태도, 도전하는 정신은 과학적 정신의 근간이다. 이것들은 기득권화된 정치권력이 보통 받아들이지 않는 것들이다. 즉, 과학에 바탕을 둔 지식은 권력의 퇴행을 막는 힘이기도 하다.

우리의 미래

우리에게는 새로운 전환의 기회가 있다. 지적 혁신과 권력의 의지로 극복해 나가야 한다. 하지만 그 목적은 진정한 행복을 위한 것이어야 한다. 새로운 시대는 과거를 연장하는 시대가 아니라 완전히 달라진 시대다. 따라서 지식보다 더 큰 차원의 지혜가 필요하다. 혼돈과 질서가 교차하는 시대, 권력과 민중의 속도와 방향을 이끌어갈 지식. 그것이 파레오로스의 지혜다.

미래 전환이라는 시대정신

멀리 왔다. 여기까지 긴 역사를 돌아보고 변화하는 현실을 짚어본 것은 결국 미래를 이야기하기 위해서다. 인간이 미래를 생각해낸 가장 큰 사건은 농업혁명이다. 농업혁명이 위대한 점은 농사짓는 방법을 알아낸 것이 아니다. 기원전 7천 년경 신석기인은 '내년 봄을 위해 가을에 거둔 씨앗을 전부 먹지 않고 일부는 남겨두어야 한다'碩果不食는 것을 깨달았다. 그들은 당장의 굶주림을 견디며 봄에 씨앗을 심었고 가을에 더 많은 수확을 거둘 수 있었다. 농업혁명은 장기적 목표에 따라 자원을 시간에 맞춰 배분하고 현재의 욕망을 통제하는 것, 즉 '미래 투자'라는 개념을 알아낸 지식 혁명이었다.

하지만 미래는 매우 독특한 영역이다. 그것은 우리가 필연적으로 맞이할 것이지만 아무도 정확히 그것이 어떻게 될지 모른다. '신을 웃기려면 인간들의 계획을 이야기해주라'는 말이 있듯이 인간사는 뜻대로만 이뤄지지 않기 때문이다. 하지만 우리는 미래를 준비해야 한다. 그것이 공상空想이 아니라 상상想像이 되려면 역사의 통찰과 현재의 관찰로 시작해야 한다. 1984년 미국 SF작가 윌리엄 깁슨William Gibson은 "미래는 이미 와 있다. 단지 널리 퍼져 있지 않을 뿐이다"[21]라는 말을 남겼다. 미래는 어쩌면 이처럼 우리 가까이 와 있는 생각, 기술의 발전 단계를 기준으로 예측할 수 있을 것이다.

경제학자 클라우스 슈바프Klaus Schwab는 시대를 1차 철도와 증기기관, 2차 전기와 대량생산, 3차 반도체와 컴퓨터, 4차 유비쿼터스, AI 등 맞춤생산 이렇게 4단계 산업혁명기로 나눴다. 이는 특히 우리나라에서 '4차산업혁명'이라는 말을 유행시켰다.[22] 반면 저술가이자 경제학자인 제레미 리프킨Jeremy Rifkin은 1차 석탄과 기차, 2차 석유와 자동차, 3차 재생에너지와 인터넷 등 3단계로 나눈다. 러시아 경제학자 콘트라티에프Nikolas Kondratiev는 기술혁신에 따라 50~60년의 장기 경제순환 주기설을 주장하는데 1780년대의 산업혁명, 1840년대의 철도, 1890년대의 자동차 등이 그 예다.

이보다 더 크게 경제학자 카를로타 페레스Carlota Perez는 100년을 주기로 산업혁명이 이뤄진다며 생산 50년과 소비 50년 두 단계를 거친다고 본다. 이는 신기술이 세대의 경제활동을 구성하여 삶에 반영되는 시간까지 고려한 점이 다르다.[23] 이에 따르면 1차 산업혁명(1770년~1870)의 전반 50년은 수차水車 덕분에 섬유를 대량생산했고 후반 50년은 증기기관 덕분에 물자를 이동하고 전신으로 멀리 통신이 가능해지면서 소비가 이뤄졌다. 2차 산업혁명(1870~1970)의 전반 50년은 철강과 화학제품 등을 대량생산하였고 후반 50년은 일반 소비자가 석유와 전기를 이용해 다양한 가전제품을 소비하게 됐다. 그리고 제3차 산업혁명(1970~2070) 전반 50년은 데이터를 대량생산하였고 후반이 될 앞으로 2020~2070년 사이는 유전자 편집, 클라우드 컴퓨팅, 인공지능 등 새로운 기술이 삶에 대중화되어 활용될 것으로 예상한다.

학자들의 구분이 무엇이든 우리가 아날로그에서 디지털로, 화석에너지에서 재생에너지로 문명사적 대전환의 갈림길에 서 있는 것은 분명하다. 전환轉換이란, 질서의 아폴론Apollo에서 일탈의 디오니소스Dionysos에게로 넘어가는 것이다. 두 신은 제우스의 아들들로 형제 사이지만 정반대의 세계를 상징한다. 지금까지 질서였던 것이 혼돈이 되고, 혼돈이었던 것이 질서가 되면서 새로운 창발과 소멸이 일어난다. 디지털 전환은 우리보다 뛰어난 지능을 가진 기계들과 살아야 하는 것을 예고하고 재생에너지는 세상을 움직이는 힘의 원천이 바뀌는 것을 예고한다. 초지능과 무한 동력의 시대! 우리의 삶은 근본적으로 달라질 것이다.

인류는 다시 큰바다로 나아가는 중이다. 배가 항구에 있을 때는 가장 안전하지만 항해에 나서야 하는 것이 배의 숙명이다. 전환의 바다에서는 수많은 위기와 기회를 만나게 될 것이다. 순풍도 불겠지만, 역풍 또한 불 것이다. 어느 쪽에서 바람이 불어오든 미래를 향해 나아가도록 돛을 펼쳐야 한다. 안전한 항구Comfort zone를 떠나 새로운 미래로 나아가는 것. 즉, 헤겔F.Hegel이 주장한, 이 시대를 이끄는 시대정신Zeitgeist은 바로 미래 전환이 될 것이다.[24]

전환 성장의 기회

이 거대한 전환 속 위기를 어떻게 기회로 만들 것인가. 나심 탈레브Nassim Taleb는 『안티프래질』에서 "바람이 불면 촛불은 꺼지지만 모닥불은 더 타오른다"고 말한다. 흔히 위기危機를 위험한 기회라고 한다. 역경逆境이 지나가면 경력經歷이 되고 독이 약이 되듯이 축복과 저주는 동전의 양면이다. 그렇다면 오히려 에너지와 디지털에서의 대전환은 대한민국의 새로운 성장을 만들 절호의 기회다.

구 소련의 과학자 카르다세프Kardashev은 문명 수준을 지구에서 얻을 수 있는 최대의 에너지를 다 사용하면 Type1, 태양계의 에너지를 모두 사용하면 Type2, 우주의 에너지를 모두 사용하면 Type3으로 구분한다. 혁신 사업가인 일론 머스크는 이를 소개하면서 현재 지구는 Type1에서도 지구에 도달하는 태양에너지의 0.73만 사용하는 수준이라고 주장한다. 따라서 평방마일당 하루 3GWh를 생산[25]할 수 있는 태양광을 이용하면 텍사스주나 뉴멕시코주의 작은 코너만 이용해도 미국 전체 전기 수요를 충족할 수 있다고 한다.[26] 이 계산을 우리나라 연간 전력량을 600TWh으로 잡고 적용하면 경기도 포천군($826.4km^2$)과 가평군($843.3km^2$)을 합친 넓이면 우리나라 전기 수요를 모두 충족할 수 있다.[27] 마크 제이콥슨Mark Jacobson 교수는 한국은 풍력, 수력, 태양광WWS으로 2050년까지 에너지 완전 자립이 가능하다고 보는데 그의 계산으로는 국토의 4.11%만 있으면 된다. 이는 대략 서울의 6.8배 정도[28] 크기다. 하지만 전국의 건물 외벽 및 옥상, 도로 등을 통합 태양광Integrated PV으로 구성한다면 그보다 훨씬 적은 면적으로도 가능할 것이다.

우리나라는 OECD 국가 중 원유 의존도 1위[29]다. 2023년 원유, 가스, 석탄 등 3대 에너지 수입액은 1,908억 달러로 사상 최고치를 기록했다. 하지만 재생에너지로 전환하면 발전을 위해서 석유나 석탄을 사올 필요가 없어진다. 뿐만 아니라 자동차가 전기차로 바뀌고 난방 역시 전기화가 되면 수송용, 건물용 에너지도 수입할 필요가 없어 해마다 100조 원 이상의 엄청난 외화를 영구히 절감할 수 있다.[30] 에너지 가격변동과 자원 고갈을 걱정할 일도, 에너지를 싣고 오는 해상 경로의 국제분쟁에 끌려들어갈 이유도 없다. (재생에너지의 생산이 유리한) 바다와 평지, 임야 등을 중심으로 새로운 SWB(태양광, 풍력, 배터리)를 비롯한 발전 사업과 이를 기반으로 하는 스마트그리드 구축, 신산업 재편이 일어나 새로운 성장 동력이 생길 것이다.

지난 140년 넘게 계속된 교류전력 계통의 전력 생산과 송전, 배전 등을 재구축하는 과정은 어마어마한 기회를 만들 것이다.[31] 우리나라 전체 취업자의 20% 수준인 555만 명의 자영업자들이 도시 외곽에서 저렴한 에너지로 공방이나 소규모 공장, 유통 상권을 형성하고 은퇴한 노장년층이 풍력과 태양광으로 운영되는 스마트팜을 공동 운영하며 실버타운을 형성할 수 있다.[32] 또 재생에너지 발전을 기본소득으로 지급하고 전력 요금이 송전 거리와 비례하게 되면 제조 공장과 주거 공간이 재배치되면서 수도권보다는 지역의 우위가 살아나 국토 균형 발전에도 기여할 것이다. 이미 전남 신안군은 태양광 발전으로 얻은 수익을 '햇빛연금'으로 지급하고 있다. (2030년까지 10GW를 생산해 모든 군민에게 월 50만 원을 지급하는 것을 목표로 하고 있다.)

또 다른 한 축인 디지털 전환은 공공 혁신으로 국민의 생활과 산업 전반에 엄청난 효율을 낼 수 있다. 공공서비스는 독점이다 보니 경쟁을 원리로 하는 상업 서비스에 비해 순발력과 융통성이 떨어진다. 그래서 공공의 비효율성은 마치 당연한 것처럼 여겨져 왔다. 그러나 디지털 전환 시대는 정반대다. 공공서비스는 민간과 달리 경쟁이나 수익성에 얽매일 필요가 없고 강력한 독점 권한을 갖고 있어 더욱 혁신적 서비스를 할 수 있다. 대표적인 행정서비스인 전자정부는 연말정산 간소화, 각종 민원서류의 온라인 발급 등 과거 상상할 수 없었던 편의를 제공하고 있다.

2001년 개항한 세계 최대의 인천공항 항행안전시스템은 공공 부문이 만들어낸 디지털 전환의 훌륭한 사례다. 이 시스템은 연간 7,700만 명의 여객과 500만 톤의 화물을 현재까지 단 한 번의 사고 없이 운영하고 있다. 또한 여객과 화물, 방역과 보안에서도 편의성과 효율성을 첨단화해 스마트 공항으로 도약하고 있다. 코로나19 팬데믹 기간 중에 제공된 재난 지원금의 지급도 놀라운 사례다. 2020년 경기도에서는 1,400만 명의 도민에게 1인당 10만 원씩 유효기간이 있는 현금성 지원금을 단 두 달 만에 지급했다. 그리고 3개월 만에 소진시켜 지역 경제를 살아나게 했다. 지역화폐와 신용카드, 주민등록번호를 연계한 인터넷 신청 서비스, 그리고 디지털 역량을 가진 국민이 있기에 가능했던 것이다. 이와 같은 방식은 이후 중앙정부가 전 국민에게 1인당 10만 원씩의 재난 지원금을 지급할 때도 적용됐다.

또한 위기관리를 공공의 데이터와 민간의 서비스로 극복한 경우도 있다. 2020년 팬데믹이 시작되자 마스크를 구하러 약국마다 줄을 서고 매점매석과 폭리 현상이 벌어졌다. 그런데 건강보험심사평가원에서 마스크 데이터를 공개하고 시빅 해커Civic hacker들이 이를 활용해 각종 앱을 만들며 해결됐다. 국민 누구나 앱을 이용해 어느 약국에 마스크가 얼마나 있는지 알게 되자 폭증하던 가수요는 가라앉았다. 단 보름 사이에 이뤄진 이 놀라운 해결책은 디지털 기술로 위기를 극복한 상징이 됐다.[33]

하지만 이를 위해 이제는 낡아버린 정보화 정책[34]을 서둘러 바꾸어야 한다. 우리나라는 전자정부 4위, 디지털 삶의 지수DQL 20위로 밀려났지만 아직도 정보화 강국으로 착각하는 경향이 있다.[35] AI에 대한 투자도 제대로 이뤄지지 못하고 있다. 2012년 딥러닝 혁명이 시작됐지만 우리나라 국민이 인공지능의 충격을 받은 것은 2016년 알파고와 이세돌 9단의 바둑 대결이 있은 뒤였다. 하지만 더 놀라운 것은 그 후 정부가 제대로 대응한 것이 없다는 사실이다. 이보다 늦게 중국의 커제 9단도 알파고와 대결했는데 그 후 2017년 전 세계 AI벤처펀딩 총액의 48%가 중국에서 이뤄졌다. 전산학자 출신 기업가인 리카이푸Kai-Fu Lee는 『AI수퍼파워』에서 중국 정부와 학생들이 AI에 충격을 받고 이를 따라잡으려고 얼마나 애쓰는지 자세히 소개한다. 중국은 그 뒤 미국에 이어 AI G2가 되었다. 우리나라는 다시 2019년 손정의 소프트뱅크 회장이 대통령을 만나 "첫째도 AI, 둘째도 AI, 셋째도 AI" 라고 해서 다시 한 번 언론이 AI로 떠들썩했다. 하지만 그 뒤로도 제대로 된 투자는 이뤄지지 않고 있다.

혁신과 기업가 정신

전환의 시대는 혁신에 의한 '창조적 파괴'가 이뤄지는 시대다. 경제학자 슘페터Joseph Schumpeter가 말했듯이 이는 장기 성장의 원천이다. 스티브 잡스 또한 혁신은 리더와 추종자를 구분하는 잣대라고 말했다.[36] 따라서 전환 시대 혁신은 새로운 성장의 동력을 만들고 새로운 리더를 탄생시킬 기회다. 즉, 위험을 부담하고 어려운 환경을 헤쳐 나가면서 기업을 키우려는 기업가 정신entrepreneurship을 가진 창업 혁신가들이 기존에 없던 것을 만들어 낼 수 있다. 따라서 사회적으로는 혁신과 도전을 즐기고 실패를 용인하고 빠르게 회복할 수 있게 해야 한다.

세계적 혁신 지구인 실리콘밸리는 지역 인재들을 위해 대학을 세운 릴런드 스탠퍼드Leland Stanford 주지사, 막대한 국방 연구비를 끌어와 창업을 유도한 프레더릭 터먼Frederick Terman[37]의 영향이 컸지만 무엇보다 기성 질서에 저항하던 젊은이들의 정신적 해방에 대한 갈망이 모여 창업과 혁신의 동력을 만들어낸 곳이다. 그 결과 현재 이곳의 애플, 마이크로소프트, 구글, 아마존, 페이스북 등을 비롯한 기업들 시가총액은 미국 상장기업MSCI의 25%를 차지한다. 혁신은 지적 진보와 인적 육성을 이뤄 도시와 기업, 인재를 만들어낸다.

우리나라에서는 팁스TIPS가 혁신 창업 생태계를 만드는 데 크게 기여하고 있다. 액셀러레이터AC, 벤처캐피털VC 등 민간 투자사가 가능성 있는 스타트업을 골라 1억 원을 투자하면 정부가 최대 9억 원을 투자하는 방식의 사업이다. 이는 서류 심사와 공모 절차 등이 복잡해지는 정부 주도 사업의 부작용을 민간의 현장 감각을 내세워 극복한 것이다. 여기에 2019년 일본의 소재·부품·장비 수출규제 이후 대기업과 중소기업들이 협업하는 오픈 이노베이션Open Innovation[38]이 강화되었다. 이처럼 관민 협력, 대중소 협력은 혁신을 키우는 디지털 시대의 특징 중 하나다. 디지털 기술 자체가 오픈소스[39]를 통해서 발전해 왔기 때문이다. 탈무드에도 "귀한 진주를 잃어버리면 하찮은 등잔을 들고 찾으러 다닌다"는 말이 있다. 모든 것이 연결되어 있는 디지털 시대는 귀한 진주와 하찮은 등잔이 따로 없다. 개방적 사고와 협력적 태도가 필수적이다.

이런 혁신은 대기업도 마찬가지다. 대기업들은 산업화 시대에 덩치를 키워 글로벌 경쟁에 효율적으로 대응했다. 하지만 이제 크기보다 속도가 중요하다. 현대자동차는 2021년 30년 만에 엔진개발센터를 폐지하고 배터리개발센터를 신설했다. 자동차의 심장을 엔진에서 배터리로 바꾼 것이다. (2024년 EU와 미국에서 배출가스 규제가 완화되자 엔진설계실을 다시 만들고 속도조절에 들어갔지만 큰 흐름은 달라지지 않을 것이다.) 자동차는 화석연료에서 연료전지로, 기계공학에서 소프트웨어SDV[40]로, 에너지와 디지털 양쪽의 전환 압력을 받는 핵심 분야다. 우리나라는 배터리에서 완성차까지 전기차의 수직 계열화가 가능한 세계적 경쟁력을 갖고 있다. 이는 중국을 제외하고는 유일하다.

포항제철은 가동 중인 8기의 용광로를 2050년까지 탄소중립을 위해 수소환원제철 설비로 대체할 예정이다.[41] 허허벌판에 조선소를 세우고 공고와 전문대학을 졸업한 젊은 엔지니어들이 돌관(돌파하여 관철)작업으로 키워냈던 조선업은 노동력 부족을 오히려 디지털 트윈Digital Twin을 이용해 스마트 조선소[42]로 변신하는 계기로 삼고 있다. 수십 년 전부터 전기자동차용 배터리를 개발해 에너지 전환에 뛰어든 SK이노베이션은 탄소포집저장CCS 기술과 탄소포집활용CCU[43]기술을 적극 연구하고,[44] 한화에어로스페이스는 인공위성 전문가들이 세운 세트렉아이[45]를 계열사로 편입해 세계 최고 수준 지구 관측 위성 '스페이스아이-T'[46]를 개발 중이다.

전통산업뿐만 아니라 새로운 분야에서도 도전은 계속되고 있다. 특히 일본과의 경쟁에서 뒤지지 않으려 애쓰고 있다. 고흥은 임진왜란 당시 힘센 장사들이 많아 노를 젓는 격군格軍으로 많이 활동했고 임진왜란 4대 해전의 희생자 절반이 고흥 출신이었다.[47] 이곳에 고흥高興이라는 이름에 걸맞게 우리의 우주 개척의 꿈을 키우는 나로우주센터가 있다. 일본은 다네가시마種子島에 우주센터가 있는데 이 섬은 근대화의 무기였던 서양의 철포가 처음으로 도입된 곳이다. 일본은 그 철포를 개조해 신무기인 조총을 들고 조선을 침략했다. 두 나라의 우주기지가 가진 역사적 배경이 사뭇 의미심장할 수밖에 없다.

또한 대전에 있는 한국초전도토카막개발연구KSTAR의 실험동은 거북선 모양을 하고 있다. 이는 일본의 국립핵융합과학연구소NIFS 건물이 임진왜란 때 일본군의 선봉 장수인 가토 기요마사加藤清正의 투구 모양인 것에 대항해 핵융합 연구에서 일본에게 절대 뒤지지 않겠다는 다짐으로 지은 것이다. 핵융합발전은 꺼지지 않는 인공태양을 만드는 것으로 안전하고 효율이 높으며 연료도 풍부해 완성될 경우 인류의 에너지 역사가 달라질 것이다. 대한민국은 토카막tokamak을 이용해 1억℃를 30초 이상 유지하는 세계 최고 수준의 연구를 앞서가고 있다. 그동안 정부는 과학기술의 주권과 안보 차원에서 전략 기술[48]을 확보하고 제조업을 떠받치는 뿌리 산업[49]도 강화해야 한다.

궁극적인 목표

하지만 이와 같은 혁신과 경제성장이 우리의 최종적인 목표가 될 수는 없다. 인간의 궁극적 목표는 행복이다. 그런데 행복은 물질적 부유함과 쾌락만으로 이뤄지지 않는다(마약에 취한 사람들을 행복하다고 할 수 없지 않은가). 부자는 돈이 많은 사람이 아니라 자신의 시간을 자기가 원하는 방식으로 사용할 수 있는 사람이라고 한다. 진정한 행복이라면 경제적 번영을 누리면서 사회적 가치도 인정받고 스스로 삶의 의미를 찾을 수 있어야 한다. 그러나 지난 100년 동안 우리나라는 근대화 추격 과정에서 GDP의 경제적 성장을 목표로 질주해왔다.

GDP는 행복을 보여주는 지표가 아니다. 삶을 가치 있고 의미 있게 만드는 가사노동과 육아 등은 GDP에 포함되지 않는다. 특히 디지털 시대에 무료로 제공되는 구글, 페이스북, X 같은 서비스는 GDP에 포함되지 않는다. 반면 환경을 오염시키고 자원을 파괴해도 GDP는 높아진다. 2021~2023년 세계 행복지수 자료에 따르면 세계에서 가장 행복한 나라는 핀란드인데 1인당 GDP는 15위다. 반면 세계 1위 1인당 GDP를 자랑하는 룩셈부르크는 행복 순위가 8위다.[50] 대한민국은 1인당 GDP는 세계 31위지만 행복 순위는 52위다. 세계 행복지수는 1인당 GDP 외에도 사회보장제도, 건강 기대수명, 자유, 사회적 관용과 부패 인지 등을 따진다. 2024 세계 행복보고서에 따르면 서유럽과 북미 등에서 미래 세대인 젊은 세대들의 행복도가 하락하고 있다. 잘사는 나라들도 미래가 행복하지 않을 것이라고 생각하는 것이다.

근대정신이 추구한 것은 공장 건설과 자동차의 소유가 아니었다. 프랑스혁명은 자유, 평등, 우애를 기치로 내걸었고 미국은 자유와 평등, 행복 추구를 바탕으로 건국되었다. 근대인들에게는 근면과 금욕을 바탕으로 하는 윤리가 있었고 모험과 개척에 나서는 프런티어 정신이 있었다. 그러나 이런 가치들은 경제적 성장에 집착하느라 잊혀져 가고 있다. 우리나라 역시 마찬가지다. 추격 경제 과정에서 자산 획득과 신분 상승에만 몰두해 행복해지는 법을 배우지 못했다. 아름답게 사는 법, 함께 어울리며 평온하게 늙는 법을 알지 못한다. 극도로 높은 자살률과 낮은 출생율이 미래에 대한 불안감을 증명하고 있다.

산업화 시대의 성공에 대한 조바심은 국토를 서울과 주변으로, 대학을 명문대와 주변으로, 주거를 고급 아파트와 주변으로, 직업을 소득 상위계층과 주변으로 줄 세워 놓았다. 일극一極주의적 사고는 삶의 다양한 의미와 여유를 놓치고 말았다. 지혜로운 노자는 『도덕경』에서 가장 좋은 것은 물과 같다上善若水면서 물은 만물을 이롭게 하면서도 다투지 않는다水善利萬物而不爭고 한 바 있다. 풍요로운 사회인데 치열하게 경쟁해야 하고 그 일부만 수혜를 누리는 사회라면 무엇인가 한참 잘못된 것이다. 다투거나 쫓기지 않아야 진정한 행복이라 할 수 있다.

진정한 행복의 모습은 지적 탐구의 자유와 창조의 즐거움을 누리면서 함께 어울려 사는 것이다. 이를 위해서는 과학기술을 보장하는 사회, 예술과 문화를 누리는 사회, 공동체의 구성원으로서 존중받는 사회가 되어야 한다. 우리 민족은 지식의 민족이고, 흥의 민족이며, 평화의 민족이다. 먼저 지적 탐구의 자유를 위해서는 과학기술에 대한 국가의 투자와 보장이 이뤄져야 한다. 흔히 '과학은 돈을 넣어 지식을 만들고 기술은 지식을 넣어 돈을 만든다'고 한다. 과학과 기술은 실패를 감수하고 막대한 연구비를 상당한 시간 제공해야 한다. 그러면서도 결과에 간섭하지 말아야 한다. 이를 부담할 유일한 기관은 국가뿐이다.[51]

다음으로 창조의 즐거움은 문화와 예술에 있다. 1990년대부터 미국립과학재단NSF이 과학Science, 기술Technology, 공학Engineering, 수학Mathematics의 중요성을 강조하면서 사용된 STEM교육에 우리나라는 예술Arts를 추가해 STEAM교육이라고 한다. 우리나라가 한류를 통해 문화 강대국이 된 주요 이유로 민주화 이후 자유로운 사회 분위기와 창발성을 꼽는다. 특히 한류는 배타적이지 않고 인류 문화의 보편성에 부합한다. 따라서 한류는 한국의 전통 소재나 한국적 요소를 강요하는 것이 아니다. 세계 인류 누구나 받아들일 수 있는 감성과 생각을 담을 수 있는 하나의 장르가 되었다. 이것이야말로 우리의 흥興을 세계화하는 것이다.

마지막으로 우리 민족은 평화를 사랑하는 공동체를 지켜왔다. 그런데 식민지배를 겪고 근대화에 뒤처진 후 오랫동안 '우리도 할 수 있다'고 외칠 수밖에 없었다. 자동차 이름을 코란도Korean Can do라고 지을 정도였다. 그러나 이제 '우리가 할 수 있다'가 되어야 한다. 저항적으로 경쟁할 것이 아니라 포용적으로 주도해야 한다. 마찬가지로 '나는 차별받을 수 없다'가 아니라 '모두가 함께하자'가 되어야 한다. 그런 배려와 여유를 가진 자신감이 있을 때 우리 공동체는 무한 관용이 아닌 비판적 관용을 하고, 소수를 보호하되 통제할 수 있다. 그렇게 될 때 누구에게도 의지하지 않는 자주적 정신을 갖고 국제사회의 리더가 될 수 있다.[52]

파레오로스의 지혜

우리는 지금 갈림길에 서 있다. 소현세자가 청나라에서 지구의地球儀를 얻어 땅이 둥글다는 사실을 깨닫고 돌아왔을 때, 박규수가 생전 처음 보는 거대한 미국 상선과 맞닥뜨렸을 때, 홍영식이 뉴욕의 밤거리에서 휘황찬란한 전깃불을 처음 보았을 때, 그때보다 더 큰 변화 앞에 서 있다. 다시 앞으로 100년의 운명을 결정짓는 이 새로운 갈림길에서 우리는 어떤 선택을 해야 할까. 어떻게 하면 다시 식민지배와 분단, 가난과 독재로 고통받았던 과거로 돌아가지 않고 모두가 행복하고 더 부강한 나라로 만들 수 있을까.

지금 세상의 변화를 만들고 있는 힘은 지식이다. 지식은 인간의 지식에서 기계의 지식으로 넘어가고 있다. 그 범위는 물질과 세포의 나노 단위에서 우주의 끝까지 거의 무한하다. 그 결과 사람과 세상, 그리고 지식 그 자체도 달라지고 있다. 따라서 이 변화는 지금까지의 세계가 확대, 확장되는 것이 아니라 완전히 다른 차원으로 넘어가는 문명사적 대전환이다. 이렇게 거대한 변화는 우리가 인식하기 어렵다. 노자는 『도덕경』에서 '거대한 네모는 모서리가 없다大方無隅'고 했다. 인식의 범위를 넘어서는 거대한 변화는 인간이 쉽게 알아차리기 어렵다는 것이다. 낡은 생각의 틀에 갇혀 있다면 더욱 그럴 것이다.

거대한 모서리를 보려면 물러 나와야 한다. 감옥을 탈출하기 위해서는 자신이 감옥에 있다는 것을 먼저 깨달아야 한다. 기존 사고의 틀에서 빠져나와야 하는 것이다. 신은 시공간을 초월하기 때문에 진리와 거짓을 구분할 수 있고 장수는 높은 위치에 서서 전황을 내려다볼 때 승리의 전략을 세울 수 있다. 의식이 현실의 차원을 넘어설 때 볼 수 없는 것을 보고 생각할 수 없는 것을 생각해낸다. 고대의 탈레스Thales는 피라미드에 올라가지 않고도 피라미드 높이를 구했고, 에라토스테네스Eratosthenes는 직접 걸어본 적 없이 지구의 둘레를 쟀다.

이렇게 어떤 상황이나 한계를 넘어서는 사고 전환을 할 때, 즉 더 크게 볼 수 있을 때 지식은 지혜가 된다. 지식이 양적으로 비례해 선형적으로 '알아가는 것'이라면 지혜는 그 이상의 의미를 초월적으로 '깨닫는 것'이다. 예를 들어 힘이 센 사람이 힘이 약한 사람과 싸우면 이긴다는 것은 상식이라고 불리는 지식이다. 하지만 남편들은 대체로 아내보다 힘이 세지만 아내를 이길 수 없다. (이것을 깨닫는 것이 지혜다.) 지능은 타고난 본능인 데 비해 지식은 축적된 인식이고, 지혜는 이를 이해하고 적용하는 능력이라고 할 수 있다. 그래서 지식이 많은 헛똑똑이Book Smart는 많지만, 지혜가 많은 바보는 단 한 명도 없다.

그런 점에서 지혜는 학력으로 이뤄지는 것이 아니다. 또한 성별, 나이, 신분과도 상관없다. 아무리 많은 지식을 습득한 학자라도 지혜로운 일곱 살 어린아이보다 못할 수가 있다. 인간에게 이렇게 지적 능력 유형이 다양한 이유는 인간이 매우 복잡한 사회적 존재이기 때문일 것이다. 지식은 학습과 경험을 통해 쌓이는 것이므로 시간과 노력이 드는 반면, 지혜는 삶을 바라보는 통찰력으로서 마음과 함께 나타난다. 마음! 그것이말로 컴퓨터가 가질 수 없는 것 아닌가. (그래서 인공지능은 만들 수 있어도 인공지혜는 만들 수 없는 것이다.)

네이처 커뮤니케이션즈 연구[53]에 따르면 지혜로운 사람은 스스로 반성하고 타인의 감정을 고려할 수 있는 사람이다. 반성은 스스로 자신을 넘어설 수 있게 해준다. 사회적 공감은 자신을 사회와 괴리되지 않도록 한다. 인간의 사고는 누구나 탐욕과 권력으로부터 자유롭지 못한데, 반성하고 공감하는 사람은 그것을 극복하려는 사람이다. 그래서 사람들이 그런 태도를 현명하다고 판단하는 것이다. 사실 이것이야말로 인간이 인간다운 모습이고, 가장 지혜로운 자의 모습이기도 하다.

고대 삼두전차의 파레오로스는 멍에를 지지 않아 자유로웠다. 하지만 다른 두 마리의 말과 함께 달리면서 그들보다 더 멀리 보았고 그들보다 더 빨리 또는 더 천천히 달리면서 그들의 속도와 방향을 조절했다. 새로운 시대는 누구나 지식인이 될 수 있다. 지식인은 능력주의라는 기득권의 구멍에 숨은 사람이 아니라 스스로 성찰하고 생각하며 타인의 삶에 공감하는 사람이다. 그런 지식인을 파레오로스의 지혜를 가진 사람이라 부르고 싶다. 파레오로스의 지혜를 가진 지식인은 권력과 민중과 함께 달리되 그들에게 복속되거나 그들을 외면하지 않는다. 자연과학적 합리성을 위해 통섭할 줄 알고 사회과학적 설득을 위해 공감하고 대화한다.

파레오로스의 지혜가 권력의 의지, 민중의 희망과 결합할 때 우리는 이 새로운 문명 대전환의 변화를 주도할 수 있다. 이 놀라운 변화의 기회를 또 다시 놓칠 수 없다. 우리가 주인공이 되는 새로운 미래가 오고 있다.

| 마치며 |

1980년 5월 17일 중학교 3학년이던 나는 광주 금남로에서 횃불을 든 젊은 대학생들을 보았다. 그 후 일요일에 비상계엄이 전국으로 확대되었다는 소식을 들었다. 월요일에 학교에 갔지만 선생님은 울먹이며 수업을 못하셨다. 그리고 큰길을 피해서 어서 빨리 집으로 가라고 하셨다. 친구들과 나는 학교 통학버스에 오르면서 '살아서 만나자'고 이야기했다. 그 후 내가 겪은 경험은 어린 나에게 너무나 큰 충격이었다. 장갑차에 태극기를 들고 가던 학생이 계엄군의 조준 사격에 맞아 쓰러지던 모습, 발이 보이는 시신들을 무언가로 덮어 리어카로 끌고 가던 모습, 쏟아지는 돌멩이와 시민들의 절규 앞에 선 계엄군들의 모습… 생생하다. 살아야 한다며 화염병과 M1 소총을 나눠주던 사람들의 그 절박했던 표정들을 잊을 수가 없다.

1987년 6월 9일 그날도 잊지 못한다. 연세대학교 교문을 사이에 두고 학생들과 전경들이 대치하던 시위에서 이한열 군이 최루탄에 뒷머리를 맞아 쓰러졌다. 친구들이 들것을 만들어 세브란스 병원으로 달려갔지만 그는 결국 세상을 떠나고 말았다. 그의 노제가 열린 시청 앞 광장에는 백만 인파가 몰려 나왔고, 그를 따라 망월동으로 향하던 긴 장례 행렬 버스 안에서 나는 누적된 피로를 이기지 못해 잠들고 말았다. 그 후로도 많은 일들이 있었다. 사상 최초로 정권교체가 일어났고, 노무현 대통령이 사망했고, 촛불 집회로 피 한 방울 흘리지 않고 평화로운 대통령 탄핵이 이뤄진 나라가 됐다.

그 사이 나는 PC통신 하이텔과 나우누리 운영자를 거쳐 미디어에 인터넷을 도입하고 활용하는 팀장으로 일했다. 기술의 변화는 잠시도 멈추지 았다. 스마트폰이 등장했고 인공지능이 그림을 그리고 사람과 대화하는 데까지 왔다. 지난 모든 시간 동안 쉴 새 없이 변화의 큰 물결에 휩쓸려 내려온 것만 같다. 그런데 세상은 이렇게 합리적으로 가는 것 같으면서도 항상 그렇지는 않다. 왜 권력은 늘 어리석을까? 지식인은 왜 항상 나약하고 고통스러운가? 민중은 왜 침묵하고 때로 변덕스러운가? 역사는 발전한다는데 현실은 늘 실망스럽다. 합리적 이성이 이끄는 사회는 불가능한 것인가? 영원한 이상일까? 대부분 그렇듯이 나 역시 그런 의문은 계속 되었지만 직업적 연구자도 아니고, 깊은 경험과 공부도 부족한 나에게는 그저 오랫동안 마음속에 품은 생각에 불과했다.

그런데 그런 생각을 책으로 정리해 보자고 마음먹은 것은 2023년 봄이었다. 세브란스 병원 신장내과에서 '암병원으로 가보라'는 말을 들은 후 내 생각은 바뀌었다. 혈액병원으로 건너가는 연결통로 위에서 나는 이제 앞으로 무엇을 할 수 있을지 생각하고 있었다. 다행히 내가 진단받은 질병은 즉시 치료를 하지 않아도 되고 꾸준히 관찰해야 하는 것이었다. 하지만 언젠가 닥쳐올 그날이 생각보다 빨리 올 수 있다는 것을 새삼 깨닫게 됐다. 내 삶이 언제 어떤 상황이 될지 모른다는 생각이 들자 마음이 조급해졌다. 무엇인가 정리를 해야 하겠다는 생각이 들었다. 그때부터 틈나는 대로 자료를 찾고 글을 썼다. 저자들은 한 권의 책을 쓰기 위해 같은 내용을 몇 번이나 읽고 다시 고쳐 쓰는지 모르겠다. 내게는 머리와 허리가 함께 고통스러운 시간들이었다. 파고들자면 한이 없을 것 같고, 넘어가기에는 너무 막중한 주제들이었다. 확신하기엔 공부가 모자랐고, 덮고 가기엔 시간이 부족했다. 시작에 의미를 부여했다. 이 책의 많은 부족한 점들은 이 말로 변명하고자 한다.

조선은 성리학을 바탕으로 하는 지식의 나라로 건국되었지만, 양자역학이 등장할 무렵 망했다. 지식이 달라지면 세상도 달라진다. 19세기 서양의 신문물과 함께 서세동점이 시작됐을 때 세상을 바꾸려던 지식인들은 봉건 권력을 설득하지도 극복하지도 못했다. 외세는 우리의 자생적 개화를 틀어막았다. 외세의 간섭이 적었던 일본의 지식 사무라이들은 막부를 무너뜨리고 덴노라는 신권력을 만들어 자신들의 이해관계와 일치시켰다. 그 결과 산업화를 이뤄냈다. 그들은 운도 따랐다. 결정적인 분기점에 권력과 지식이 결맞으면 역사는 전진하지만 어긋나면 소멸된다.

근대화 과정을 이야기하면서 많은 사람이 가진 선입견은 일본은 적극적으로 변화를 받아들이는 결단을 했지만 조선은 시대의 변화에 저항하고 쇄국정책을 해서 실패했다는 단순한 해석이다. 이런 대립적 접근은 세상을 단순하게 보이게 해준다. 군왕이 명군明君이거나 암군暗君이라는 식, 또는 정치인들이 용기가 있었거나 비겁했거나 하는 식의 비교다. 이항대립은 늘 하나는 옳고 하나는 그르다는 인식을 준다. 승자는 미화하고 패자는 흑화한다. 그러나 과감함과 무모함, 신중함과 우유부단함처럼 늘 그렇듯이 보여주는 관점과 상황에 따라 옳고 그름은 고정되어 있지 않다. 현대사상은 이런 이항대립을 탈구축하라고 한다. 세상은 인간을 이항대립적 질서 속에 편입시키고자 하지만 인간은 그 질서를 벗어나 생각할 수 있어야 한다. 즉, 우리는 근대사를 착하거나 나쁜, 또는 용감하거나 겁내는 정치인들의 개인적 비교로 평가해서는 안 된다.

그 뒤 대한민국은 지난 60년간 성장을 통해 근대화를 따라잡았다. 전반 30년은 개발독재 아래서 구축한 산업화였고 후반 30년은 기술혁신과 문화의 힘으로 전진한 민주화였다. 이 두 가지 기적을 이룬 것은 지식의 힘이었다. 전반 30년은 독재권력의 의지와 지식, 그리고 후반 30년은 민주주의에 대한 민중의 갈망과 지식이 결맞은 것이다. 정치세력들은 각각 성공의 절반씩만 인정하려 하지만 국민을 주인으로 생각하는 민주주의 관점에서는 산업화와 민주화 모두 국민이 이뤄낸 근대화인 것이다. 그리고 이러한 근대성의 성취는 동북아에서 유일한 것이다.

이제 대한민국은 암울했던 19세기 말 조선과 다르다. 우리나라는 이미 세계 역사에서 거의 유일하게 극빈국에서 경제대국으로 성장했다. 우리 국민은 세계에서도 가장 높은 수준의 민주주의를 지켜낼 만큼 주체적 자각도 이뤘다. 우수한 지적 역량과 경험을 가진 인적 자원도 충분하다. 다만 우리에게 아직도 남아 있는 낡은 상투를 잘라야 한다. 진보와 보수로 세상을 이분하는 허위의식, 아직도 자신을 약소하게 보는 사대事大적 사고, 문약文弱한 관념적 지식 등이다. 물질적 성취만을 향해 극한 경쟁하는 개인주의와 배타적 혐오, 능력주의도 극복해야 한다. 생각의 전환이 필요하다.

나는 이 책에서 가능한, 의도적으로 봉건시대 군주나 현대의 정치인 개인들에 대해서 언급하지 않았다. 대신 그 시대의 문제의식을 가진 지식인들과 민중에 대해 이야기하려고 했다. 역사학자가 아니기에 깊이 있게 알지 못하기도 하지만, 군왕이나 정치인에 기대어 보는 역사적 해석을 경계했기 때문이다. 내가 생각하는 역사는 지식이 이끄는 역사다. 지식이 권력, 민중과 어떻게 결합하고 대립해 역사를 바른 방향으로, 승리하는 방향으로 이끌어 왔는지 이야기 하고 싶었다.

새로운 변화가 시작됐다. 이 대전환의 큰 축은 디지털과 에너지다. 디지털 전환은 단순한 정보화나 전산화가 아니다. 시공간을 재편성하고 사람 관계를 재구성한다. 노동, 경제, 교육, 문화를 비롯하여 세상이 근본적으로 달라진다. 에너지 전환은 단순한 자원 대체가 아니다. 지구 차원의 성장경로를 바꾸고 우주로 나아가게 한다. 세계 질서를 바꾼다. 새로운 문명이 시작되는 것이다. 따라서 우리가 맞는 지금은 제2개화기라고 할 수 있다. 한편으로 우리가 대륙과 대양으로 뻗어나갈 기회이기도 하고, 다른 한편으로 또 다른 국제질서에 휘말려 붕괴될 위기이기도 하다.

국정농단과 반헌법적 쿠데타를 질서와 평화를 지키며 민주주의를 회복한 국민들처럼, 우리의 아픈 현대사를 세계인의 정신으로 승화시킨 한강의 문학처럼, 자긍심을 가진 민족[1]으로서 미래에 도전해야 한다. 또한 남북전쟁을 겪고도 서로의 적대감을 극복해 세계 최강대국이 된 미국[2]처럼 민족의 분단을 넘어 과감한 미래동맹을 상상할 수 있어야 한다. 우리는 이미 코로나19 팬데믹 때 대한민국 시민의 공동체주의로 세계인의 부러움을 받은 바 있다. 서로 돕고 의지하며 살아온 「우리공동체」를 다시 세워야 한다.[3]

끝으로 이 책을 쓰는 데 도움을 준 많은 분들게 감사드린다. 항상 곁에서 믿음과 용기를 주는 아내 이정현과 혜서, 준서 두 아이들에 사랑하는 마음을 전하고 싶다. 원고를 읽고 여러 차례 조언을 아끼지 않은 선후배들과 친구들에게도 고마움을 전한다. 그리고 졸고를 선뜻 출판하기로 허락해준 학고재의 박해진 대표님과 학고재 편집진에게도 감사드린다.

새로운 미래로 나아가야 한다.

| 주 |

들어가는 말

1   https://www.mintageworld.com/media/detail/5958-triga-the-three-horse-chariot-on-coins/

2   원래 뜻은 물리학에서 파동이 간섭 현상을 보이는 성질이다. 여기에서는 서로 다른 힘이 환경과 조건에 맞게 어울려 강해지는 의미로 썼다.

3   조선은 닫힌 나라였는가. 정수일. 한겨레 2019.10.19. https://www.hani.co.kr/arti/culture/culture_general/21786.html

1부 | 세상을 이끄는 힘

1   데즈먼드 모리스. 『털 없는 원숭이』(2011), 문예춘추사. 여는 글.

2   2019 인천세계문자포럼. 언어정보제공 사이트인 에스놀로그(www.ethnologue.com) 언어 숫자를 7,097개로 집계

3   Frans de Waal 『침팬지 폴리틱스(Chimpanzee Politics: Power and Sex among Apes)』 (1982), 바다출판사. p.76

4   국립국어원 우리말샘. '지능'편 설명.

5   생활속의 불교용어-지식. [불교신문]. 2002.02.15. https://www.ibulgyo.com/news/articleView.html?idxno=10442

6   위키피디아. mitra편

7   Concise English Dictionary. 'mitra'편 설명.

8   김종래, 『칭기스칸의 리더십 혁명』(2006), 크레듀. / 이상기, 몽골제국 칭기스칸 "흙 수저라 포기하지 마라", The AsiaN, 2014.3.28. http://kor.theasian.asia/archives/97851 재

인용

9   마크 판 퀴흐트, 안자나 아후자, 『빅맨』(2011), 웅진지식하우스, p.188

10   네이버 표준국어대사전. 생지(生知)편. 삼지(三知)의 하나. 도(道)를 스스로 깨달음을 이른다. 도(道)를 깨달아 가는 지(知)의 세 단계. 생이지지(生而知之), 학이지지(學而知之), 곤이지지(困而知之)를 이른다.

11   조정육, "요순임금처럼.. 자신의 이름에 책임을 진다는 것", 주간조선, 2020.6.10. 사마천의 '사기' 중 '오제본기'에 설명된 내용 재인용

12   김영균. (2010), 플라톤의 철인정치론. [동서철학연구], 58, 341-362.

13   위키피디아. '권력', '권위'편

14   이경태, "한 두 사람의 경세가만 있어도…", [경북일보], 2004.09.10. https://www.kyongbuk.co.kr/news/articleView.html?idxno=913471&replyAll=&reply_sc_order_by=C

15   나무위키/장기집권, '집권중인 독재자'편

16   https://www.sciencedirect.com/science/article/abs/pii/B9780444641489000065

17   조형근, 『나는 글을 쓸 때만 정의롭다』(2022), 창비.

18   知に働けば角が立つ.情に棹さおきせば流される。意地を通せば窮屈だ、とかく人の世は住みにくい。

19   강현모. 풀 베개(草枕)론. [일본문화학보] 51집. 한국일본문화학회. 2011.11. p.165-184

20   https://lisadahlen.com/products/roman-republic-triga-of-horses-with-victory-111-110-b-c-004

21   The Roman Antiquities of Dionysius of Halicarnassus. Book VII. https://penelope.uchicago.edu/Thayer/E/Roman/Texts/Dionysius_of_Halicarnassus/7C*.html#73

22   김덕균. (2017), 『대학』의 親民과 孝悌윤리에 나타난 화해공동체. [동방문화와 사상], 2, 23-48.

2부 | 지식과 근대

1   이희환. (2010), 조선 후기 당쟁의 원인. [역사학연구], 38, 467-491. 문과 급제자의 수가 붕당기에는 35.11명이나 되어 조선 초의 연평균 17.42명에 비해 2배 이상 증가했다.

2   신병주, "1583년 이이의 십만양병설과 그 진실공방", 한국역사연구회. 선조수정실록은 선조 15년 9월 1일로 1592년으로, 그러나 율곡집 행장과 율곡연보 등에서는 1593년으

로 소개되어 있다.

3   기존의 경험과 관찰로 예측하지 못하던 극단적인 상황이 벌어지는 현상으로 보통 금융계에서 쓰인다. 백조는 항상 희다는 관념이 어느날 정반대인 흑조가 발견되면서 큰 충격을 받는다는 예시로부터 유래된 표현이다.

4   1594년 유성룡의 시무차자(時務箚子)에는 총 14만 5천 명으로 기록되어 있다. 그중 정예군은 2만 3천 명이며 이중 순수 전투원은 약 8천 명으로 1년에 3개월을 근무한 뒤 교체되었다.

5   공덕을 쌓은 신하가 죽으면 시호(諡號)를 내리는데 이순신 장군에게는 노량해전에서 서거한 뒤 45년이 지나고 나서야 충무공(忠武公)이라는 시호가 내려졌다.

6   광화문(光化門)은 태조 때 짓기 시작해 세종 때 "임금의 큰 덕이 온 나라를 비춘다"는 의미로 이름을 받은 국가의 상징이었다. 1592년 왜군이 한양 도성까지 쳐들어와 경복궁과 광화문을 불태웠다. 전란이 끝났음에도 조선은 무려 275년 동안 이를 방치했다. 조선의 왕들은 창덕궁에서 안주했고 징비록(懲毖錄)의 교훈도 잊어 버렸다. 대원군이 국가의 위상을 회복하기 위해 경복궁과 광화문을 중건한 이후 비로소 고종이 경복궁으로 돌아왔으나 이곳에서 왕후가 일본인들의 칼에 시해당했다. 고종은 러시아 공관으로 피신했다. 일본은 나라를 빼앗고 경복궁 앞에 조선총독부 건물을 세웠다. 광화문은 동쪽 건춘문 북쪽으로 옮겨 치워버렸다. 광화문이 치워진 뒤 국가 상징은 조선총독부 건물이 맡았다. 해방이 되고 정부가 수립되었으나 대한민국 제헌의회의 개회도, 정부수립 선포도 일본이 세운 조선총독부 건물에서 이뤄졌다. 일제에 의해 옮겨졌던 광화문은 6.25전쟁 때 포탄에 맞아 문루가 소실되고 석축만 남았다. 이후 박정희정부는 국가재건의 상징으로 광화문을 조선총독부 건물 앞으로 다시 옮겨왔지만 총독부 건물을 기준으로 삼은 탓에 경복궁 근정전과는 3.75도 비틀어지고 북동 방향으로 밀려난 엉뚱한 위치에 그마저 콘크리트로 복원이 이뤄졌다. 민주화 이후 김영삼정부는 총독부 건물을 과감히 철거했고 노무현정부는 잘못 복원된 광화문을 다시 짓기로 하고 철거를 시작해 2010년 이명박정부 때 현재의 광화문이 복원되었다. 수난과 질곡의 근현대사가 광화문에 담겨 있다.

7   토인비는 문명권이 태양이 지는 방향인 서쪽으로 이동해간다고 주장했다. 메소포타미아 문명권이 이집트 문명권으로 옮겨갔고, 다시 그리스에서 로마, 유럽, 영국, 미국 등으로 계속 서진(西進)했다고 보는 것이다. 현대에는 미국의 발달된 문명이 태평양을 건너 동북아시아로 넘어 왔으며 다시 이는 동남아시아, 중앙아시아로 이동하고 있다고 볼 수도 있다.

8   박정심. (2010), 개항기 格物致知學(science)에 관한 연구. [한국철학논집], 30, 59-86.

9   특허청. 특허의 이해. https://www.kipo.go.kr/ko/kpoContentView.do?menuCd=SCD0200111

10 이재정, 『활자본색』(2022), 책과함께. p110

11 권홍우, "박제된 지식을 거부한다. 왕립학회", [서울경제], 2016.7.15. https://www.sedaily.com/NewsView/1KYVII85IH

12 민태기, 『판타레이』(2021), 사이언스북스, p.123

13 고대 인도에서는 불교의 경전을 나뭇잎에 쓴 패엽경이 있었고, 마그나 카르타는 송아지가죽 위에 씌였다. 종교개혁을 일으킨 마틴 루터의 주장은 교회 정문에 붙인 대자보 형식이었고 칸트의 순수이성비판은 종이책에 쓰인 것이었다.

14 1768년 제임스 쿡(James Cook) 선장이 남태평양 탐험을 하러 갈 때도 영국 왕립학회가 공동으로 지원했다. 그가 호주를 찾을 때는 식물학자이자 박물학자인 조지프 뱅크스(Sir Joseph Banks, 1st Baronet) 경이 함께 있었다. 1831년 로버트 피츠로이(Robert FitzRoy) 선장이 영국 해군의 배 비글호를 타고 갈라파고스를 탐험할 때는 과학자 찰스 다윈(Charles Robert Darwin)이 함께했다.

15 수에즈 운하 개통부터 에버기븐 사고까지-수에즈 153년사. 트레드링스. https://www.tradlinx.com

16 김현민, "고래기름 대체하기 위해 출발한 미국 석유개발", [아틀라스뉴스], 2021.3.8. http://www.atlasnews.co.kr/news/articleView.html?idxno=3420 "1712년에 조업 중에 풍랑을 만나 폭풍에 휩쓸려 먼바다로 나간 한 포경선이 향유고래(sperm whale)를 잡아 가져왔다. 향유고래의 머리에는 상당한 양의 향유(香油)가 나왔다. 향유고래의 기름은 양초를 만들기에 적합한 밀랍성 물질이었다. 이 기름을 태우면 밝고 깨끗한 빛이 나온다. 게다가 고래기름은 윤활유로도 쓰였다."

17 김명호. (2003), 제너럴셔먼호 사건과 朴珪壽. [대동문화연구], 44, 309-343.

18 1871년 일본의 261개의 번을 폐지하고 전국을 부현으로 일원화한 근대 일본의 중앙집권 정책 중 하나

19 이광훈, 『조선을 탐한 사무라이』(2016), 포북.

20 외교적 답례로 외국을 방문하는 일

21 이 당시는 자유의 여신상 건립이 추진되고 있을 무렵이었다. 자유의 여신상은 이들이 뉴욕을 다녀간 3년 후 1886년에 완공되었다.

22 KBS 역사실험, "구한말 미국 사절단 보빙사", 2012.3.17. 방송

23 보빙사 이전의 해외 시찰단이었던 조선수신사도 일본 개화 상황을 80권의 보고서로 정리해 조정과 고종에게 바쳤으나 궁중에만 보관하고 말았다.

24 한만년. '지난 100년, 우리 출판이 걸어온 길, 그리고 가야 할 길.' [출판저널] 제270호/99125

25   한국민족문화대백과사전. 서유견문.

26   송호근, 『시민의 탄생』(2013), 민음사, p.11 조선을 호령하던 양반 공론장이 쇠퇴하기 시작한 것은 국가 권력에 지식이 투입되는 길을 차단한 세도정치에서 비롯되었다. 지식-권력의 선순환 과정이 차단되자 지식 국가로서의 복원력과 유연성은 급격히 저하되었다. 경향 분리와 학파 간 분절은 하나로 통합되어 있던 양반 공론장을 각 지방의 '유림 공론장'과 궁정 중심의 '조정 담론장'으로 분리시켰으며, 내적·외적 위기와 충격에 대응하는 국가의 능력을 떨어뜨렸다.

27   민태기, 『판타레이』(2021), 사이언스북스, p.395

28   신사쿠가 거병한 고잔지는 백제 성왕의 셋째 아들 임성태자의 후손 오우치(大內) 가문이 맹주로 있다가 모리 가문에 의해 멸망하면서 자결한 곳이라고 한다.

29   이광훈, 『조선을 탐한 사무라이』(2016), 포북. 이 책에는 조슈번이 막부를 타도하는 과정이 잘 소개되어 있다.

30   KBS 한국사전 – 내가 김옥균을 쓴 이유, 최초의 프랑스 유학생 홍종우 KBS 2007.8.18.

31   2018년 그가 사형당한 전옥서의 자리(종각 맞은편)에 그의 동상이 설치됐다.

32   시골에 내려가 살면서 여러 대 동안 벼슬을 못하던 양반.

33   신운용, 『안중근과 한국근대사』(2009), 채륜.

34   동도서기(東道西器) : 고유의 제도와 사상인 도(道)를 지키되 근대 서구의 기술인 기(器)를 받아들이는 일. 중체서용(中體西用) : 중국의 전통적 유교사상을 중심으로 하여 서양의 과학기술과 그 성과를 도입·강화해 가는 것으로서 '중국의 학문을 체(體)로 하고 서양의 학문을 용(用)으로 한다.'는 것. 화혼양재(和魂洋材) : 일본의 것이 魂(혼)이고 서양 것을 才(재)로 삼음. 근대화 시기 일본의 구호.

35   님 웨일즈, 『아리랑』(2005), 동녘, p.36

36   1917년 6월 9일 매일신보. 국립중앙도서관 아카이브

37   홍선표. 일제하 미국유학연구. [국사관논총] 제96집. p160

38   현재 과학의 날은 1967년 4월 21일 과학기술처 발족을 기념한 날이다.

39   김근배, "일제강점기 조선인 과학자를 찾아서", [동아사이언스], 2019.2.27. https://www.dongascience.com/news.php?idx=27063

40   한국과학기술한림원 과학기술유공자지원센터. 현대과학으로 가는 다리가 되어준 과학기술인들. https://www.koreascientists.kr/scientists/

41   신용하, 『민족 독립혁명가 도산 안창호 평전』(2021), 지식산업사. p227.

42   함경도와 강원도 사이에 있는 철령관(鐵嶺關)을 기준으로 관서(평안도 일대), 관북

(함경도 일대), 관동(강원도 일대)이 나뉜다.

43 세계 최고 수준을 자랑하는 대한민국의 의료복지서비스는 한국 현대화 과정의 노력이 모두 모아진 상징과도 같다. 북한의 무상의료에 자극받은 박정희정부가 의료보험법을 제정한 것이 1963년이었다. 그러나 임의가입 방식이었고 나라가 가난해 사실상 이름뿐이었다. 1977년에서야 500인 이상 대규모 사업장, 1979년 공무원 및 사립학교 교직원을 위한 의료보험이 시행됐다. 이보다 먼저 1968년 부산 지역의 23개 교회 단체가 장기려박사의 주도로 '청십자 의료보험조합'이 만들어졌다. 병원비에 대하여 40% 할인, 조합 부담 30%, 본인 부담 30%로 운영됐다. 장기려 박사는 경성의전을 졸업하고 평양에서 의사로 일하다가 해방을 맞은 대표적인 의료지식인이다. 그는 김교신, 함석헌 등과 함께 기독교잡지 『성서조선』 그룹의 일원으로 자본주의의 대안으로 조합을 내세우는 무교회주의자였다. 그가 부산에서 시작한 이 청십자 의료보험조합운동은 곧 서울에도 만들어졌으며 이후 전국으로 확산되어 본격적인 국민의료보험의 기반을 닦았다. 1988년 노태우정부는 지역조합을 통해 농어촌 주민을 의료보험에 가입시켰고, 5인 이상 근로자의 사업장으로 확대하였다. 청십자 의료보험조합은 1989년 7월 노태우정부의 전국민의료보험제도 실시를 앞두고 20만 명의 회원을 국가의료보험에 귀속시키고 스스로 발전적 해체를 단행해 국가의료보험의 마중물이 되었다. 2000년 김대중정부가 소외된 사회적 약자를 포함하고 수백 개로 나뉘어 천차만별이었던 의료보험을 하나로 통합하여 형평성 문제를 해결하고 전 국민이 혜택을 받도록 하면서 오늘날의 국민건강보험이 탄생했다. 정리하면 국민건강보험은 박정희정부의 입법, 장기려 박사의 최초의 민간의료보험조합 운동, 노태우정부의 확대와 김대중정부의 통합이 역사적 과정을 통해 꾸준히 개선되고 발전된 것이다.

44 김건우, 『대한민국의 설계자들』(2021), 느티나무 총서1.

3부 | 고난과 추격 그리고 낯선 길

1 박용필, "페리의 깃발과 욱일승천기", [중앙일보], 2013.8.6. https://news.koreadaily.com/2013/08/06/society/opinion/1887415.html

2 바스카 선카라, 『미국의 사회주의 선언』(2021), 미래를 소유한 사람들, 서문. 편집부 명의로 작성한 이 책의 역자 서문에는 유럽 사회주의 역사가 잘 정리되어 있다. 역자 서문의 집필은 유승경이 맡았다.

3 피터싱어, 『다윈주의 좌파』(2011), 이음. p.11 바쿠닌의 주장에 대한 마르크스의 메모를 중심으로 권력에 대한 공산주의의 안일했던 인식이 소개되어 있다.

4   이완범.(2002). 한반도 분할의 국제정치학. [국제정치논총], 42(4),191-215. 일본은 1896년 러시아가 남하를 엿볼 무렵 러시아에게 39도선 근처인 대동강변 분할안을 먼저 제안했던 적이 있었다. 이 안에 대해 러시아가 별 반응을 보이지 않자 일본은 38선 근처의 서울을 경계로 한 분할안을 재차 제안했다.

5   안정식, "6·25 전쟁 최대 미스터리: 중·소 있는데 유엔군 참전은 어떻게 가능했을까?", SBS, 2022.10.18. https://news.sbs.co.kr/news/endPage.do?news_id=N1006936066

6   정진성. (2020). 1950년대 일본의 '특수'(特需)와 냉전구조. [일본비평], 12(1), 74-111.

7   동북아역사넷. 전쟁의 결과와 영향. http://contents.nahf.or.kr/item/level.do?levelId=edeah.d_0006_0020_0020_0030

8   김건우, 『대한민국의 설계자들』(2021), 느티나무책방 p18. "정확하게 말하면, 1923년 12월 1일 이전에 출생한 학생들이 '학병' 모집 대상이 되었다. 그 후 출생한 학생들은 만 20세부터 '징병' 대상이 되었다." 이들은 1917년~1923년생까지 1920년을 전후해 약 6~7년에 걸쳐 태어난 이들이었다.

9   김건우, 『대한민국의 설계자들』(2021), 느티나무책방 p25

10   무상몰수, 무상분배를 시도했던 조봉암은 지주들의 극심한 반격에 이후 진보당 사건으로 사법살인을 당했으나 2011년 대법원에서 무죄판결을 받고 복권되었다.

11   김연철, "해방뒤 토지개혁이 실패했더라면", [한겨레21], 2010.3.3. https://h21.hani.co.kr/arti/special/special_general/26823.html

12   김건우, 『대한민국의 설계자들』(2021), 느티나무책방 p83 인도는 1951년부터, 사회주의권인 중국은 1952년, 심지어 북한도 1957년부터 시작했던 정책이었다.

13   김건우, 『대한민국의 설계자들』(2021), 느티나무책방 p68-70

14   김정현. (1991). 5·16 30년 특별기획 60년대 근대화노선 미국의 '문화제국주의'와 한국지식인. [역사비평], 178-190.

15   임방현. 정경연구: 혁명과 지식인-정치 지도세력과 지식인의 관계. : 김건우, 『대한민국의 설계자들』(2021), 느티나무책방 p111에서 재인용

16   1975년 4월 8일 대법원의 인혁당 재건 사건 결심 공판이 있었던 다음 날 새벽, 사형판결이 확정된 여덟 명은 재판 만 하루가 지나기도 전에 사형이 집행됐다. 스위스 제네바에 본부를 둔 국제법학자회가 이 날을 '사법 사상 암흑의 날'로 선포했다.

17   "순국선열만 추모? 현충원에 잠든 과학자도 있다", 헬로디디, 2013.6.4. https://www.hellodd.com/news/articleView.html?idxno=42221

18   김건우, 『대한민국의 설계자들』(2021), 느티나무책방 p11

19   동아사이언스, 대한민국학술원, 위키피디아, 판타레이(민태기) 등 여러 자료를 참고

종합

20   정세영·박용섭·양범정 외. 『물질의 재발견』(2023), 김영사, p.59

21   SK하이닉스 뉴스룸. 반도체 대중화의 숨은 영웅! 자랑스러운 한국인 강대원 박사

22   이성규, "노벨상 때마다 떠오르는 비운의 천재", The ScienceTimes, 2013.10.14.

23   위키백과. 대한민국 국군의 베트남 전쟁 참전.

24   대런 애스모글로, 제임스 A 로빈슨, 『국가는 왜 실패하는가』(2012), 시공사

25   박상인, "한국경제성장의 '심인'", [한겨레신문]. 2021.11.10. 00https://www.hani.
co.kr/arti/society/society_general/1018668.html

26   "김재규가 쏘지 않았어도 '박정희 경제 모델'은 망했을 것". 이정우 인터뷰. 한겨레.
2024.5.2. https://www.hani.co.kr/arti/economy/heri_review/1139002.html

27   민주화운동기념사업회. 5.18민주화운동 희생자편 https://archives.kdemo.or.kr/
photo-archives/view/00755845

28   미국이 주도하는 국제통화기금(IMF)은 외환위기때 우리나라에 고금리를 강요해 국
민들이 고통을 감내해야 했다. 우량 기업이 헐값에 팔리고 실업과 파산이 잇따랐지만 시장
의 자유를 명분으로 재정을 최소화하는 이른바 워싱턴 합의(Washington concencess)의 논
리였다. 그러나 정작 2007년부터 시작된 자신들의 서브프라임모기지론 금융위기 때에는
구제금융과 함께 대량으로 통화를 공급해 저금리로 위기를 넘기려는 이중성을 보였다.

29   최근의 디지털 기술은 발전속도가 매우 빠르고 창발성이 뛰어나 기술 부족으로 생산
성이 정체되는 문제가 벌어지는지에 대해서 의문이 들 때가 있다. 미국은 중진국이 아니지
만 여러 차례의 경제위기를 새로운 기술혁명으로 극복해 왔으며 최근 중국이 맞고 있는 경
제위기 역시 권위주의 회귀의 움직임 속에서도 기술발전이 계속 이뤄지고 있어 그 결과가
주목된다.

30   연세대학교 김대중도서관, 『김대중 육성회고록』(2024), 한길사.

31   외뿔이 달린 말처럼 생긴 상상 속의 동물인데, 벤처업계에서는 기업가치가 10억 달
러(1조 원) 이상이고 창업한 지 10년 이하인 비상장 스타트업을 의미한다.

32   1960년대 80달러에서 2021년 3만 5천 달러로 증가했다.

33   1965년 5억 8천만 달러에서 2021년 1조 3천억 달러로 증가했다.

34   김세직, 『모방과 창조』(2021), 브라이트, p.176 "6.25 전쟁이 끝난 후 1950년대에 초등
의무교육이 강력히 추진되었다. 그 결과 1950년대 후반에 초등학교 진학률이 96%까지 달
했다. 나는 우리나라 경제성장에 기여한 중요한 요소 중 잘 알려져 있지 않은 것 중 하나가
바로 이 1950년대 초등의무교육의 역할이라고 생각한다."

35   양승훈, 『중공업가족의 유토피아』(2019), 오월의봄, p.128

36   Fear Of Missing Out의 줄임말로 유행에 뒤처지는 것에 두려움과 소외에 대한 불안감을 뜻하는 말. 반대로 관계의 속박에서 자유롭고자 하는 뜻으로 JOMO(Joy Of Missing Out)이 있다.

37   정보통신 20세기기사 정책/산업부문 조사, 집필. 정보통신정책연구원. 2001.7.

38   한국사회의 방송 · 통신 패러다임 변화 연구. 정보통신정책연구원. 08-14

39   PCS(113만 명), 셀룰러(577만 명). 정우수. 국내 이동통신 시장의 변화와 시사점, 한국정보통신진흥협회 등 종합

40   Maria J. Stephan and Erica Chenoweth(2011). Why Civil Resistance works. Columbia University Press.

41   앨빈 토플러, 『권력이동(Powershift)』(1990), 한국경제신문사.

42   www.facebook.com/RankingRoyals source:World Trade Organization

43   The End of History and the Last Man

44   2000년 11월 7일 미국 대선 당시 공화당의 조지 부시 후보와 민주당의 앨 고어 후보의 플로리다에서 표차는 불과 1,784표로, 총 투표자 중 0.05% 미만이었다. 기계적 재검표 결과 부시가 승리를 거두긴 했지만 표차가 537표로 크게 줄어들자 고어 후보는 수검표를 요청했다. 수검표가 길어지자 연방대법원이 이를 중단시켰고 부시가 투표 36일 만에 대통령에 당선됐다.

45   산업현장에서 필요에 따라 사람을 구해 임시로 계약을 맺고 일을 맡기는 형태의 경제 방식.

46   낸시 프레이저. "The End of Progressive Neoliberalism", Dissent, 2017. 1.2. https://www.dissentmagazine.org/online_articles/progressive-neoliberalism-reactionary-populism-nancy-fraser/

47   심지어 취임 후 열흘간이나 이지원 시스템이 작동하지 않는다고 지적했는데 알고보니 컴퓨터의 화면 보호 프로그램 비밀번호를 몰라 생긴 해프닝이었다.

48   임문영, 『디지털 시민의 진화』(2012), 메디치미디어. "촛불시위 현장에는 '다음 아고라' 깃발과 '아프리카 TV' 카메라 등이 언론역할을 맡았다. 또 '2MB 탄핵투쟁연대', '안티MB 카페' 등 정치적 관심을 가진 카페뿐만 아니라 '소울 드레서', '쌍화차와 코코아', '화장발'과 같은 여성 커뮤니티, 인기 연예인 팬클럽 등이 논의의 장을 열었다. 논의의 경로는 대부분 아고라와 카페였다."

49   "힐러리 클린턴 'e메일 스캔들' 전말" [경향신문] (2016.7.7.) http://h2.khan.co.kr/201607060925001

50   이틀 뒤인 30일 미 ABC 뉴스와 워싱턴포스트 여론조사에서 힐러리 클린턴은 46%,

트럼프는 45%의 지지율로 간발의 차이를 보였다. 응답자 중의 3분의 1은 FBI의 재수사 때문에 힐러리를 지지하는 마음이 약해졌다고 응답했다.

51   https://news.joins.com/article/23605609

52   박 대통령 대국민 사과..포털 검색어 1위는 '탄핵' [한국경제TV] (2016.10.25.) https://news.v.daum.net/v/20161025162724753

53   이 내용은 연락처만 삭제된 채 아직도 인터넷에 남아 있다. https://docs.google.com/spreadsheets/d/1S8EOCmcmAUaXAMhGB6NlOk2P5HGhYncF8ArIhSLaMWo/edit#gid=0

54   12월 1일부터 12월 9일까지 지역별 정당별 국회의원들의 찬반 상황변화를 담은 탄핵소추 상황 역시 인터넷에 영구 보존된 형태로 제공되고 있다. http://getoutpark.bakufu.org/index_20161207.html

55   원래 무기명 투표는 글자 그대로 이름을 밝히지 않는 투표이고, 일반 선거에서 투표용지를 사진 찍어 공개하는 것은 공직선거법에 어긋나는 행위다. 하지만 국회의 무기명 투표는 공직선거법의 적용을 받지 않는 것으로 투표인증샷을 찍는 것은 처벌규정이 없었다.

56   박근혜는 왜 '탄핵 기각'을 확신하고 5단 케익을 준비했나? [서울의소리] (2017.3.13.) http://www.amn.kr/27499

57   기차나 자동차 등 이동하는 물체가 인터넷에 연결할 수 있도록 해주는 네트워크

58   니콜라스 카, 『생각하지 않는 사람들(The Shallows)』(2011), 청림출판. p186-187

4부 | 지식과 권력의 전환

1   'Mad' Mike Hughes dies after crash-landing homemade rocket BBC. 2020.2.23. https://www.bbc.com/news/world-us-canada-51602655

2   위키피디아/탈진실. https://ko.wikipedia.org/wiki/탈진실

3   소셜미디어와 같은 디지털 환경에서는 알고리즘에 의해 소비자가 원하는 정보를 더 자주 보여준다. 이렇게 정보를 걸러서 확증편향에 빠지게 되면 실제보다 과장된 정보를 믿게 된다. 이를 필터버블이라고 한다. 또한 자신과 같은 신념을 가진 사람들끼리 동일한 메시지를 주고받다 보면 메아리가 울리듯이 같은 내용으로 자기들의 신념이 강화되는데 이를 에코체임버라 한다.

4   여러 단말기에 분산되어 네트워크를 따라 감염되는 악성코드

5   기생충 가운데 하나. 톡소포자충(Toxoplasma gondii). 이 기생충이 쥐에게 감염되면

쥐는 고양이를 두려워하지 않고 스스로 고양이에게 잡아먹힌다. 고양이를 숙주로 번식한다고 한다.

6   밀레니얼 세대와 알파 세대 사이의 세대. 일반적으로 1990년대 중/후반생부터 2010년대 초반생까지를 Z세대로 분류한다. 가장 최근의 세대라는 의미

7   조너선 하이트. "과보호 되고있는 미국인" [뉴스페퍼민트]. 2019.1.29. https://newspeppermint.com/2019/01/28/m-coddling1/

8   Jonathan Haidt on the 'National Crisis' of Gen Z. WSJ 2022.12.30. https://www.wsj.com/articles/the-national-crisis-of-generation-z-jonathan-haidt-social-media-performance-anxiety-fragility-gap-childhood-11672401345?mod=opinion_trending_now_opn_pos3

9   아랍의 봄(Arab Spring) : 2010년 튀니지에서 아랍·중동 국가 및 북아프리카 일대로 확산된 반정부 시위운동

10   장지향. '아랍의 봄' 10주년: 중동 민주화의 한계. 아산정책연구원 이슈브리프. 2020.8.5

11   Clay Shirky의 저서 Here Comes Everybody의 한국판 제목

12   How to cancel "cancel culture", The Economist/Ill liberals, 2023.10.19. https://www.economist.com/culture/2023/10/19/how-to-cancel-cancel-culture

13   옥스팜. 2024 불평등 보고서. https://www.oxfam.or.kr/inequality-reports/?idx=166

14   조던 피터슨, 스티븐 프라이, 마이클 에릭다이슨, 미셸 골드버그, 『정치적 올바름에 대하여』(2019) 프시케의숲, 조은경 옮김. 임명묵 논평. 참조

15   쇼클리(Shockly,W.), 바딘(Bardeen,J.), 브래튼(Brattain,W.H.) 세 사람이 함께 만들었다. 이들은 1956년 노벨물리학상을 공동수상했다.

16   컴퓨터의 계산능력을 나타내는 단위. 1초 동안 부동소수점으로 저장된 수를 얼마나 많이 연산할 수 있는지를 의미한다.

17   양자컴퓨터는 0과 1이 중첩된 '큐비트'를 이용한다. 양자컴퓨터가 슈퍼컴퓨터의 성능을 뛰어 넘는 것을 '양자 우위(Quantum Supremacy)'라고 하는데 이쯤 되면 현존하는 모든 컴퓨터 암호체계를 무너뜨릴 수 있다. 대신 양자인터넷에 양자 암호키를 사용하면 불법 도감청 및 중간 정보 탈취를 원천적으로 막을 수 있다. 컴퓨터 세계의 판을 새로 짤 수 있는 것이다. 이는 마치 2차 세계대전때 독일이 에니그마(Enigma)라는 암호기계로 초기 전쟁을 압도했던 것을 연상케 한다. 그래서 미국과 중국 등은 서로 더 뛰어난 양자컴퓨터를 만드는데 혈안이 되어 있다.

18   그리스어 nanos(난쟁이)에서 유래된 나노기술(NT, Nano Technology)은 10억분의 1

미터 크기를 다루는 기술이다.(나노기술개발촉진법' 제2조1항. 국가나노기술정책센터 용어설명 참조) 물질이 나노크기가 되면 새로운 특성이 나타나 에너지분야에서 중요한 소재, 촉매, 저장 등에서 경제적 효과가 높고 친환경적인 대안을 만들 수 있다. 이를 이용하면 순식간에 색깔을 바꿀 수 있는 전투복이나 야간에도 적외선을 이용해 대낮처럼 볼 수 있는 콘택트렌즈를 만들 수 있다. 또한 나노 크기의 반도체로 만든 양자점(Quantum Dot)을 이용해 발광다이오드(QLED) 같은 디스플레이를 만들거나 자율주행차량에 쓰이는 라이다(Lidar), 초미세 의학적 치료나 특정 세포에만 선택적으로 작용하는 약물을 전달하는 나노로봇 등을 만들 수 있다. 이런 나노기술은 새로운 물질을 만든다. 실리콘보다 전자이동이 100배나 빠른 그래핀(Graphene), 그래핀보다 10배 더 빠른 맥신(MXene), 질화붕소(BN: Boron Nitride), 흑린(Black Phosphorus), 페로브스카이트(Perovskite) 등 다양한 물질이 관심을 모으고 있다. 그중에서도 가장 기대가 큰 것은 상온에서 전기 저항이 없어 전기가 흐를 때 손실이 발생하지 않는 초전도체(superconductor)다. 2023년 우리나라에서 발견했다고 발표된 LK-99는 세계적으로 큰 관심을 일으켰지만 최종적으로 초전도체가 아닌 것으로 결론났다.

19 드미트리 멘델레예프(Dmitri Mendeleev)가 처음으로 정리했다.

20 6가지의 쿼크(Quarks)와 6가지의 렙톤(Leptons)으로 이루어진 페르미온, 그리고 4가지의 보손(boson), 그리고 마침내 신의 입자라고 하는 힉스(Higgs)입자까지 발견되었다.

21 GENe+chromosOME의 합성어

22 https://commonfund.nih.gov/hubmap/highlights 60개 기관의 400명 이상의 연구자가 휴먼 바이오분자 아틀라스 프로그램(HuBMAP)이라는 세포지도 분석에 들어갔다. 미국의 국립보건원(NIH)는 "이 작업을 수행하는 데 필요한 기술의 르네상스와 그로 인해 생성된 아름다운 이미지를 보면 레오나르도 다빈치도 HuBMAP의 작품에 모나리자의 미소를 지었을 것"이라고 소개했다.

23 Geoffrey Carr. A Paradigm shift in biology. Economist. 2023.6.14.

24 양자중첩(quantum superposition) 관측되기 전의 여러 가능성을 동시에 갖는 상태다.

25 Why Software Is Eating The World

26 10의 100승. 즉 10^{100}으로 큰 숫자를 뜻한다.

27 2019년 12월 30일 국제 전염병 학회에 인구 1천만 명이 넘는 중국 도시 우한에서 설명하기 어려운 폐렴이 급속도로 퍼져나갔다는 충격적인 보고서가 올라왔다. 코로나19가 시작된 것이다. 열흘 뒤 2020년 1월 10일 상하이의 한 과학자가 호주의 지인을 통해 이 병의 유전 암호를 인터넷에 공개했다. 이 유전정보를 워드문서 파일로 수신한 모더나는 48시간

만에 백신을 설계했다 https://www.technologyreview.kr/messenger-rna-vaccines-covid-hiv/

28　유전자가 발현될 때 쓰이는 유전정보를 코돈(codon)이라 하는데 이에 따라 단백질을 만들어내는 CDS(CoDing Sequence) 작업이 프로그래밍과 같다.

29　노벨물리학상은 존 홉필드, 제프리 힌튼, 노벨화학상은 데이비드 베이커, 데미스 허사비스다.

30　네이버 표준국어대사전 '관세음보살'편. 아미타불의 왼편에서 교화를 돕는 보살. 사보살의 하나이다. 세상의 소리를 들어 알 수 있는 보살이므로 중생이 고통 가운데 열심히 이 이름을 외면 도움을 받게 된다. 일본의 캐논(Canon)은 디지털 카메라로 유명한 회사인데, 관음이라는 글자를 일본식 발음인 칸논(かんのん)에서 유래했다.

31　생명은 빛을 식별하게 되면서 수많은 형태로 진화했다. 생명이 탄생한 뒤 30억 년 동안 불과 3문(門)에 불과했던 동물의 종류는 최초로 눈을 가진 생명체 삼엽충이 나타난 뒤 38개의 문으로 늘어났다. 이 시기를 '캄브리아기의 대폭발'이라고 부른다. 생물학자 앤드루파커(Andrew Parker)는 이를 '빛 스위치 이론'으로 설명한다. 빛을 식별하게 되면서 생명체의 진화적 다양성이 폭발한 것이다.

32　대형 시눕틱 관측망원경(Large Synoptic Survey Telescope). Synoptic이라는 말은 Synopsis에서 나온 말인데 현장에서 실시간으로 하늘을 본다는 뜻이라고 한다. 그리스어로 Synopsis는 syn(함께), opsis(봄)이 합쳐진 말이다.

33　현대의 제임스웹 우주망원경(James WEbb Space Telescope)은 우주에서 더 깊은 우주를 관찰하는 거대한 망원경이다. 레이저간섭계중력파 관측소(LIGO) 같은 시설은 눈에 보이지 않는 우주의 중력파를 감지할 수 있게 한다. 레이저를 이용한 관측장비인 라이다(LiDAR)는 중세시대 거대 요새 등 미발굴 유적지를 찾아내기도 한다. 병원에서 사용하는 양전자방출 단층촬영(PET), 컴퓨터단층촬영(CT), 자기공명영상(MRI) 등은 겉에서는 보이지 않는 몸 속을 '보는' 장치들이다.

34　맥컬럭-피츠 뉴런모델. "A logical Calculus of Ideas Immanet in Nervous Activity"

35　데이비드 럼멜하트(David Rumelhart)의 백프로퍼게이션, 존 홉필드(John Hopfield)의 홉필드네트워크 등이 그의 인공지능 연구에 큰 도움을 주었다.

36　그래픽 처리장치(GPU:Graphic Processing Unit))는 정보를 컴퓨터 화면에 표시하는 역할을 한다. 컴퓨터 화면의 해상도가 증가하고 게임이 인기를 얻으면서 많은 정보를 빠르게 처리하도록 발전했다. 이 장치는 컴퓨터의 중앙처리장치(CPU)와 다르게 정보를 대량으로 병렬처리하는 특징이 있다. 따라서 데이터를 대량으로 처리해야 하는 인공지능에도 맞아서 더욱 발전하게 되었다.

37 현재 인공지능의 가장 중요한 아키텍처. 거대언어모델로 자연어 처리 뿐만 아니라 다양한 기능에도 중요하다. 2017년 구글의 연구자들이 "Attention is all you need"라는 논문을 발표하면서 중요한 정보에만 집중하는 Attention이라는 메커니즘만을 이용해도 성능이 우수하다는 것이 밝혀졌다. 이를 바탕으로 사전학습과 미세조정이라는 학습패턴을 거쳐 다양한 능력을 가진 기반 기술로 발전하게 되었다.

38 Large Language Model. 텍스트의 이해와 분석을 중심으로 하는 인공신경망.

39 "We have no experience of what it's like to have things smarter than us."

40 머스크 "AI 훈련 데이터 지난해 이미 고갈…합성 데이터가 보완책" [AI타임스]. 2025.1.10. https://www.aitimes.com/news/articleView.html?idxno=167004

41 그래프네트워크 재료탐색이라는 인공지능 도구로 38만1천 개의 안정된 물질을 포함한 것이다.

42 https://deepmind.google/discover/blog/millions-of-new-materials-discovered-with-deep-learning/

43 구글 딥마인드 AI, 거의 모든 단백질 구조를 예측한다. [동아사이언스]. 2022. 7. 30. https://m.dongascience.com/news.php?idx=55583

44 항체-항원 상호작용과 유전물질인 RNA와 DNA, 이온과 단백질 사이의 상호작용 등을 포함한다.

45 박테리아의 바이러스 면역 시스템에서 힌트를 얻은 것으로 유전정보가 담긴 DNA에서 특정 부위를 정확히 찾아 잘라내는 기술이다. 유전자를 원하는 대로 수정하고 편집할 수 있게 되면서 의학계는 새로운 혁명을 맞았다. 2012년 6월28일 제니퍼 다우드나(Jennifer Anne Doudna) 교수와 엠마뉘엘 샤르팡티에(Emmanuelle Charpentier) 박사가 '크리스퍼-카스9'이란 이름의 유전자가위 기술을 발표했다. 1,2세대와 달리 단백질이 아니라 RNA를 이용한다.

46 세포의 필요만큼 켰다 껐다… AI로 'DNA 스위치' 만든다. [서울신문]. 2024.10.24. https://www.seoul.co.kr/news/society/science-news/2024/10/24/20241024024002

47 https://www.technologyreview.kr/messenger-rna-vaccines-covid-hiv/

48 데이비드 A. 싱클레어·매슈 D. 러플랜트. 『노화의종말』(2020). 이한음 옮김. 부키. 이 주장에 따르면 노화란 '후성유전체에 의한 정보의 상실'(epigenetic noise)이므로 세포를 재프로그래밍하면 막을 수 있다. 이를 위해 1948년 클로드 섀넌(Claude Shannon)이 정보를 전송할 때 손실을 복구할 수 있다는 정보통신 이론이 차용된다. 즉, 정보의 원천(source)인 DNA에서 신체(receiver)에 전달되는 후성유전체(tranmitter)의 잡음을 줄이고 신호를 복구하면 된다는 것이다.

49 https://www.economist.com/technology-quarterly/2023/09/25/slowing-human-ageing-is-now-the-subject-of-serious-research

50 이 회사의 고문은 교토대 야마나키 신야(山中伸弥) 교수로 그는 2006년 성체 세포를 유도만능줄기세포(induced pluripotent stem cell, iPS)로 만들 수 있다는 것을 발견해 노벨 생리학상을 수상한 과학자다.

51 https://www.technologyreview.kr/police-got-called-to-an-overcrowded-presentation-on-rejuvenation-technology/

52 1988년 인간활동에 대한 기후변화의 위험을 평가하기 위해 UN 산하에 기후변화에 관한 정부간 협의체(IPCC)가 설립되었다. 이 기구는 지구 온난화의 원인과 영향, 대응방안 등을 정리하는 보고서를 주기적으로 발간한다. 이 보고서를 토대로 1992년 5월 국제연합(UN) 주도 아래 192개국이 참여해 '기후변화에 대한 UN기본협약(UNFCCC)이 맺어졌다. 이후 이 협약에 참여한 당사국들이 총회(COP: Conference of Parties)를 열고 있다. IPCC의 2차 보고서에 따라 1997년 COP3에서 선진국들의 온실가스 감축을 요구하는 '교토의정서'가 채택되었고, 5차 보고서를 토대로 2015년 COP21에서는 '파리기후변화협약'이 체결돼 모든 당사국이 지구평균기온을 산업화 이전보다 2℃ 이상 상승하지 않도록 1.5℃ 이내로 유지하기로 했다. 2018년 IPCC는 1.5℃ 특별보고서를 내놓았다. 지구 기온 상승을 1.5℃로 제한하고 2030년까지 온실가스 배출량을 2010년 대비 45% 줄여 2050년에는 넷제로를 달성해야 한다는 주장이었다. 이어 발표된 IPCC 6차 보고서는 더 심각하다. 최근 10년간(2011~2020년) 지구의 지표면 평균 온도가 산업화 이전(1850~1900년)보다 1.09℃도나 올랐고 1.5℃도 기온 상승 전망은 2052년쯤 도달할 것이라는 이전과 다르게 2040년이면 도달할 것으로 앞당겨졌기 때문이다.

53 2021년 전 세계 의학학술지 251개가 모여 기후변화로 인한 지구온도 상승과 생물 다양성 파괴로부터 인류의 건강을 보호할 비상조치를 촉구하는 대규모 공동성명을 발표했다.

54 한기봉. '위험사회'와 소통-울리히 벡을 생각하며. 대한민국 정책브리핑 2020.2.28. https://www.korea.kr/news/cultureColumnView.do?newsId=148869666

55 세계 최초로 런던 중심가 홀본 비아덕트에서 석탄 발전을 시작(1882년)했던 영국은 2024년 랫클리피 석탄화력발전소를 마지막으로 142년 만에 모든 석탄 발전소를 가동 중단했다

56 태평양에는 한반도 면적의 7배 크기나 되는 거대한 쓰레기지대(Great Pacific Garbage Patch)가 있다. 전 세계의 썩지 않는 비닐과 플라스틱 등 쓰레기 7만 9천 톤이 해류에 밀려 떠다니고 있다. 북태평양 '거대 쓰레기 섬' 급속 확대…한반도 7배. SBS 2018.3.23.

https://news.sbs.co.kr/news/endPage.do?news_id=N1004679824

57 https://x.com/peterdiamandis/status/1854970413467545897

58 https://www.vox.com/climate/372852/solar-power-energy-growth-record-us-climate-china

59 독일과 러시아 사이는 1,2차 세계대전 당시 독일 940만 명, 러시아 2300만 명이 희생된 역사가 있다. 그러나 2022년 러시아는 독일과 손잡고 북해 아래에 대형 가스수송관 노르트스트림I, II를 연결시켰다. 그리고 가스 송출의 대안이 생기자 과거의 우방국이었던 우크라이나로 쳐들어갔다. 2023년 팔레스타인 무장정파 하마스가 이스라엘을 공격해 무력충돌이 발생한 것도 석유시대가 끝날 것을 염두에 둔 사우디아라비아가 새로운 안보와 발전 전략의 하나로 이스라엘과 가까워졌기 때문이다.

60 우주에서의 국가간 국제협력과 대립은 우주안보분야에서 C4ISR(Command, Control, Communication, Computers, Intelligence, Surveillance, Reconnaissance: 지휘·통제·통신·컴퓨터·정보·감시·정찰)를 고도로 디지털화하게 된다. 이렇게 우주 환경이 중요해질수록 우주시설에 대한 해킹과 사이버 위협도 커지고 그 피해는 전지구적 재난에 이를 수 있다. 2023년 북한은 군사정찰위성 '만리경-1호'를 쏘아 올렸다. 이에 우리나라도 정찰위성 1호기를 발사해 궤도에 안착시켰다. 군사적 목적 외에 우리나라는 2013년 나로호 발사 성공 이후 저궤도 지구관측 역량 고도화, 한국형 위성항법시스템(KPS) 위성 개발, 차세대 통신 선도를 위한 저궤도 위성통신 시스템 개발, 정지궤도 위성 기반 강화 등을 추진하고 있다.

61 우주는 중력, 극한 온도, 방사선, 먼 거리 등 지구와 전혀 다른 환경이다. 이런 곳에 인간이 만든 탐사선을 보내 원하는 작업을 하기 위해서는 새로운 물질과 기술이 필요하다. 그리고 이는 물리학, 수학, 생물학, 화학, 컴퓨터공학, 원자력, 기계 등 거의 모든 첨단 과학이 총동원된다. 그 결과 자기공명 영상장치(MRI), 자외선 차단 의류, 무선진공청소기, 전자렌지, 네비게이션, 화재경보기, 당도측정센서 등 수많은 제품들이 우주개발 과정에서 만들어졌다.

62 1958년 미항공우주국(NASA)이 설립되면서 캘리포니아 공과대학에서 운영하던 제트추진연구소는 우주선 개발 계획에 참여하게 됐다. 또한 그해 쇼클리 반도체에서 뛰쳐나온 '8인의 배신자'(traitorous eight)가 만든 '페어차일드 반도체'는 캘리포니아 산호세에 본사를 두고 고온에도 안정적인 실리콘 집적회로를 개발해 우주개발을 돕게 되었다. 성공한 이 회사 출신들은 다시 인텔, AMD, 모토로라 등 새로운 반도체 회사를 세우기 시작했고 이렇게 퍼져나간 혁신기업들이 실리콘밸리를 형성한 것이다.

63 https://www.planetary.org/space-policy/cost-of-apollo

64   2024년 스페이스X는 메카질라라고 부르는 발사대에서 젓가락이라 부르는 로봇팔이 한치의 오차도 없이 스타십의 1단계 추진체인 40층짜리 높이의 '수퍼헤비' 부스터를 회수해 로켓 재사용의 현실화를 보여주었다.

65   과거 우주발사체는 대기권에 재진입하며 파괴되었기 때문에 그때마다 새로 제작해야 했다. 미리 만들어 놓은 상용 기성품(COTS : Commercial Off-The-Shelf)이 확대되었고 미국 정부가 우주산업을 벤처기업으로 정책적으로 육성한 것도 큰 힘이 되었다.

66   우주개발에 쓰이는 디지털 기술은 우주물체 등 우주환경을 인식하는 우주상황인식(SSA), 위성 등 우주시스템이 충돌없이 임무를 수행하도록 조정 통제하는 우주교통관리(STM), 궤도상에서 위성을 수리하거나 우주쓰레기를 처리하는 우주 내 서비스, 조립 및 제조(ISAM) 등이 있다. 이를 위해 우주산업도 디지털 전환이 가속화되고 있다. 따라서 디지털트윈, 인공지능(AI), 로봇 등 정보통신기술(ICT)이 필수적으로 이용된다. 김선우, "사이버보안, 우주항공산업 지속 가능한 발전 견인한다", [전자신문], 2023.10.31. https://n.news.naver.com/article/030/0003151425

67   영국의 원웹(Oneweb), 스페이스X의 스타링크, 아마존의 카이퍼 등이 저궤도(지상 500km~2,000km)에 통신위성을 쏘아 제공한다. 위성통신은 설치와 관리에 엄청난 돈이 드는 해저케이블이나 도심의 복잡한 설비가 필요없어 현재 인터넷을 사용하지 못하는 저개발국 30억 명에게 희망이 될 것이다. 정의훈. 저궤도 위성통신 시대의 도래. 유진투자증권. 2023.3.21 인공위성은 위치한 궤도에 따라 크게 저궤도(200~2,000km), 중궤도(저궤도~정지궤도), 정지궤도(약 35,800km), 고궤도(36,000km~)로 분류할 수 있다.

68   2025년 달에 인간을 다시 보내고 2020년대 말에는 달에서 광물을 채굴하거나 우주선 터미널을 만든다.

69   중국은 창어(嫦娥)3호에 이어 창어4호가 처음으로 달 뒷면에 착륙했고 창어5호는 달에서 샘플까지 가져왔다. 2023년 인도는 처음으로 달 남극에 찬드라얀 3호를 착륙시켰고 2024년 일본은 슬림(SLIM) 탐사선이 (비록 뒤집힌 채였지만) 달에 착륙했다. 우리나라의 달착륙은 2032년쯤에나 가능할 것으로 보인다.

70   냉전시절 소련이 '미르' 우주정거장을 만들려고 하자 미국은 '프리덤'을 건설하려 했다. 그런데 1986년 챌린저 우주왕복선이 폭발되는 사고가 벌어졌고 엄청난 우주개발비가 부담이 되어 이 계획은 취소되었다. 이후 1990년대 소련이 붕괴하자 새로 취임한 클린턴 대통령은 소련의 두뇌 유출을 막고 예비 발사 능력을 확보하기 위해 소련의 뛰어난 우주개발 능력을 끌어들였다. 그래서 러시아가 참여하는 국제우주정거장(ISS)이 만들어졌다. 그런데 국제우주정거장을 만들 때 러시아를 고려하다 보니 발사장에서 접근하기 쉽도록 적도로부터 궤도경사각 51.6도로 설정되었다. 이 위치는 너무 높아 화물을 많이 적재할 수 없는 반면

연료는 많이 들었다. 너무 비싼 우주정거장이다. 그래서 현재의 우주정거장을 대체하기로 한 것이다.

71   미국의 민간 우주기업들은 민간상업용우주정거장으로 적도 북위 38~45도 궤도를 선호한다. 미우주군 기지가 있는 플로리다주의 케이프 커내버럴(Cape Canaveral), 버지니아의 월롭스섬(Wallops Island), 캘리포니아의 반덴버그(Vandenberg)에서 연료 효율이 높은 우주 화물 운송이 가능하다. 또한 이 궤도는 일본, 인도와 같은 국가와 향후 유럽에서 예상되는 승무원 및 화물 발사에도 도움이 될 것으로 보인다.

72   민간기업의 참여를 장려하기 위해 미항공우주국(NASA)은 2020년대 후반까지 상업용 저궤도 목적지(CLD) 프로젝트를 지원 중이다. 그 일환으로 지난 2006년 민간기업인 스페이스X와 국제우주정거장에 물자를 수송하는 상업용 궤도 운송서비스 계약을 체결했으며, 2015년에는 '상업적 우주 발사 경쟁력법'을 제정했다.

73   중국은 2011년 미국의 '울프 수정안'(Wolf Amendment)에 따라 미국 주도 우주개발에서 왕따를 당해 왔다. 그래서 독자 우주정거장을 건설하게 되었다.

74   一對一路空間信息走廊(Belt and Road Space Information Corridor)

75   중국식 위성항법시스템(北斗衛星導航系統; BeiDou Navigation Satellite System)

76   "재앙일까 재화일까"…소행성 바라보는 인류의 엇갈린 시선. [뉴시스]. 2023.11.02. https://www.newsis.com/view/NISX20231102_0002507232

77   일본의 과학자 이토가와 히데오를 기념해 붙인 이름이다.

78   일본의 전설 속 궁전이라고 한다.

79   디지털 전환은 후발주자를 오히려 더 빨리 나아가게 만든다. 금융시장이 발전하지 못했던 케냐는 M-PESA라는 서비스를 만들어 순식간에 모바일뱅킹 선진 국가가 됐다.

80   아론 바스타니, 『완전 자동화된 화려한 공산주의』, 황소걸음. 2020. Fully Automated Luxury Communism

81   그리스어의 '우 (οὐ-)'와 '토포스 (τόπος)'가 합쳐진 단어

82   태양처럼 영원히 꺼지지 않는 발전소, 핵융합 발전도 연구되고 있다. 핵융합발전은 핵분열을 이용하는 원자력발전과 달리 중수소와 같은 원소를 융합시키면서 에너지를 내기 때문에 고준위 방사능폐기물을 내지 않는다. 안전하며 효율이 높고 연료도 풍부해 성공만 한다면 인류의 역사가 달라질 것이다. 핵융합발전을 위해서는 수소 원자핵이 서로 접근할 수 있도록 1억℃ 이상의 온도를 지속해야 한다. 그러나 이런 높은 온도를 버틸 수 있는 그릇(用器)이 없기 때문에 초고온 플라즈마 형태로만 만들어 공중에 띄운다. 우리나라는 이런 토카막(tokamak) 방식으로 1억℃를 30초 이상 유지해냈다. 이는 세계 최고 수준이다. 300초이상을 유지하면 스스로 연쇄적인 핵융합을 일으키는 '점화'가 된다. 2026년까지 이것

을 구현해 내는 것이 목표다. 2003년부터는 프랑스 남부의 카다라슈에 국제핵융합실험로(ITER)가 건설되고 있다. 이 프로젝트는 유럽연합, 미국, 러시아, 일본으로 시작해 우리나라와 중국, 인도가 참여하면서 7개국이 함께하는 대형 국제 프로젝트가 됐다. 2025년 완공되는 이 실험로에는 200개가 넘는 우리나라 기업들도 참여한다. 후발주자이면서 이렇게 우리가 주요기술력을 확보한 데는 IMF구제금융을 맞으면서도 핵융합연구에 투자한 덕분이다. 우리나라는 2007년 독자기술로 KSTAR를 완공하고 이듬해에는 최초의 플라즈마 발생 실험에도 성공했다.

83 Solar power satellites(SPS). 우주에서 태양광에너지를 수집해 지구로 전송하는 개념. 지구궤도에 태양광 발전위성을 띄워 우주태양광으로 에너지를 가져오는 연구도 진행 중이다. 우주태양광은 밤이 따로 없고 대기에 의한 반사나 흡수가 적어 더 많은 에너지를 수집할 수 있다. 구현이 된다면 인류의 삶은 마치 영생을 얻은 것처럼 완전히 달라질 것이다. 하지만 우주태양광은 거대한 시설을 우주에 만들어야 하고 마이크로웨이브나 레이저 같은 무선전력전송기술의 효율성을 개선해야 한다.

84 https://www.rethinkx.com/blog/rethinkx/the-disruption-of-labour-by-humanoid-robots

85 2020년 토니 세바(Tony Seba)와 제임스 아빕(James Arbib)에 의해 설립된 싱크탱크.

86 https://www.rethinkx.com/publications/rethinkinghumanity2020.en

87 재생에너지 공급확대를 위한 중장기 발전 단가 전망 시스템 구축 및 운영 보고서, 에너지경제연구원, 2021

88 오직 총과 실력, 용기로 마을 제패하던 1960년대 서부 영화 '황야의 7인(Magnificent Seven)'을 차용한 것이다. 매그니피션트7 소개, 더밀크 2023 빅테크 분석리포트, https://themiilk.com/reports/135

89 야니스 바루파키스(Yanis Varoufakis), 『테크노퓨달리즘』(2024), 21세기북스.

90 쇼사나 주보프(Shoshana Zuboff), 『감시자본주의 시대』(2021), 문학사상.

91 작전명은 넵튠 스피어.

92 미국 연방정부 정보기관에 데이터 분석을 제공하는 이 회사는 2024년 한 해 동안 356.1%나 주가가 상승했다. 이는 S&P500 구성종목 가운데 1위였다.

93 미국 에너지부의 최고 기밀 취급 등급이라고 한다.

94 2018년 6월 한 시민이 장갑차를 몰고 나타나 콜로라도강의 후버댐에서 Q가 부여한 임무라며 힐러리 클린턴의 이메일 관련 법무부 감찰 서류를 공개하라고 요구했다. 그 서류는 전날 공개됐는데도, 추종자들은 다른 감춰진 서류가 있다고 주장했다.

95 나무위키/사토시 나카모토

96   https://www.politico.eu/article/emmanuel-macron-justin-trudeau-downfall-liberal-canada-france/

97   우리나라의 일베, 미국의 4chan, 유럽의 stormfront, 러시아의 VKontakte 등 혐오와 논란을 일으키는 커뮤니티는 디지털 시대 세계 어느 나라에서나 기승을 부리고 있지만 표현의 자유와 처벌을 특정하기 어려운 커뮤니티 특성상 통제하기 쉽지 않다.

98   1601년 영국의 구빈법(Poor law)는 농민이 도시의 부랑자로 전락하자 그중 노동력이 없는 사람들을 보호하고자 했다. 최초로 정부가 가난을 책임지기 시작한 것으로 사회복지의 효시라고 평가한다. 그러나 "빈민이 생기는 이유는 구빈법에 기댄 빈민들이 게을러졌기 때문"이라는 논리가 등장했고 결국 구호를 받는 빈민의 처우를 가장 열악한 처지의 노동자보다 '더 열악하게' 하는 신구빈법이 만들어졌다. 이처럼 기본소득이 노동자들의 근로의욕을 떨어뜨릴 수 있다는 논란이 일어나고 있다. 2002년 주 5일제는 법정 근로시간을 44시간에서 주당 40시간으로 축소하는 것으로 반근무였던 토요일을 쉬게 하는 것이었는데 경제단체는 물론 한국노총, 민주노총 등 양대 노총조차 반대했다. 반대 이유는 '결국 죽어나가는 건 비정규직'이라는 것이었다. 주 5일제는 1926년 포드가 처음 실시했고 1930년대에 미국과 프랑스에서 법제화되었다. 서구에서는 무려 70년전에 시작된 제도였지만 우리나라에서는 초기에 반대논리가 압도적이었다. 하지만 관광, 숙박, 공연 등 새로운 산업이 활성화되고 자유와 여가, 문화를 경험하기 시작하자 국민들은 달라졌다.

99   부의 불평등 해소, 신생아 '기초자본' 조성은 어떨까. PADO. 2025.1.17. https://www.pado.kr/article/2025011712348821636

100   기본소득과 기초자산. 금민, 서정희. 제6차 기본소득한국네트워크 쟁점토론회 (2020.07.11)

101   암호화폐 거래소 FTX의 최고경영자로 파산 후 사기혐의로 구속재판을 받고 있는 샘 뱅크먼 프리드(Samuel Benjamin Bankman-Fried), OPENAI에서 샘 알트만 해고 사건을 일으킨 일리야 수츠케버(Ilya Sutskever) 이사 등이 대표적이다. 이들은 효율적 이타주의(Effective Altrusts) 운동과 관련되어 있다. 이들은 선한 의도를 가진 사람들이 엄청난 부자가 되어 그 돈을 좋은 일에 기부하는 것이 인류의 문제를 해결하는 것이라는 생각을 갖고 있다.

102   김정기, "전환 성장 펀드, 전환·혁신 투자 촉진과 전환성장 성과공유", 전환성장을 생각한다(2022), p.39

103   1971년 경제학자 밀턴 프리드먼(Milton Friedman)은 '기업의 사회적 책임은 이익을 많이 내는 것'이라고 했다.

104   PRI, Principals for Responsible Investment

105　2020년 1월 세계 최대 자산운용사 블랙록(Blackrock)의 최고경영자 래리 핑크 (Larry Fink)는 "앞으로 기업의 지속가능성을 투자 결정의 기준으로 삼겠다."고 선언했다. 이 선언은 투자기준이 바뀌는 신호탄이 되었다. 그러나 2025년 블랙록은 트럼프 취임전 탄소중립단체에서 탈퇴했다 "지속가능한 성장을 위한 기업의 노력, ESG경영", KDI 경제정보센터, https://eiec.kdi.re.kr/material/pageoneView.do?idx=1474

106　끝판왕 '24/7 CFE'. 곽지혜. 헤럴드경제. 2023.06.15. https://biz.heraldcorp.com/view.php?ud=20230615000388

5부 | 지식이 이끄는 미래

1　박기범, 이혜선. "학령인구 감소, 인공계 대학원 지원정책 방향 전환 시급", 과학기술 정책연구원. 과학기술정책 브리프. 2023.2.1.

2　이들은 과거를 반성하기는커녕 새로운 군국주의 야심을 키우고 있다. 일본은 도쿄 초혼사(東京招魂社)라는 신사를 지어 요시다 쇼인과 다카스기 신사쿠 등 근대화 주역들의 신위를 모셨다. 여기에 제2차 세계대전의 A급 전범들까지 합사한 뒤 이름을 '야스쿠니 신사 (靖國神社)'로 바꿨다. 그들은 제국주의의 패망과 전쟁범죄를 근대 산업화의 성공 뒤에 은폐했다.

3　정치와 경영(2023-2 통권 제6호) 김만규. 최고선진사회를 지향하는 한국자유시민모임. p.7-10

4　보수우파-진보좌파라는 용어가 고착된 이유로 김제완 세계로신문 대표는 "6·25전쟁 이후 우리 사회에서 좌파는 입에 올리기에 두려운 말이 됐고 좌파를 사용할 수 없다보니 우파만 외짝으로 사용하는 것이 이상해서 1990년대 중반경부터 보수·진보라는 용어가 우파·좌파의 대용품으로 사용되기 시작했다."고 설명한다. 즉 1980년대에는 '진보·보수'라는 단어가 사용되지 않았다는 것이다. 김제완, "한국형 진보·보수 용어 적절한가", [경향신문], 2012.1.9. https://www.khan.co.kr/opinion/contribution/article/201201092117375

5　정치와 경영(2023-2 통권 제6호) 호주 노동당(1901년창당), 오스트리아의 사회민주당(1888년 창당), 핀란드 사회민주당(1899), 아이스랜드 진보당(1916), 아일랜드 Sinn Fein(1905), 룩셈부르그 사회주의 노동자당(1902), 뉴질랜드 노동당(1916), 노르웨이 노동당(1887), 스페인 사회주의 노동자당(1879), 스웨덴 사회민주당(1889), 스위스 사회민주당(1888), 영국 노동당(1900) 등이다.

6　김건우, 『대한민국의 설계자들』(2017), 느티나무책방, p.68

7   Binary opposition. 두 가지의 대립적 요소가 한 짝을 이루는 것

8   돈이 많은 부자들은 자식들에게 장기적이고 전문적인 교육 투자를 해서 학위와 학력을 만들어 준다. 이들이 언론의 조명을 받으면 사회제도적 명예와 권위도 얻었다. 이렇게 획득한 지위는 일신 종속적이었다. 따라서 부모의 도움에 대해 침묵하면 마치 자신의 능력만으로 얻어진 것처럼 보였다. 이런 분야는 주로 법학이나 의학같은 분야에 집중된다. 학력을 획득하는데 들어가는 돈으로 장벽을 치고 국가의 허가로 보호받아 지적 자산을 상속하기에 좋기 때문이다.(교육비는 세금감면까지 된다) 물론 이를 통해 훌륭한 법조인과 의료인이 많이 육성되는 것은 사회를 위해 좋은 일이다. 법률 서비스와 의료서비스의 질이 높아지면 사회가 정의롭고 건강해지기 때문이다. 그러나 경제적 부가 독점적 지식이 되고, 사회적 권력으로 상속되는 사회는 건강할 수 없다.

9   박권일, 『한국의 능력주의』(2021), 이데아, p38

10   사육신의 한 사람으로 추앙받는 박팽년은 혹독한 국문(鞫問)을 당했다. 그는 세조가 "네가 이미 신(臣)이라 일컬었다"고 하자 자신이 쓴 글을 잘 보면 자신은 신하(臣)가 아닌 거(巨)라고 했다며 왕을 조롱했다. 그는 결국 목은 효수되고 몸은 거열(車裂)돼 전국에 전시됐다.

11   1975년 국회의사당 준공기에는 '이 장엄한 의사당은 박정희 대통령의 평화통일에 대한 포부와 민주전당으로서의 웅대한 규모를 갖추려는 영단에 의하여 지어졌다'고 쓰여 있다. 1987년 완공된 국회도서관도 마찬가지다. 국가 지식의 중심이 되어야 할 국회도서관 준공기에 '선진의회상(先進議會像) 확립을 위한 전두환 대통령의 특별한 배려로 지어졌다'고 쓰여 있다. 의사당과 도서관을 국가권력에 대한 견제와 감시를 하는 '사명'의 공간이 아니라 건립비용을 지원한 대통령을 칭송하는 '건물'로 본 것이다.

12   문군은 취업 후 두 달도 안돼 설날 가족 앞에서 발작을 일으키며 쓰러진 뒤 아무도 알지 못했던 그의 병은 의사 박희순이 그의 직업을 물으며 밝혀졌다. 문송면 군은 수은으로 온도계를 만드는 공장에서 일하고 있었던 것이다. 어린 청소년에게 아무런 안전조치도 사전교육도 없이 수은을 다루도록 일을 시키던 무지몽매한 시대에 한 의사의 과학적 질문은 직업병과 산업재해라는 개념을 사회에 처음으로 알렸다.

13   2005년 택시기사 황상기씨는 삼성전자에 입사한 딸이 백혈병에 걸려 사망하자 컴퓨터 사용법을 배우고 인터넷을 뒤져 자산규모 400조가 넘는 글로벌 대기업과 싸움에 나섰다. 마침내 2011년 근로복지공단의 산재 불승인 판정을 뒤엎고 세계최초로 반도체공장 노동자의 백혈병 및 암 발병을 산업재해로 인정받았다. 그리고 2018년 삼성전자의 공식 사과를 받아냈다.

14   정치학자 데이비드 이스턴(David Easton)과 경제학자 라이어널 로빈스(Lionel

Robbins)의 정의다.

15   스웨덴의 발명가 노벨(Alfred Bernhard Nobel)은 다이너마이트 발명으로 벌어들인 440만 달러를 기금으로 물리학, 화학, 생리학/의학, 문학, 평화 부문에서 헌신한 사람들에게 상을 주도록 했다. 노벨상의 첫 물리학상 수상자는 X선을 발견해 의료분야에서 큰 공헌을 했지만 특허등록을 하지 않고 인류 공동자산으로 삼은 뢴트겐(Wilhelm Conrad Röntgen)이다. 노벨상이 세계 최고의 과학기술상으로서 권위를 인정받은 배경이다. 1968년 추가된 노벨경제학상은 노벨상의 권위는 인정하지만 노벨이 유언으로 남긴 분야가 아니다. 노벨재단이 아닌 스웨덴의 중앙은행이 창설 300주년을 기념하여 내놓은 기금으로 수여한다. 다른 많은 학문들을 놔두고 노벨경제학상이 따로 만들어진 것을 고깝게 보자면 경제학이 갖는 정치적, 이념적 권위를 들 수 있다. 실제 노벨경제학상은 지나치게 미국 중심의 보수적 학자들이 많이 받았다는 비판이 있다. 한국대학신문. 1997.09.22. https://news.unn.net/news/articleView.html?idxno=4973

16   주류경제학을 비판하며 국가의 적극적인 투자와 인내 자본의 형성, 그리고 시장 창출을 위한 노력을 강조하는 비주류 경제학자들 중에서는 유독 여성이 많다. 마리아나 마추카토(Mariana Mazzucato), 스테파니 켈튼(Stepani Kelton), 케이트 레이워스(Kate Raworth), 예바 네르시산(Yeva Nersisyan), 스테파니 그리스 존스(Stephany Griffith-Jones), 카를로타 페레스(Carlota Perez) 등이 그렇다. 이들은 주류 경제학을 마치 오직 신만이 전지전능하다고 믿는 맹신자가 교통사고가 나면 병원부터 찾는 것과 같다고 비판한다. 의학적 처치를 받은 다음에서야 기도를 올리면서 위급할때만큼은 과학을 우선하고 신앙이 그 뒤를 따르듯이 주류 경제학자들은 경제학을 신조처럼 떠받들다가도 위기가 닥치면 그때 그때마다 국가적 특성과 시대적 여건에 따라 다른 처방을 한다. 결과를 놓고는 다시 정통 경제학의 시선으로 해석하며 그들의 신앙으로 되돌아간다는 것이다.

17   이기준, "과학기술로 세계 정복한 나폴레옹", The ScienceTimes, 2004.4.13.

18   미국 독립선언서에 작성에 참여하고 미국 헌법의 뼈대를 만든 건국의 아버지. 인쇄업으로 돈을 벌었고 사이펀(Siphon)의 원리를 이용한 난로를 개발하기도 했다. 과학자이자 사업가인 그는 미국의 건국 정신을 상징한다.

19   워싱턴(George Washington)은 전문측량사 자격증을 가진 엔지니어였다. 링컨(Abraham Lincoln)은 배가 모래톱에 걸리지 않도록 하는 부력장치의 특허를 획득했고, 각주에 69개의 특성화대학을 세우고 미국과학아카데미를 설치했다. 루스벨트(Franklin Roosevelt)는 토목기술자였으며 토머스 제퍼슨(Thomas Jefferson) 역시 건축가이자 자신이 세운 버지니아 대학과 웨스트포인트에 수학을 필수로 편성할 정도로 과학기술에 관심이 높았다.

20   1917년 벨푸어 선언(Balfour Declaration)으로 영국 외무장관이 팔레스타인 지역에 유대인의 국가수립을 약속한 외교선언이다.

21   원문은 "The future is already here. It's just unevenly distributed" 그는 사이버스페이스(cyberspace)라는 새로운 말도 만들었는데, 거대한 3차원 데이터베이스를 뜻했던 이 말은 나중에 인터넷이 등장하면서 가상현실을 의미하게 되었다.

22   '4차산업'이라고 줄이는 경우가 있는데 이는 잘못된 것이다. 보통 산업 구분은 자연에서 얻어지는 것을 다루는 농수산업, 축산업, 광업 등을 1차산업, 이를 가공해서 얻어지는 것을 산출하는 제조업, 건설업, 공업 등의 2차산업, 그리고 만질 수 없는 것을 산출하는 서비스업 등을 3차산업으로 구분할 때 쓴다. 대체로 국내에서는 '4차산업혁명'을 디지털 산업, 첨단IT산업을 통칭하는 것으로 쓰는 것 같다.

23   경제활동인구의 연령대는 보통 50년(15세~64세)이다. 부모와 자식이 그 절반은 함께 겹쳐 활동하므로 2세대가 겪는 기간이다. 그런데 산업이 형성되고 생산되는데 50년의 전단계가 더 필요하므로 실제 세상이 바뀌는 데는 100년, 즉 4세대의 집단(cohort)을 거칠 것이다.

24   헤겔에 따르면 시대정신은 보편적 가치로서 절대정신(absoluter Geist)이 각각의 시대의 변화속에서 다르게 축적되어간다. 따라서 시대정신은 단기 대응 이슈가 아니다. 인간의 자유와 번영을 위한 여정에서 지금 필요한 것이 될 것이다.

25   Elon Musk. X. 2024.9.27. "One square mile on the surface receives ~2.5 Gigawatts of solar energy. That's Gigawatts with a "G". It's ~30% higher in space. The Starlink global satellite network is entirely solar/battery powered. Factoring in solar panel efficiency (25%), packing density (80%) and usable daylight hours (~6), a reasonable rule of thumb is 3GWh of energy per square mile per day. Easy math, but almost no one does these basic calculations." https://x.com/elonmusk/status/1839411480114376859

26   Elon Musk. X. 2024.9.27. "Once you understand Kardashev Scale, it becomes utterly obvious that essentially all energy generation will be solar. Also, just do the math on solar on Earth and you soon figure out that a relatively small corner of Texas or New Mexico can easily serve all US electricity." https://x.com/elonmusk/status/1839439841337225277

27   태양광이 평방마일당 하루 3GWh를 생산한다면 연간 1,096GWh를 생산할 수 있다. 한국의 연간 전력량을 600평방마일, 즉 한변이 25마일(40km)인 정사각형 $1600km^2$가 필요하다. 서울의 면적이 $600km^2$이므로 서울의 약 3배이고 경기도가 $10,000km^2$이니 그 16% 정도가 된다.

28   총 국토면적을 $100,401km^2$로 잡으면 4.11%는 $4,129km^2$이다. 서울이 약 $605km^2$이

므로 6.8배 정도가 된다.

29   韓 에너지수입액 70% 폭증 … 무역부터 내수까지 치명상. [매일경제]. 2023.2.14. https://www.mk.co.kr/news/economy/10644583

30   대략적인 수치다. 석유수입은 700억 달러, 가스수입은 700억 달러, 석탄 수입을 200억 달러로 볼 경우 에너지원 수입은 모두 1600억 달러 규모다. 이 가운데 석유는 수송용이 30%, 산업용이 40%, 기타 30%로 쓰이는 것으로 추정된다.

31   효성에서는 2024년 재생에너지의 전송에 필요한 전압식 고압직류전송(HVDC) 기술을 개발해 경기도 양주변전소에 구축을 완료했다. 이런 시스템은 전기를 다양한 방향으로 전송하고 제어할 수 있게 되어 효율적인 전력 관리를 가능하게 한다.

32   이는 2차 세계대전 이후 고속도로, 정부보증 주택저당제도의 지원 아래 전원생활을 즐기며 베이비붐을 일으켰던 미국의 교외화 중산층 시대의 새로운 버전이 될 것이라는 주장도 있다.

33   마스크 앱 백서. 과학기술정보통신부. 2020

34   우리나라 각 행정기관에는 30년 넘게 '정보화'라는 이름을 단 부서들이 아직도 있다. (근대화, 선진화라는 용어도 30년 이상 행정부서 이름에 쓰이진 않았다) 정보화는 디지털 전환(DX)이라기 보다 아날로그 문서를 디지털 문서로 전산화한 디지털 번역(Digital Translation)에 가깝다. 정보화를 디지털 전환이라고 오해해서는 안된다.

35   '인터넷 강국' 옛말..“한국 '디지털 삶의 지수', 2위서 20위로 급락" [아시아경제]. 2023.12.28.

36   "Innovation distinguishes between a leader and a follower"

37   엄은희, "지리학자의 미 서부 문화 답사기", 피렌체의 식탁, 2023.7.21. https://firenzedt.com/28382/

38   세계 최고의 과학자들이 모였음에도 미우주항공국(NASA)은 문제해결을 위해 일반인들에게 아이디어를 묻는다. 이런 공모전 형식을 통해 과학자들의 고민이었던 2009년 태양표면의 폭발현상을 예측하는 알고리즘을 한 은퇴한 무선주파수 엔지니어가 해결하기도 했다.

39   전설적인 해커 리처드 스톨만(Richard Stallman)은 자유소프트웨어 운동을 일으켜 공개 운영체제인 GNU(GNU is not UniX의 약자로 자유소프트웨어 라이선스 운영체제이자 소프트웨어 모음집) 프로젝트를 주도했다. 현재 ICT 산업의 운영체제 리눅스(Linux), 모바일 운영체제 안드로이드(Android), 온라인 공개백과사전 위키피디아(Wikipedia), 전 세계 개발자들의 무료 질문과 답변서비스를 제공하는 '오버스택플로우(Overstackflow)', 무료 이미지데이터베이스를 제공해 AI탄생에 기여한 이미지넷(ImageNet), AI모델 플랫폼 '허깅

페이스(Huggingface)' 등 수많은 제품과 서비스가 이 정신의 영향 아래 있다.

40   소프트웨어로 하드웨어를 제어하고 관리하는 자동차로 Software Defined Vehichle 이라고 한다.

41   포스코는 제철보국(製鐵報國)의 상징으로 48년간 쉬지 않고 쇳물을 만들어낸 제1고로를 종풍(終風)하고 박물관으로 만들었다. 또한 수소의 생산 측면에서, 현재 생산 역량을 보유한 부생수소를 시작으로 탄소를 포집 및 저장·활용하는 블루수소를 거쳐, 궁극적으로는 탄소 배출이 전혀 없는 그린수소까지 공급 역량을 국내 최대급으로 키운다는 방침이다.

42   컴퓨터 가상공간 안에 선박 생산의 모든 과정을 구현해 건조공정 현황을 원격제어하고 로봇과 AI로 자동화하여 효율성을 극대화하는 것이다.

43   탄소포집저장(Carbon Capture Storage)기술은 이산화탄소를 고갈된 유전, 가스전 등 지하에 깊숙이 저장하는 기술이다. 저장된 이산화탄소는 시간이 지나며 용해되거나 광물화가 된다. 탄소포집활용(Carbon Capture Utilization)기술은 이산화탄소를 연료, 화학물질, 건축자재 등으로 새롭게 활용하는 기술이다. 이 두가지를 합쳐 CCUS라고 한다.

44   보스턴컨설팅그룹(BCG)은 석유화학 산업의 미래를 위해 투자할 5대 기술 영역으로 인공지능(AI), 멤브레인(선택적 투과·분리 기술), 이산화탄소의 올레핀(탄소간 이중결합 구조를 띤 화합물로 석유화학산업의 쌀이라고 불리운다. 올레핀이 가장 많이 사용되는 폴리에틸렌(PE)는 전세계적으로 연간 1억 톤이 소비된다.) 전환, 플랜트 전기화, 바이오 원료를 제안하기도 했다. "탄소감축에 경쟁력 달렸다"…석유화학업계, 탄소중립 전략 모색. 한국무역협회. 2023.8.31. https://me2.do/xUwGoc3n

45   우리나라 최초의 위성을 쏘아 올렸던 전문가들이 세운 회사다.

46   무게 700kg으로 태양동기궤도를 돌며 지상 30cm 크기 물체를 분간할 수 있고, 한번에 14km 대역을 관측할 수 있다.

47   고흥은 조선 전라좌수영 수군의 요충지로 칠천량 해전 대패후 명나라 군대와 연합해 전세를 역전시킨 절이도(折爾島: 현재 거금도)해전이 있었던 곳이다. 프로레슬러 김일 선수, 권투선수로 1975년 WBA 수퍼웰터급 세계 챔피언인 유재두 등이 고흥 출신이다.

48   2024년 발표된 우리나라 제1차 국가전략기술육성 기본계획 목표는 '과학기술 주권 국가, 초격차 대한민국'이다. 이를 위해 신속 사업화 총력지원, 기술안보 선제대응, 임무중심 연구개발 혁신 등 3대 주요 방향이 결정됐다. 이 계획은 2024년부터 5년 동안 30조를 투자해 12대 국가전략기술을 육성한다. 즉, 선도분야인 반도체, 디스플레이, 이차전지, 추격·경쟁분야인 AI, 첨단바이오, 차세대 원자력 등이며 미래도전 분야로 양자, 우주항공·해양, 수소 등이 있다.

49　2021년 우리나라는 기존 6가지 뿌리기술(주조, 금형, 소성가공, 용접, 표면 처리, 열처리)에 8가지 차세대 공정기술을 추가했다. 또한 2022년에는 12대 국가전략기술(반도체·디스플레이, 이차전지, 첨단모빌리티, 차세대원자력, 첨단바이오, 우주항공·해양, 수소, 사이버보안, 인공지능, 첨단로봇·제조, 차세대통신, 양자)의 육성방안을 발표했다. 이에 따르면 반도체 디스플레이에서 시스템 반도체 점유율을 2030년까지 10%로 늘리고, 이차전지를 2030년까지 200억 불로 늘려 1등을 지키며 2025년까지 도심항공교통(UAM)을 상용화하기로 했다. 또한 2028년까지는 차세대 원자력으로 소형모듈원전(SMR) 독자노형을 확보하고 2030년까지 첨단 바이오헬스 수출을 600억 불로 늘린다. 2031년까지는 우리 발사체로 달 착륙선을 발사하고 2030년까지 10MW급 수전해 시스템 실증을 마친다. 2030년까지 사이버보안 국내 보안기업 매출액은 20조가 되며 2030년까지 AI인공지능 경쟁력은 3위를 달성한다. 또한 2026년까지 세계최초 차세대 통신인 6G기술을 시연하고 첨단로봇, 제조 세계 3대강국으로 발돋움한다. 2030년까지 선도국 대비 양자 기술은 90% 수준으로 올리겠다고 한다. 뿌리산업은 소재 다원화 공정기술(사출·프레스, 정밀가공, 적층제조, 산업용 필름·지류 공정) 4가지와 지능화 공정기술(로봇, 센서, 산업 지능형 소프트웨어, 엔지니어링 설계) 4가지다. 이는 금속 뿐만 아니라 세라믹, 플라스틱, 탄성소재, 탄소, 펄프 등 융복합이 일어나는 산업추세와 제조공정의 디지털 전환에 대응하기 위한 것이다.

50　IMF 1인당 GDP 2024 예측 및 World Happiness Report 2024 https://worldhappiness.report/

51　다만 국가의 과학에 지원 목적은 오로지 지식 그 자체가 되어야 한다. 산업혁명을 거치며 과학과 기술의 경계가 점점 희미해지면서 과학에 다시 '기초'이라는 수식어를 붙여 기초과학이라는 용어가 생겼지만 기초과학이란 것은 따로 없다. 과학은 그 자체가 지식의 기초이기 때문이다. 산업화의 급박함에 쫓기던 우리나라는 안타깝게도 헌법 제127조 1항에 "국가는 과학기술의 혁신과 정보 및 인력의 개발을 통하여 국민 경제의 발전에 노력하여야 한다"고 정하고 있다. 과학기술을 경제의 도구로 보는 것이다. 국가는 과학을 경제 도구가 아니라 지식의 본령으로서 지원해야 한다. 과학은 경제발전이라는 목적보다 훨씬 더 큰 '인류를 위한 탐구'를 목적으로 하기 때문이다.

52　독립혁명가 김산(본명 張志樂)이 자주적 자각을 갖게 된 과정은 『아리랑』에서 이렇게 나타난다. 그는 일본에 유학할 때 친근했던 일본 민간인들이 관동대지진이 일어나자 조선인을 학살하는 광기에 휩싸여 돌변하게 된 일을 두고 큰 충격을 받았다. 그는 또 윌슨의 민족 자결주의에 힘입어 3.1운동이 일어났지만 정작 미국은 파리평화회의에서 조선을 일본의 식민지로 인정하고 내버려 둔 배신을 경험했다. 또 항일운동가와 혁명가들을 탄압한 중국 국민당의 배신을 겪었기에 어느 나라도 믿을 수 없었다. 일본의 힘을 빌어 개화를 하려던

김옥균이나 청나라의 힘을 빌어 권력을 지키려던 민비, 러시아로 도망친 고종, 그 누구도 외국에 기대어서는 망해가는 나라를 구하지 못했다. 스스로 강해지는 것 외에는 다른 길이 있을 리가 없다.

53   2024년 10월 '네이처 커뮤니케이션즈'에 발표된 캐나다 연구에 따르면 전세계 12개국 2,707명의 다양한 사회경제적, 문화적 배경을 가진 사람에게 19개의 사회인지적 특성을 물은 결과 반성을 지향하는 태도와 사회 정서를 인식하는 능력을 현명한 사람의 특성으로 꼽았다. 특히 반성을 지향하는 태도가 중요했다. Rudnev, M., Barrett, H. C., Buckwalter, W., Machery, E., Stich, S., Barr, K., … Grossmann, I. (2023, April 12). Dimensions of Wisdom Perception Across Twelve Countries on Five Continents. https://doi.org/10.31234/osf.io/p9cv4

마치며

1   장휘 and 송경호. (2021), 코로나19와 한국 민족주의의 분화: '국뽕' 유튜브의 사례를 중심으로. 시민과 세계, 39, 89-128.

2   인구 3천만 명이던 미국은 남북전쟁(1861-1865)으로 62만 명이 사망했고 300만 명의 상이군인이 발생했다. 종전 5일 만에 링컨(Abraham Lincoln) 대통령이 남군의 스파이에 의해 암살되었다. 하지만 미국은 남북의 적대감을 극복하고 세계에서 가장 강대한 통일국가가 되었다.

3   심리학자 김태형은 우리의 집단주의는 '우리'를 강조하는 집단주의로서 자신을 집단에 강력하게 소속시키는 주체적 의식이 있다고 한다.

파레오로스

초판 발행   2025년 3월 10일

지은이   임문영
펴낸이   박해진
펴낸곳   도서출판 학고재
등록   2013년 6월 18일 제2023-000037호
주소   서울시 영등포구 경인로 775 에이스하이테크시티 2-804
전화   02-745-1722(편집) 070-7404-2782(마케팅)
팩스   02-3210-2775
전자우편   hakgojae@gmail.com
페이스북   www.facebook.com/hakgojae

ISBN   978-89-5625-471-5 (03900)
값   19,800원